W0300831

LE PROPRE DE L'HOMME

DU MÊME AUTEUR

ROMANS

Week-end à Zuydcoote, NRF, Prix Goncourt, 1949.
La Mort est mon métier, NRF, 1952.
L'Ile, NRF, 1962.
Un animal doué de raison, NRF, 1967.
Derrière la vitre, NRF, 1970.
Malevil, NRF, 1972.
Les Hommes protégés, NRF, 1974.
Madrapour, Le Seuil, 1976.

FORTUNE DE FRANCE

Fortune de France, Plon, 1977.
En nos vertes années, Plon, 1979.
Paris ma bonne ville, Plon, 1980.
Le Prince que voilà, Plon, 1982.
La Violente Amour, Plon, 1983.
La Pique du jour, Plon, 1985.

Le jour ne se lève pas pour nous, Plon, 1986.
L'Idole, Plon, 1987.

HISTOIRE CONTEMPORAINE

Moncada, premier combat de Fidel Castro, Laffont, 1965, épuisé.
Ahmed Ben Bella, NRF, 1965.

THÉÂTRE

Tome I. *Sisyphe et la mort, Flamineo, Les Sonderling*, NRF, 1950.
Tome II. *Nouveau Sisyphe, Justice à Miramar, L'Assemblée des femmes*, NRF, 1957.

BIOGRAPHIE

Vittoria, princesse Orsini, Éditions mondiales, 1959.

ESSAIS

Oscar Wilde ou la « destinée » de l'homosexuel, NRF, 1955.
Oscar Wilde, Perrin, 1984.

TRADUCTIONS

JOHN WEBSTER, *Le Démon blanc*, Aubier, 1945.
ERSKINE CALDWELL, *Les Voies du Seigneur*, NRF, 1950.
JONATHAN SWIFT, *Voyages de Gulliver (Lilliput, Brobdingnag, Houyhnhnms)*, EFR, 1956-1960.

EN COLLABORATION AVEC MAGALI MERLE

ERNESTO « CHE » GUEVARA, *Souvenirs de la Guerre révolutionnaire*, Maspero, 1967.
RALPH ELLISON, *Homme invisible*, Grasset, 1969.
P. COLLIER et D. HOROWITZ, *Les Rockefeller*, Le Seuil, 1976.

ROBERT MERLE

LE PROPRE DE L'HOMME

roman

Editions de Fallois
PARIS

IL A ÉTÉ TIRÉ DE CET OUVRAGE QUARANTE EXEMPLAIRES SUR VÉLIN PUR CHIFFON DES PAPETERIES LANA DONT TRENTE EXEMPLAIRES NUMÉROTÉS DE 1 À 30 ET DIX EXEMPLAIRES HORS COMMERCE NUMÉROTÉS DE H.C. I À H.C. X LE TOUT CONSTITUANT L'ÉDITION ORIGINALE.

La loi du 11 mars 1957 n'autorisant, aux termes des alinéas 2 et 3 de l'article 41, d'une part, que les copies ou reproductions strictement réservées à l'usage privé du copiste et non destinées à une utilisation collective, et, d'autre part, que les analyses et les courtes citations dans un but d'exemple et d'illustration, *toute représentation ou reproduction intégrale ou partielle, faite sans le consentement de l'auteur ou de ses ayants droit ou ayants cause est illicite* (alinéa 1er de l'article 40). Cette représentation ou reproduction, par quelque procédé que ce soit, constituerait donc une contrefaçon sanctionnée par les articles 425 et suivants du Code pénal.

© Éditions de Fallois, 1989,
22, rue La Boétie, 75008 Paris
ISBN 2-87706-038-1

à René-Guy Busnel
fidèlement.

PRÉFACE

Mon affection pour les animaux et mon intérêt pour le problème qu'ils nous posent : la communication de leur espèce avec la nôtre — ne datent pas d'hier. Je vis à la campagne, et nous y avons eu comme amis des chevaux, des chiens et des chats, qui, de leur côté, ont bien voulu considérer que nous étions les leurs. Leur faible longévité nous a toujours attristés. Il nous reste au pré une jument nonchalante dont le poil blanchit sur le chanfrein, et dans la maison, un chat majestueux dont nous sommes les dévoués serviteurs.

Le Propre de l'Homme n'est pas le premier livre que je consacre à un animal. Il y a vingt-deux ans, j'ai publié chez Gallimard un roman qui mettait en scène un couple de dauphins à qui un chercheur américain avait réussi à apprendre l'anglais. C'était là, de ma part, pure invention, mais qui était nourrie par une documentation très abondante, mon imagination ne pouvant fonctionner sur du flou. En revanche, quand elle s'appuie sur du précis, elle peut même, je le dis avec un sourire, déborder sur le futur...

C'est ainsi qu'au cours de ce roman, publié en 1967, j'avais prédit que les hommes utiliseraient un jour les pacifiques dauphins à des fins militaires : ce qui arriva sept ans plus tard dans le golfe du Tonkin, où ils furent employés contre les hommes-grenouilles nord-vietnamiens — et beaucoup plus récemment, dans le golfe Persique, pour détecter les mines sous-marines.

Je ne sais avec quel succès. Mais ce qui est certain, c'est que pour pouvoir leur confier des missions aussi complexes — au cours desquelles ils devaient agir seuls — il avait fallu au préalable trouver un moyen de communiquer avec eux. Comme ce moyen est couvert par le « secret défense » américain, il est peu probable qu'il soit jamais connu. Mais on peut faire des hypothèses. Celle que je retiens, c'est qu'on a réussi à décoder le langage sifflé dont les dauphins usent entre eux. Faute de pouvoir leur enseigner notre langue, on a appris la leur.

On peut faire des réserves sur certains aspects de la politique des États-Unis. Mais, du point de vue scientifique, ce grand pays a ceci d'admirable qu'aucune recherche n'y est a priori réputée impossible ou tabou. Je n'en donnerai qu'un exemple : dans quelle autre nation aurait-on pu étudier à l'aide d'électrodes et d'un appareillage compliqué les réactions physiologiques d'un couple humain en train de faire l'amour ? Et trouver pour cette recherche des subventions et des volontaires ?

Il n'y a donc pas lieu de s'étonner que des scientifiques américains aient essayé d'apprendre l'anglais à un chimpanzé. Faire parler les bêtes ! Vieux rêve humain, si séduisant et si sympathique ! Et qui le demeure, même s'il n'a pas réussi à rejoindre tout à fait la réalité, le langage articulé paraissant être l'apanage de notre bavarde espèce, et les animaux qui ont, comme vous et moi, la langue bien pendue, restant du domaine de la fable.

Mais après cet échec, on s'est avisé qu'il n'y avait pas de langage que verbal et qu'à défaut d'un larynx adéquat, on pouvait utiliser les mains des primates pour leur apprendre à se servir d'un langage gestuel, comme les sourds et muets... Et cette fois, le succès a couronné les efforts des chercheurs.

C'est à partir de ce succès, indéniable bien que parfois nié, et qui fait grandement honneur à la science d'outre-Atlantique, que l'histoire qu'on va lire a été écrite. Cette fois aussi, j'ai nourri par une information abondante mon imagination. Mais au rebours de ce que j'avais fait dans mon roman sur les dauphins, je ne l'ai pas laissé déboucher sur la science-fiction et la futurologie, la restreignant dans les limites des faits connus.

Pour rassembler ceux-ci j'ai reçu une aide inappréciable de mon ami le professeur René-Guy Busnel, qui possédait en articles et en livres, presque tous américains, une documentation sur les primates qui est assurément unique en France. Avec une rare générosité, il a déménagé sa bibliothèque pour remplir les casiers de la mienne, et m'a fait, en outre, bénéficier, presque toutes les semaines, de son humour, de sa fantastique érudition sur les sujets les plus divers et des aperçus originaux de son esprit inventif.

Si j'en crois mon éditeur, *Le Propre de l'Homme* est un bon titre. Je voudrais toutefois souligner ici que l'expression courante dont il s'inspire est susceptible d'être prise dans des acceptions différentes, alors même qu'elle paraît exclure cette diversité.

Le propre de l'homme, est-ce le rire ? Mais les chimpanzés rient aussi. Le propre de l'homme, est-ce la raison ? Mais comment la refuser aux dauphins et aux primates, à qui l'on voit faire tant de choses étonnantes qui ne relèvent pas d'un simple dressage ? Le propre de l'homme, enfin, est-ce le langage ? Mais peut-on le dire encore quand on voit un chimpanzé s'exprimer avec ses mains comme un sourd et muet ?

Robert Merle.

CHAPITRE I

Paris est probablement la capitale au monde où le patrimoine architectural est le mieux groupé. Et c'est aussi la ville où il est le plus pénible d'être sans femme, quand on les aime.

J'y suis né, ma mère étant française et désirant accoucher en France, au milieu des siens. Antérieurement, elle n'avait consenti à épouser mon père aux États-Unis qu'après l'avoir épousé en France. Elle convoqua à la cérémonie les quarante personnes qui composaient sa famille et à la grande surprise de son époux, elles vinrent toutes.

Je ne manquai pas, moi-même, d'amener à Paris Madame ma première épouse en voyage de noces, mais ce ne fut pas une très bonne idée, car elle ne s'intéressa à rien, sauf aux magasins le jour et aux boîtes la nuit. Notre séjour devait durer une quinzaine, mais la dépense fut telle que je dus l'écourter. Je ne fus pas autrement étonné quand, trois ans plus tard, mon épouse me quitta pour épouser un compte en banque qui ne risquait pas de tomber dans le rouge.

Paris ne séduisit pas davantage Madame ma seconde épouse. Catholique fervente, elle se désolait d'avoir épousé un divorcé et me le reprochait, estimant que je l'avais précipitée, par mes magies et mes maléfices, dans les voies du péché. En conséquence, elle ne vivait pas sa vie : elle la pleurait. Chaque fois qu'elle passait devant une église — et Dieu sait s'il y en a à Paris

— elle me disait : « Attends-moi, je vais faire une petite prière. »

J'essayai de concilier son goût de la prière et mon goût de l'art en lui proposant d'aller visiter la cathédrale de Chartres dont je voulais revoir les inoubliables vitraux. Mais parcourir deux cents kilomètres aller et retour pour faire une petite prière lui parut absurde, alors qu'il y avait tant de lieux du culte à proximité.

Il y a deux ans, j'ai divorcé de ma belle dévote. J'ai aujourd'hui quarante-huit ans, je suis à Paris pour quinze jours, je dors seul à l'hôtel dans un grand lit et je ne m'en trouve pas plus heureux. Le mal est sans remède, car je n'ai pas « appétit aux amours vénales et publiques » comme dit Montaigne. Si je cite Montaigne, ce qui étonne toujours dans la bouche d'un Américain, c'est que j'ai passé un B.A. de français (qui, après tout, est ma langue maternelle) avant d'abandonner les études littéraires pour me vouer corps et âme à l'anthropologie. Quoi de plus intéressant pour l'homme que l'homme — cet animal que quelques millions d'années ont beaucoup dégrossi quant au corps et très peu quant à l'âme ?

Jugeant d'après mon expérience personnelle — mais je vous accorde qu'elle est limitée —, je dirais que le mariage est une bonne institution pour les enfants et une mauvaise institution pour le couple.

Les enfants, issus de mon premier mariage, vivent avec moi aux U.S.A. Mon village, chose étrange, s'appelle Beaulieu et ma ferme *Yaraville.* Ces noms à consonance française ne doivent rien, bien sûr, à ma mère. Ils sont bien antérieurs à sa transplantation aux U.S.A. Si j'étais superstitieux, je dirais que c'est plutôt la toponymie de l'environnement qui, influençant subtilement mon père dans son enfance, l'a poussé à épouser une Gauloise.

Mon fils Jonathan a dix ans et Elsie, treize ans. Dans cinq ou six ans, Elsie quittera Yaraville pour le campus d'une université et quelques petites années plus tard, Jonathan suivra le même chemin. Oh certes ! ils reviendront dans le pigeonnier natal :

deux mois-un mois-une semaine, le séjour s'abrégeant tandis que les années passent. Comme Yaraville, alors, se sentira seul !

Je me trouve à Paris pour assister à un colloque organisé au Collège de France par le professeur Coppens. Il s'agit, pour les anthropologues et les généticiens de différents pays, de confronter leurs points de vue sur l'*homo habilis* dont Tim White et Donald Johanson ont découvert une collection d'os importante en Tanzanie, dans la vallée de Olduvai.

Il y a des naïfs qui s'imaginent qu'un colloque scientifique doit déboucher sur une conclusion, comme un congrès politique, sur une motion de synthèse. Rien n'est plus faux. Dans un colloque, on se rencontre, on se dispute, on se sépare...

Il est juste de dire que l'on y noue aussi des contacts, parfois même des amitiés. Mais il n'y a pas de vainqueur. Le pour et le contre sont rédigés par les auteurs des interventions, et c'est cet écrit qui importe.

La dispute de ce colloque tournait autour du point suivant : les découvreurs ou, comme on dit bêtement, les « inventeurs » prétendaient que leur trouvaille : une collection d'os, et je note en passant que plus les os sont nombreux, plus la trouvaille est « belle » — était un *homo habilis*, entendez le spécimen le plus ancien de l'espèce humaine, un pauvre petit être qui se tenait à peine droit, mais s'était appris à tailler les galets. Les contradicteurs prétendaient, eux, qu'il s'agissait d'un *australopithèque*.

Le mot australopithèque m'apparaît comme un monstre linguistique, étant composé d'un mot latin : *australis* qui veut dire méridional et d'un mot grec : *pithèque* qui désigne un singe. Celui-ci est appelé méridional, parce qu'on a trouvé ses restes en Afrique de l'Est, mais, justement, ce n'est pas un singe ! C'est un être qui n'est plus tout à fait un primate et pas encore un homme : bref, ce fameux chaînon manquant que Buffon réclamait pour admettre qu'on pourrait « descendre insensiblement et par nuances de l'homme au singe ». Le chaînon manquant ne manque plus ! A cela près qu'on ne descend pas de l'homme au singe, on « monte » du singe à l'homme.

Je pris position en faveur de la thèse qui voyait dans la

trouvaille de White et Johanson un *homo habilis*. Je m'exprimais en anglais, puisque c'était la langue du colloque. Mais à une question d'Yves Coppens sur la denture, je répondis en français : « Oui, vous avez tout à fait raison, mon cher Coppens ; ses dents antérieures sont, en effet, plus fortes que les dents latérales et les dents latérales, plus simples et plus réduites que celles des australopithèques. Sa denture est, si je puis dire, la signature de l'*homo habilis*. » Je répétai ma phrase en anglais et tandis que je traduisais, mon œil fut attiré par une très jolie femme brune assise tout en haut des gradins. Sa beauté un peu rondelette me parut si rafraîchissante en ces lieux austères, et au beau milieu de ce colloque où il n'était question que d'ossements, que tout en parlant, et sans même m'en rendre compte, je lui adressai un demi-sourire. Aussitôt, elle me sourit en retour. J'en fus si saisi — au sens où une mayonnaise est saisie — que ma langue s'épaissit dans ma bouche et bloqua mon discours. Fort heureusement, mon auditoire crut à une difficulté de traduction et après une petite pause, ma parole reprit sa fluidité. Je ne me hasardai plus à regarder cette Circé, sauf du coin de l'œil, et je crus m'apercevoir qu'elle s'amusait de l'effet qu'elle avait produit sur moi, rien qu'en entrouvrant les lèvres.

Il se peut que ce fût par gloriole que je fis ainsi parade de mon français devant mes collègues anglophones, car Yves Coppens comprend parfaitement l'anglais. On se doute que si je confesse ici ma vanité, c'est qu'elle ne porte que sur de petites choses et présente ainsi à mes yeux un caractère enfantin et quasi attendrissant. Je me flatte, par exemple, d'être bilingue, alors que je n'y suis vraiment pour rien : ma mère qui, on l'a vu, ne reconnaissait aucune réalité à un mariage, ni même à un accouchement, s'il n'avait pas lieu en France, ne me parla jamais qu'en français. C'est à l'école que j'appris vraiment l'anglais. De la même façon, je suis très sensible aux compliments qu'on me fait sur ma bonne mine et sur ma forme physique, et je me donne, en conséquence, beaucoup de mal pour garder la première et entretenir la seconde. En revanche, j'ai toujours été complètement indifférent aux honneurs, aux titres et aux décorations. Et, bien entendu, je tire vanité, dans ce domaine, de mon manque de vanité. Quand on est bien résolu à penser du bien de soi, rien n'est jamais perdu.

D'ailleurs, je me pose la question : la vanité est-elle un défaut ? Je n'en suis pas sûr. Car un défaut devrait vous nuire et, en l'occurrence, celui-là me fut immensément bénéfique, comme on verra.

La séance du colloque terminée, mais on devait se revoir le lendemain, je pris rapidement congé de mes collègues et je me dirigeais vers la sortie quand, à mon très vif plaisir, je fus abordé par la petite dame brune avec qui j'avais échangé un sourire.

— Mr. Dale, dit-elle, puis-je vous dire deux mots ?

— Deux cents, si vous voulez.

Elle rit.

— Mais d'abord, je me présente : Suzy Lecorbellier. Je suis prof dans un lycée parisien.

Nous nous serrons la main. La sienne est petite, ferme et chaude.

— J'ai une requête, dit-elle, à vous présenter.

— Voulez-vous me la dire en marchant ? J'ai hâte de retrouver l'air pur.

Elle chemine à mes côtés, faisant deux pas quand je n'en fais qu'un. Je me tourne vers elle :

— Vous êtes anthropologue ?

— Non, dit-elle, j'étais là en auditrice et j'avais l'intention de demander quelque chose au professeur Coppens.

— Mais vous ne l'avez pas fait.

— Quand je vous ai entendu parler français, je me suis dit : voilà l'homme qu'il me faut !

Elle rit, l'ambiguïté de sa phrase la frappant après coup. Je ris aussi. Deux rires que je qualifierais de conventionnels et qui ont pour but de voiler une petite complicité tacite.

— En quelle capacité suis-je cet homme-là ?

— Je voudrais que vous veniez parler à mes élèves de l'origine de l'espèce humaine en une heure.

— Diable ! En une heure !

Bien que le Collège de France n'ait pas l'air conditionné, l'épaisseur des murs y maintient une certaine fraîcheur et la bouffée d'air chaud qui m'enveloppe sur le seuil me surprend.

— Où pensez-vous que je pourrais trouver un taxi ?

— Place Maubert, mais il faut attendre. Où allez-vous ?

— Au Jardin des Plantes.

— C'est à deux pas. Je peux vous y conduire. Ma petite Renault 5 est là.

J'accepte et Suzy Lecorbellier s'arrête au bord du trottoir, fouillant interminablement à la recherche de ses clés de voiture dans un grand sac blanc. Ce qui me permet de la regarder à loisir sans me faire taxer, par moi-même, d'indiscrétion. En somme, je l'aide à chercher ses clés en la regardant, mon regard s'attachant à elle comme une sorte d'encouragement courtois à les trouver.

M'étant ainsi donné bonne conscience, mes yeux prennent possession d'elle dans les moindres détails. Elle ne doit pas mesurer plus d'un mètre soixante, la taille mince, la poitrine ronde, la fesse aussi, les jambes longues pour sa taille. Les cheveux sont noirs, vaporeux, disposés en bouclettes sur un grand front, les yeux mordorés, le nez fin et racé.

Le pantalon, les chaussures et le tee-shirt sont blancs. Le tee-shirt mérite une mention spéciale. Le col en est très échancré dans le sens longitudinal, ce qui permet à une des deux épaules de saillir coquettement. Ce serait dommage qu'elle n'apparaisse pas : elle est ronde et pleine et ce qu'on voit de la clavicule ne comporte pas de salière.

Je sais très bien comment un amateur d'art pourrait définir Suzy : un petit Saxe, une figurine de Fragonard, une statuette de Tanagra. Ces descriptions ne sont pas inexactes, mais elles ne rendent pas compte de l'impression de force et de vitalité que donne sa silhouette. Elle se tient droite, les épaules en arrière et quand, ayant trouvé ses clés de contact, elle se faufile derrière le volant, jette son grand sac sur le siège arrière, et enfonce la clé de contact, j'admire sa prestesse : tous ses gestes sont vifs, sa conduite d'auto compétente, et sa parole directe.

Dès qu'il s'est inséré dans la circulation, l'objet de ma naissante admiration se tourne vers moi et dit :

— Vous avez rendez-vous au Jardin des Plantes ?

— Non, pas vraiment, je vais voir mes cousins.

— Vous avez des parents dans l'administration ?

— Mes cousins ne sont pas dans les bureaux, mais dans les cages.

Elle rit.

— Les chimpanzés ?

— Oui. Ils sont trois. Le monsieur, la dame et le bébé. Mais le bébé n'étant pas le bébé de la dame, il est seul dans une cage.

— Le pauvre ! Comme il doit s'ennuyer !

Elle reprend :

— Vos cousins étant aussi les miens, est-ce que je peux vous accompagner ?

— Avec joie.

— Merci de votre réponse. Je me trouvais un peu effrontée de vous faire une suggestion pareille. « Effrontée », c'est ce que disait ma mère dans un cas pareil. Et comme elle était espagnole, elle employait le mot « desvergonzada », qui me paraissait bien plus écrasant que le mot français.

— Une suggestion n'est pas effrontée, quand elle est accueillie avec chaleur. C'est moi qui le serais si je devenais trop chaleureux.

Elle rit.

— Merci d'inverser les choses en ma faveur.

Mais, à part son rire, elle ne fait aucun commentaire sur l'excès de chaleur dont j'ai évoqué l'hypothèse : son « effronterie » demeure très contrôlée.

De tous les mammifères du zoo, c'est le couple de chimpanzés qui attire le plus de monde. Et la raison en est qu'à la différence des autres animaux qui détournent leurs yeux des nôtres et pour qui nous sommes transparents, ceux-là répondent à nos regards et paraissent aussi curieux de nous que nous le sommes d'eux.

— Nous nous posons des questions sur eux, dit Suzy, et ils doivent s'en poser sur nous. Nous, nous savons que leur patrimoine génétique est à 99 % le même que le nôtre, et eux, ils doivent se dire : pourquoi ces grands singes blancs nous mettent-ils en cage ? Pourquoi nous ? Pourquoi pas eux ?

— Nous aussi, la société nous met dans des cages. Mais ces cages sont invisibles. Et ce n'est que de temps en temps que nous nous heurtons à nos barreaux.

— Comment ! dit Suzy avec un petit rire taquin, vous aussi vous parlez par paraboles !

Toutefois, comme nous sentons que nos propos étonnent les gens qui sont là, nous nous taisons. D'ailleurs, ils sont tout aussi intéressants à observer que les primates et je suppose que Suzy et moi — en tant que couple au début de la pariade amoureuse — nous offrons un passionnant objet d'étude, si j'en crois deux dames d'âge moyen dont les regards aigus, se détournant de la cage, vont de Suzy à moi et de moi à Suzy avec une insistance pas du tout déguisée.

Pendant ce temps, les chimpanzés sont, bien sûr, très occupés à demander des biscuits à leurs admirateurs. La femelle est modestement assise face à nous, tout contre le double grillage dont en plus, à un mètre, un garde-fou nous sépare. Les yeux fixés patiemment sur les nôtres, elle attend. Mais le mâle est plus impatient, plus agressif et aussi beaucoup plus comédien. Il se dresse parfois sur ses pattes de derrière, s'accroche d'une main au grillage, bombe le torse et nous regarde d'une façon tout à fait arrogante, comme s'il exigeait, lui, ce que sa femelle quémande.

— Quel *macho !* dit Suzy.

C'est vrai qu'il paraît très préoccupé d'étaler sa force. Quand le petit mandrill, dans la cage à côté, tend vers nous sa menotte, assez petite, elle, pour passer aisément par un trou de grillage, notre grand mâle se met à trépigner, à montrer les dents, à aboyer, à frapper le sol de ses mains et à charger, non pas sur le mandrill qu'il sait ne pouvoir atteindre, mais parallèlement à la grille qui le protège de lui.

C'est du bluff à l'état pur, comme souvent les « charges » des chimpanzés. C'est aussi très théâtral. On y sent le souci d'impressionner les grands singes blancs qui le regardent. Il y arrive très bien, d'ailleurs, car nous faisons des « oh ! » et des « ah », surtout quand, arrivé au bout de la grille, il cogne avec violence des deux pieds sur la trappe métallique qui le sépare de la cage voisine. C'est une acrobatie, car la trappe est verticale et il faut un saut de côté assez étonnant pour la frapper au mépris des lois de la pesanteur avec les deux pieds à la fois. Mais c'est là que le chimpanzé obtient de nous les plus beaux « ah ! ».

Durant le petit quart d'heure que nous passons devant lui, nous le voyons deux fois faire ce cirque et toujours avec le même point d'orgue, frappant sur cette plaque comme sur un gong pour signaler la fin de la charge. Après quoi, balançant son torse, il revient vers nous avec l'air de nous dire : « Vous voyez comme je suis terrible. Ce n'est pas le moment de me refuser vos biscuits. »

Il y a là avec nous un certain nombre d'enfants avec leurs mamans. Ils sont fascinés et s'approcheraient plus près si la rambarde de sécurité ne les maintenait à un mètre du double grillage. Une petite fille de six à sept ans, très jolie, avec un fin profil et une queue de cheval, paraît très frappée en particulier par les doigts que la chimpanzée [1] passe à travers les trous du grillage pour saisir les biscuits.

— Oh ! Maman ! dit-elle, regarde ! Ils ont des mains comme nous !

— Oui, dit la mère.

Et elle ajoute :

— Quelle horreur !

Je la regarde. C'est une dame blonde d'une trentaine d'années, habillée avec quelque recherche et ce dos un peu raide qui appartient, comme disait ma mère, à un « certain milieu ». Que cette ressemblance entre la chimpanzée et nous lui déplaise, cela se conçoit.

1. C'est par commodité que je féminise le mot « chimpanzé ». (Note de l'auteur.)

La fillette ne tient pas compte de « l'horreur » ressentie par sa mère et poursuit :

— Ils ont un pouce et des doigts tout comme nous ! Et même des ongles ! Maman, qui c'est qui leur coupe les ongles ?

— Le gardien, je suppose, dit la dame blonde d'un air distant.

— Mais, Maman, pourquoi ils ont des mains comme nous ?

— Pas tout à fait, dit la dame. Ils ont les doigts beaucoup plus longs et beaucoup de poils sur le dos de la main.

— Papa aussi a du poil sur le dos de la main, dit la fillette.

— Ce n'est pas la même chose, dit la dame d'un air pincé.

Suzy et moi échangeons un sourire qui, chose étrange, produit deux effets. La dame blonde le capte et, prenant sa fillette par la main, l'emmène loin de la cage, le dos outragé. Les deux dames intéressées par les rapports entre Suzy et moi l'interceptent aussi et se regardent d'un air entendu. En somme, il se passe des choses aussi du côté des grands singes blancs.

Un petit garçon arrive en courant et se colle presque dans mes jambes contre la rambarde. Mauvaises manières que sa mère, une courte femme brune aux appas débordants, corrige d'une voix forte :

— Gérard, tu bouscules le Monsieur !

— Mais non, pas du tout, Madame, il ne me gêne aucunement.

Et je me pousse un peu du côté de Suzy pour lui faire de la place. Gérard s'installe. Lui, ce qui le frappe, ce ne sont pas les ressemblances, mais les différences.

— M'an, regarde les vilains nez qu'ils ont, tout noirs, tout aplatis !

— Ne parle pas si fort, Gérard, dit la dame, soucieuse de montrer qu'elle n'est pas inférieure à sa tâche éducatrice.

— Mais regarde, M'an, le nez qu'ils se payent !

— Je vois, je vois, dit la mère un peu gênée.

— Oh ! Là, là ! Qu'ils sont vilains, leurs nez ! Mais, M'an, tu vois pas ! Ces nez-là, on dirait qu'on a marché dessus !

— Oh ! Arrête, Gérard ! dit-elle, perdant patience. Arrête

avec ces nez ! Toi aussi, tu auras un vilain nez, si tu continues à fourrer tes doigts dedans.

Une dame âgée qui se trouve debout à côté de Suzy lève discrètement les yeux au ciel pour la prendre à témoin des aspects déplaisants de ce dialogue. Si jadis elle a fourré son index dans son nez, ou parlé en public d'une voix trop forte, elle ne doit plus s'en souvenir, tant elle est aujourd'hui proprette et respectable. Elle arbore sur la tête un casque de bouclettes si bien sculptées par l'indéfrisable qu'elles paraissent presque métalliques, leur couleur d'un blanc bleuté ajoutant à cette impression. Comme il n'était pas question de poser un chapeau sur cet édifice, elle porte à la main, pour se protéger du soleil, une ombrelle rose ornée de petites fleurs d'un rose plus foncé. L'anse d'un grand sac noir est passée autour du poignet gauche qui tient en l'air l'ombrelle et, ouvrant ce sac de la main droite, notre co-spectatrice en tire un paquet de biscuits.

— Madame, dit-elle à Suzy, voudriez-vous avoir l'obligeance d'ouvrir ce paquet et d'en donner un à la femelle ? Je dis bien, à la femelle, pas au mâle. Je le trouve très antipathique, ce gros mâle. Voyez comme il essaye de tout accaparer, y compris ce qu'on donne à sa compagne.

Suzy ouvre le paquet, y prend un biscuit et le tend à la chimpanzée par-dessus la rambarde de sécurité. Mais même en se penchant à l'extrême, Suzy n'atteint pas le grillage.

— Vous êtes comme moi : votre bras est trop court ! dit la dame aux bouclettes, et pourtant, vous, vous êtes jeune, vous êtes souple. Mais, Monsieur votre mari, peut-être...

— Bien volontiers, dis-je.

Le petit *Lu* passe de la main de Suzy à la mienne et il atteint, par mes soins, la chimpanzée qui le saisit entre le pouce, passé par un trou, et l'index, passé par un autre trou. Problème ! Elle le tient, mais comment le ramener à elle, puisqu'il se trouve devant une boucle du grillage ?

J'admire son habile manœuvre. Elle s'arrange pour présenter le *Lu* en face d'un trou, lequel toutefois est encore trop petit pour permettre au biscuit de passer. Elle avance alors démesurément les lèvres et le happe. Je dirais même qu'elle l'aspire, morceau par morceau, non sans que quelques débris délicieux s'émiettent et tombent de notre côté, où des moineaux qui guettaient l'opération du haut d'un marronnier viennent aussitôt jusque sous nos pieds s'en saisir. Ils ne sont pas bêtes, eux non plus.

La palme de l'intelligence revient toutefois à la chimpanzée. Il est vrai que son avantage de départ est considérable. Comme avait déjà remarqué le vieil Engels dans un passage fameux, c'est un bienfait du ciel (Engels n'a pas dit « un bienfait du ciel » : il était communiste) d'avoir au bout du bras une main préhensile. Avec une patte, sauf courir et griffer, on fait peu de choses.

Ma commanditaire, heureuse de ce succès, continue à me fournir en biscuits mais toujours avec cette recommandation expresse de ne pas en donner au mâle. Ce qui n'est pas facile, car il est toujours là, grognant, dressé, et sortant ses doigts à l'endroit du grillage où il voit le biscuit avancer.

Pour qu'il lui échappe, je manœuvre aussi et, par trois fois, je réussis à lui soustraire la précieuse manne pour la donner à sa femelle. Il est si indigné de cette évidente partialité que soudain trépignant, se dressant et grondant, il me crache au visage. Le grillage, fort heureusement, arrête le gros du crachat et je ne reçois que quelques gouttes sur ma cravate.

— Madame, dis-je en les essuyant avec mon mouchoir, comme vous voyez, il prend très mal la chose. Si vous voulez que je continue, il faudrait lui en donner un ou deux.

— Si vous voulez, dit-elle de mauvais gré. Mais quel malotru ! Et quelles manières ! Quel contraste avec sa femelle qui est si douce !

La douceur de la chimpanzée, qui est deux ou trois fois plus forte qu'un homme, si j'étais la dame, je ne m'y fierais pas. Et même si on retirait le mâle de la cage, je ne lui conseillerais pas d'aller s'y asseoir avec son pliant et son tricot pour tenir compagnie à l'esseulée. Adieu tricot ! adieu bouclettes ! Cela pourrait finir au mieux par de cruelles morsures, au pis par un bras arraché.

Coup sur coup, je donne quatre biscuits au mâle qui, apaisé, va s'asseoir face à nous, mais en arrière-plan, sur un énorme pneu de camion qui est là pour lui servir de fauteuil. Il écarte largement les jambes et tout en nous fixant d'un air supérieur et arrogant, des deux mains il se gratte vigoureusement la face interne des cuisses et les testicules. Je jette de côté un coup d'œil à la dame. Elle fait semblant de ne rien voir.

— Il y a des gens, dit-elle à Suzy, qui prétendent que l'homme descend d'un singe. Je n'en crois rien. Moi, je m'en tiens à ce qu'on m'a appris. Dieu a créé l'homme à son image.

— Effectivement, dit Suzy avec une ironie discrète, c'est plus flatteur de ressembler à Dieu qu'à un chimpanzé.

— N'est-ce pas ? J'étais sûre que vous seriez de mon avis. Les chimpanzés sont si laids et si grossiers, surtout le mâle. Je vais vous dire, moi, ce que je me dis avec mon petit bon sens : le singe est une caricature de l'homme. Il a été créé tout exprès pour rappeler à l'homme ce qu'on devient, quand on se laisse aller à ses bas instincts.

Suzy échange un regard avec moi et reprend :

— Vous venez souvent visiter la ménagerie ?

— Oh, oui ! dit-elle, j'habite tout près. C'est ma petite promenade. L'entrée est bien un peu chère pour ma bourse mais que voulez-vous ! C'est ma seule distraction. Et pour tout dire, j'ai un peu pitié de cette pauvre chimpanzée. Vous avez vu comment son gros mâle la traite ? Quelle honte ! Je viens la voir presque tous les jours depuis que je suis seule.

— Vous êtes veuve, Madame ? dit Suzy.

— Depuis deux ans, dit la dame aux bouclettes avec un soupir plein de componction. Ce fut quasi une bénédiction pour lui, pauvre homme, tant il souffrait. Enfin !

A entendre cet « enfin ! » je comprends mieux le sentiment qui amène la dame aux bouclettes à venir presque tous les jours devant la « douce » chimpanzée, cette autre martyre du couple.

— Suzy, dis-je, vous vous rappelez qu'on doit aller voir le bébé chimpanzé ?

Nous échangeons avec la vieille dame des au revoir qui n'ont qu'une chance sur un million de se réaliser. Les siens sont chaleureux à l'égard de Suzy et beaucoup plus secs à mon endroit, en dépit du fait que je lui ai servi de bras de secours aux dépens de ma cravate.

A l'intérieur du bâtiment (peut-être est-il sensible au froid, même quand le soleil brille) nous trouvons le bébé chimpanzé. Sans doute sa mère est-elle morte en lui donnant naissance et il est seul, en effet, dans une cage, parce qu'il serait dangereux de le mettre avec une chimpanzée qui ne serait pas sa mère, et à coup sûr mortel de le faire cohabiter avec un mâle : il serait aussitôt mangé.

— Comme il est mignon ! dit Suzy.

Le bébé n'a guère plus de deux ans. On lui a donné une litière de copeaux et, sur le dos, les quatre membres en l'air, il joue avec un de ces longs rubans de bois qui lui servent de matelas. Il l'entortille autour de ses mains et de ses pieds. Après quoi, il s'efforce de le démêler. A notre approche, il tourne la tête vers nous et nous considère de ses grands yeux ronds marron clair dont l'expression est naïve et confiante.

— Qu'il est mignon ! répète Suzy, attendrie.

— Comme tous les petits des mammifères.

— Oh non ! dit-elle, il y a une différence. Les yeux ! Les yeux sont humains ! Et quelle expression touchante ! On dirait qu'il a envie qu'on le prenne dans les bras et qu'on le cajole.

— Il en a grande envie, vous pouvez en être sûre. Le plus dur pour lui dans cette cage, c'est d'être privé de contact et d'affection.

— Le pauvre, dit Suzy, on aimerait l'adopter.

— Le Jardin des Plantes ne vous le vendrait pas.

— De toute façon, dit Suzy en riant, avec mon deux-pièces, c'est exclu !

La Renault 5 de Suzy est parquée à cinq minutes du Jardin des Plantes sur la place du Puits de l'Ermite devant la Mosquée de Paris. Comme nous approchons de son auto, la conversation tombe et il y a entre nous un petit moment de gêne. Je ne tiens pas à la quitter si vite, et elle non plus, je crois.

Mais comme elle a, me semble-t-il, épuisé en une seule fois, ses réserves d'effronterie, elle se tait et me laisse maintenant l'initiative. Après un temps de réflexion, je lui suggère de prendre un thé à la menthe dans le café maure qui jouxte la mosquée. A cette heure, le café n'est qu'à demi plein et nous trouvons dans un coin une place agréable. Le thé est bouillant et très sucré et il a sur nous l'effet de l'alcool, car après le deuxième verre, nous décidons de nous appeler par nos prénoms.

— Ed, dit Suzy, que pensez-vous de la vieille dame à l'ombrelle ?

— Très soucieuse d'affirmer la prééminence de l'espèce humaine.

— Oui, dit Suzy en souriant, mais son attitude est contradictoire car, en même temps, elle éprouve un fort sentiment de solidarité féminine à l'égard de la chimpanzée. Vous savez à quoi elle m'a fait penser quand elle a fait allusion à la Genèse ? A l'idée que se font les Oubis de la création de l'homme.

— Qui sont les Oubis ?

— Un des peuples de la Côte-d'Ivoire.

— Vous connaissez la Côte-d'Ivoire ?

— J'y ai séjourné un an avec mon ex-mari.

Un silence et je dis :

— Vous me parliez des Oubis.

— Pour les Oubis, Dieu créa le chimpanzé en même temps que l'homme. Et dès qu'il les eut appelés à la vie, il leur dit : « Voici la terre. Elle est à vous. Votre devoir est de la travailler. » Les hommes obéirent à Dieu et les chimpanzés se dirent : « Pourquoi travailler ? Il est plus agréable de se faire un nid dans les arbres avec des branches et des feuilles, de dormir et de temps en temps d'allonger un bras pour cueillir un fruit. » Ainsi, les chimpanzés ne firent rien d'autre que manger, dormir, jouer, se chamailler et faire l'amour. Mais quand Dieu s'aperçut de leur oisiveté, il entra dans une violente colère et il dit au chimpanzé : « Tu m'as désobéi et, pour te punir, je vais te rendre laid. » Et le chimpanzé devint laid.

— C'est merveilleux, dis-je, et même subtil. A mon avis, le

mythe peut s'interpréter de deux façons : primo, version littérale : l'homme était beau et le demeure parce qu'il a travaillé. Le chimpanzé était beau, et il devient laid parce qu'il n'a pas travaillé. Secundo, version symbolique : au départ, l'homme et le chimpanzé étaient laids, mais le travail de ses mains et de son cerveau a embelli l'homme, tandis que le chimpanzé, en raison de sa paresse, est resté ce qu'il était.

— Ed, est-ce que vous n'êtes pas en train d'ajouter une brillante contribution de votre cru au mythe des Oubis ?

— Merci pour l'adjectif. Est-ce qu'il y a une suite à votre histoire ?

— Oui, et elle est très jolie. Le chimpanzé devint si laid, si laid que même Dieu s'en affligea.

— A la bonne heure, voilà un Dieu humain !

— Oui, mais tout en s'attristant, Dieu ne put revenir sur sa punition. Et ne pouvant défaire ce qu'il avait fait, il dit au chimpanzé : « Tu es vraiment très laid. Mais, par compensation à ta laideur, je vais t'apprendre la musique. » Et il enseigna au chimpanzé à tambouriner sur les troncs avec les paumes de ses mains.

— Et c'est en singeant les singes que les hommes apprirent la percussion ?

— Oui.

— Astucieux Oubis ! N'empêche qu'ils ont compris la parenté entre l'homme et le primate, alors que le seul rapport que les Hébreux, dans la Genèse, établissent entre l'homme et les animaux est un rapport de domination.

— Mais il y a une raison à cela, dit Suzy en me jetant un regard vif. C'est qu'en Palestine, il n'y avait pas de forêt tropicale et, partant, pas de primates. Et les Hébreux ne voyaient autour d'eux aucun animal à qui ils auraient pu trouver une certaine ressemblance avec eux.

— Géniale Suzy ! dis-je en mettant ma main sur la sienne.

Ce geste est accompli sans intervention aucune de ma volonté et je n'en prends conscience qu'après l'avoir fait. Cependant, ma main se trouve bien où elle se trouve. Je l'y laisse. Ni mes doigts ni ma paume n'exercent la moindre pression. Ils se sont posés sur ceux de Suzy, pour ainsi dire à mon insu, par un hasard heureux. Suzy, de son côté, ne se retire pas, ne bouge pas. Il semble qu'elle ne s'aperçoive même pas de ce contact : il pèse si peu. Nous continuons à converser comme si de rien n'était, oubliant que nous avons des mains et qu'elles sont posées l'une sur l'autre. Elles sont vivantes, certes, mais elles vivent désormais d'une vie indépendante et échappent à notre contrôle. Quant à nous, nous parlons des Oubis et des chimpanzés et de dix autres sujets dont je n'ai plus le moindre souvenir, tandis que le garçon, sur un signe que je lui fais, vient renouveler pour la troisième fois le thé à la menthe. Ce n'est pas le moment de nous quitter : sans nous être donné le mot, nous sommes bien d'accord là-dessus. Par instants, la main de Suzy frémit doucement sous la mienne comme un oiseau emprisonné.

***

Je continue à assister aux séances du colloque, mais j'y porte une attention plus distraite. Et je manque deux d'entre elles parce que mes rendez-vous avec Suzy l'exigent.

Je fais à ses élèves l'exposé sur les origines de l'espèce humaine qu'elle a demandé et le soir même, je l'invite à dîner au restaurant de mon hôtel, rue Jean-Goujon. « A condition, me dit-elle en souriant, que vous me fassiez le plaisir de venir goûter à ma cuisine le lendemain soir. » J'accepte avec joie. Je suis curieux de connaître son petit appartement. Il m'apprendra sur elle des tas de choses que je serai ravi de connaître. Bien que le temps soit maussade et pluvieux, Paris me fait l'effet d'être plus ensoleillé qu'une plage de Floride. Quand Suzy est avec moi, ma vie prend une force nouvelle et même quand elle n'est pas là, je ne suis pas seul. Je me répète notre dernière rencontre et ma pensée, avec élan, anticipe sur celle qui suivra et qui est déjà fixée, car l'habitude — qui, comme on sait, commence au premier acte — est prise. Nous ne nous quittons pas sans prendre un nouveau rendez-vous, autant que possible très rapproché, car nous savons l'un et l'autre que dans douze jours, je devrai reprendre l'avion pour rentrer chez moi.

Suzy demeure à côté du Carreau du Temple, dans une petite rue sans issue appelée Cité Dupetit-Thouars et peuplée de petites gens qui, pour la plupart, m'assure Suzy, n'ont jamais quitté la capitale, ni a fortiori leur cité, ni dans celle-ci leur appartement, aussi vétuste qu'eux-mêmes. A en juger, par la mine des gens que je croise dans la cité, ils vivent chichement, mais plutôt gaiement, soit de leur retraite, soit de petits métiers, comme me l'apprend l'enseigne d'une boutique qui abrite un « graveur de bijoux » ; une autre fabrique des queues de billard. Voyant sur ma droite une maison éventrée, je demande à une petite vieille qui passe si on va l'abattre.

— L'abattre ? Non, dit-elle vivement, mais la restaurer.

Elle ajoute avec fierté :

— On ne peut pas l'abattre. Nous sommes un site classé.

Voilà, pensai-je en la quittant, un escargot qui fait complètement corps avec sa coquille ! Je me demande s'il y a un autre pays que la France où une octogénaire aurait l'incroyable orgueil de vous dire : « Nous sommes un site classé » !

Suzy habite dans la cité l'immeuble le moins délabré. Il est en pierre de taille et donne sur une courette où je reconnais sa petite auto au milieu de trois ou quatre véhicules de la même taille et probablement du même âge. Bien que l'immeuble ait une apparence assez respectable, il appartient à un temps où l'ascenseur était inconnu. La cage d'escalier, de toute façon, eût été trop étroite pour le recevoir et les co-propriétaires, trop pauvres pour en assumer la charge. Je trouve l'ascension pédestre pas du tout pénible, les marches, quoique vieilles, étant bien ajustées, vitrifiées, balayées, et les rampes massives. Du beau travail de charpentier fin dix-neuvième siècle.

Suzy est odorante et pomponnée à ravir, et comme à son ordinaire, toute vêtue de blanc avec une jupe longue et un chemisier. Elle m'accueille avec un sourire radieux et me tend sa ferme menotte. Des bouclettes noires cachent à demi son front et sur le derrière de la tête, elle rassemble ses cheveux en un chignon comme je les aime, un peu lâches et qui laissent échapper des petites mèches qui folâtrent sur la nuque.

Le living-room aussi est blanc, blancs les murs, blanc le canapé, blancs les fauteuils de jardin autour de la table laquée blanche, blancs les rideaux. Deux notes de couleur : une moquette rose et un gros bouquet de fleurs sur la table devant le canapé. Sur ce canapé est assis un petit garçon d'une dizaine d'années. Il a les cheveux noirs bouclés, la peau mate et il est vêtu d'un pyjama bleu pâle très seyant. Il me dévisage avec intérêt de ses grands yeux marron bordés de longs cils noirs.

— Ariel, dit Suzy, voici Mr. Dale.

Ariel se lève et vient vers moi. Il est d'un petit format comme sa mère mais, comme elle, très bien fini. Il vous donne l'impression qu'il n'a pas été taillé à l'herminette par un charpentier, mais fait au tour par un potier habile. Ses mouvements sont souples, gracieux, empreints de dignité. Il s'arrête à un mètre de moi et attend poliment que je lui tende la main. Je prends l'initiative puisqu'il me la laisse.

— Bonsoir, Ariel.

— Good evening, Mr. Dale, dit-il.

Il incline la tête avec la gravité d'un ambassadeur qui remet ses lettres de créance à un chef d'État. Et puisque, par courtoisie diplomatique, il s'est exprimé en anglais, je lui réponds dans la même langue :

— Pleased to meet you, Ariel.

Après quoi, il embrasse sa mère avec une fougue juvénile, mais reprend tout son sang-froid pour me faire de la tête un petit salut protocolaire avant de sortir de la pièce.

— Il a déjà mangé, dit Suzy, et maintenant, il va se coucher. C'est à sa demande expresse que j'ai accepté qu'il attende votre arrivée.

— Il parle anglais ?

— Oh, non ! Il ne sait que ces deux mots. C'est moi qui les lui ai appris.

— Il les a très bien prononcés.

— Oh ! Ariel fait tout très bien. Il est très doué, trop même.

Je me demande s'il arrivera jamais à choisir un métier. Tout le tente. Tout l'intéresse.

— Et il est si beau ! Quel âge a-t-il ?

— Neuf ans.

— Pourquoi Ariel ?

— Comme le messager ailé de Prospero dans *la Tempête*. Je voulais pour mon fils un nom vif, léger, aérien.

— Vous lisez Shakespeare dans le texte ?

— Assez bien, mais je m'aide tout de même d'une traduction.

— Suzy, c'est merveilleux, je vous découvre chaque jour de nouveaux talents.

Y compris, d'ailleurs, celui de cordon bleu. Le repas qui m'est servi sur la table laquée blanche est composé de plusieurs plats, tous succulents. C'est de l'excellente cuisine provinciale et grand-maternelle qui suppose des heures de préparation, sans compter un marché très attentif de produits frais. J'admire le brio de Suzy et suis très touché de la peine qu'elle s'est donnée pour moi, car je me doute bien que lorsqu'elle est seule avec Ariel, son menu est beaucoup plus simple.

— Vous vivez seule, Suzy ?

— Pourquoi me demandez-vous cela ?

— Ariel.

— Je suis divorcée.

— Et moi, deux fois divorcé. Mais je vous l'ai déjà dit.

Elle sourit.

— Ed, vous devez être difficile à vivre.

Son sourire est tendre et taquin et je prends le temps de le savourer avant de répondre.

— Au contraire, je suis très patient.

Je reprends :

— Vous avez divorcé il y a longtemps ?

— Six ans.

— Et vous ne vous êtes pas remariée ?

Elle sourit de nouveau.

— Ed, votre étonnement est flatteur mais, voyez-vous, il y a beaucoup plus d'hommes qu'on ne croit qui, lorsqu'ils épousent une femme, veulent avoir un enfant d'elle.

— Et vous ne désirez pas un autre enfant ?

— Ce n'est pas que je ne le désire pas, c'est que je trouve la chose trop risquée.

Et comme je me tais, elle reprend :

— Vous voyez cette photo sur le piano ?

— Oui, c'est vous avec Ariel.

— C'est bien Ariel, mais ce n'est pas moi. C'est ma sœur Élisabeth. Elle a trente-sept ans. L'année dernière, elle s'est trouvée enceinte et était très, très heureuse de l'être. Malheureusement, l'examen a décelé que l'enfant était mongolien. Une interruption de grossesse a été décidée et ce ne fut pas une mince affaire, le fœtus avait plus de trois mois. Élisabeth s'est bien rétablie, mais elle a sombré aussitôt dans une dépression dont elle émerge à peine. Ce fut une tragédie pour elle et, par contrecoup, pour moi.

— Pour vous, Suzy ?

— Nous sommes de vraies jumelles, prédisposées, par conséquent, aux mêmes maladies. Et je ne tiens pas à revivre ce qu'elle a vécu.

Je la regarde. Nous sommes assis l'un à côté de l'autre sur le canapé, une tasse de café à la main. Sur la petite table basse en plexiglas devant nous, elle a disposé sur une soucoupe des truffes en chocolat qu'elle a faites elle-même. On est en plein Paris et pas un bruit ne pénètre jusqu'à nous. C'est merveilleux d'habiter dans une rue sans issue. Pas de circulation, les seules autos qu'on y voit sont celles des riverains, et très peu de ceux-ci en possèdent.

J'aime cette pièce blanche, avec ses lampes blanches, son tapis rose et son éclatant bouquet. La dernière phrase de Suzy résonne en moi : « Je ne tiens pas à revivre ce qu'elle a vécu. » Curieux, ce « revivre ». On dirait qu'étant la jumelle identique d'Élisabeth, elle a déjà une première fois vécu avec elle sa grossesse, son avortement, sa dépression. Une existence en duplicata doit avoir des côtés angoissants. Chacune des deux annonce à l'autre, en ayant souffert avant elle, l'anomalie ou la maladie qu'elle va subir. Quand on y pense, c'est assez terrifiant. Supposez qu'un jour, Élisabeth lui dise : « J'ai un cancer. »

Suzy, vêtue en blanc immaculé, est assise dans toutes ses courbes, à côté de moi sur le tweed blanc du canapé. Depuis le café maure de la mosquée, elle m'a reconnu tacitement sur sa main un droit de contact et de caresse. Le désir que je ressens pour elle et la façon dont elle l'accueille nous entourent d'une bulle si chaleureuse qu'il serait stupide de la déchirer pour précipiter une issue dont déjà l'attente est délicieuse. De toute façon, avec Ariel qui dort ou ne dort pas dans la pièce à côté, ce soir ne peut être qu'une parenthèse dans le cours des événements. Suzy n'aime pas plus que moi, j'en suis sûr, les amours à la sauvette sur le canapé du salon.

Elle reprend :

— On dira : pourquoi regretter de ne pas avoir un second enfant, puisque vous avez Ariel ?

— Ce n'est pas moi qui vous dirais cela. Votre décision est sage, mais je comprends bien qu'elle vous peine. J'ai cru remarquer que votre fibre maternelle est particulièrement développée.

Elle sourit :

— Vous l'avez remarqué quand ? A l'instant, quand vous m'avez vue avec Ariel ?

— Non, bien avant, lors de votre visite au zoo. Quand vous vous êtes attendrie sur le bébé chimpanzé.

— L'instinct, je suppose.

— Oh, non ! Ne parlez pas d'instinct ! Jane Goodall a observé dans la forêt tropicale que les mamans chimpanzées n'étaient pas toutes de bonnes mères. Bien loin de là. Et il en est de même des femmes. On le constate tous les jours. A mon avis, c'est moins une question d'instinct que de caractère. Vous êtes bonne mère, parce que vous êtes compatissante.

— Je pourrais en dire autant de vous. Vous parlez d'Elsie et de Jonathan de la façon la plus touchante.

— Je m'entends particulièrement bien avec cette petite chipie et ce grand chenapan. L'un et l'autre ont un cœur d'or. Mais savez-vous, Suzy, que le problème de l'enfant avait été soulevé par Madame ma seconde épouse.

— Je m'embrouille dans vos femmes. Laquelle était-ce ? La frivole ou la dévote ?

— La dévote. Quelques mois après notre mariage — après et non avant — elle me fit part de sa décision de ne pas avoir de bébé. Et elle m'expliqua pourquoi. Elle ne voulait pas élever un enfant dans un foyer qui n'avait pas été béni par Dieu.

— Pourquoi, dès lors, vous avoir épousé ?

— Je cite : « Mes magies et mes maléfices. »

— Ed, dit-elle, cessez de citer vos magies ! Vous me mettez l'eau à la bouche !

Je ris aussi et voulant sans doute éviter que j'interprète trop littéralement ses paroles, elle fait une diversion en m'offrant une deuxième tasse de café — que je refuse — et une deuxième truffe au chocolat — que j'accepte. Elle est excellente et une fois de plus je fais à Suzy compliment de ses talents.

— Ed, qui prépare vos repas à la ferme ?

— J'ai un couple de Mexicains : Pablo est mon berger et sa femme Juana assure le ménage et la cuisine.

— Qu'est-ce que vous cultivez ?

— J'élève des moutons.

— Quel rêve ! dit-elle avec élan : Vivre à la ferme et de la ferme ! Comme Karen Blixen au Kenya !

— Mais justement, elle n'est pas arrivée à joindre les deux bouts.

— Et vous ?

— Moi non plus. En fait, je tire l'essentiel de mes revenus de mon traitement universitaire, des droits d'auteur de mes ouvrages scientifiques et de quelques investissements que je dois à mes parents.

— Et la ferme ?

— Elle rapporte juste assez pour verser un salaire à Pablo et Juana. Par ailleurs, elle me fournit quelques produits frais et, bien sûr aussi, une grande maison très agréable, à flanc de coteau, avec une belle vue sur des montagnes.

— En somme, c'est un petit paradis.

— Ce serait un petit paradis si je ne vivais pas seul.

— Ed, dit-elle, ses yeux mordorés fixés dans les miens et un sourire taquin sur ses lèvres, est-ce là un regret ou un souhait ?

— C'est un regret qui pourrait devenir un souhait.

— Vos deux mariages ne vous ont donc pas découragé ? Dans votre cas, chat échaudé ne craindrait pas l'eau froide ?

— Pourquoi la craindrait-il ? Ce n'est pas l'eau froide qui l'a échaudé.

— Le bon sens même !

Il y a un long silence pendant lequel rien ne se passe sinon de mon côté et je suis sûr aussi du sien, un intense moment d'intimité muette. Après quoi, je regarde ma montre, je me lève et je dis à voix basse — et pourquoi à voix basse, je ne saurais dire, sinon que je ne voudrais rompre pour rien au monde la complicité de l'heure.

— Suzy, il est tard et vous vous levez demain très tôt.

— Quand prenez-vous l'avion ?

— Après-demain. Mais je serais très heureux si vous acceptiez de dîner avec moi demain soir.

Elle sourit :

— Vous allez me trouver bien effrontée : j'avais anticipé votre invitation, j'ai retenu un baby-sitter pour demain soir.

— Et moi, j'avais anticipé votre acceptation : j'ai déjà réservé les deux couverts.

— Où ? A votre restaurant favori ou à votre hôtel ?

— Au restaurant attenant à mon hôtel.

— Oh, Ed ! dit-elle en riant, vous pensez à tout !

Elle me jette les bras autour du cou et, dressée sur la pointe des pieds, elle m'embrasse.

CHAPITRE II

Comme mon père, j'ai épousé une Française et, comme ma mère, Suzy a insisté pour convoler en justes noces à Paris avant de se marier une seconde fois avec moi chez les barbares des Amériques.

Localement, il y eut pourtant une différence. Quand mon père ramena son épouse à Yaraville, Beaulieu, qui se situe en dehors des grands brassages de population, a quelque peu fait la grimace. Une Française ? Qu'est-ce que c'était que cette nouveauté-là ?

En revanche, la première fois que Suzy, cinquante ans plus tard, apparut dans le village, présentée par moi à tous ceux que je rencontrais (ils ne sont pas si nombreux), les vieux hochèrent la tête avec sagesse. Quoi d'étonnant à cela ? Edmund Dale a fait comme son père ! C'est une tradition chez les Dale d'épouser une Française.

Quant à Suzy, unanimement, on la trouvait « cute ». J'emploie le mot anglais faute de mieux. Je pourrais dire « mignon », mais ce n'est pas tout à fait cela. De son visage délicatement ciselé, on pourrait dire, en effet, qu'il est « mignon », et aussi de sa silhouette, à la fois mince et ronde, mais de son accent français en anglais et de ses manières gracieuses, pourrait-on dire qu'ils sont mignons ? Que non. Là, c'est « cute » qu'il faut dire. Exemple : « *Her French accent is so cute !* »

Dans « mignon », il y a souvent un brin de condescendance. Nul n'ignore qu'on dit parfois d'une fille qu'elle est « mignonne » pour ne pas avoir à dire qu'elle est jolie. Dans « cute », rien de tel. Bien au contraire, quand on dit « cute », on s'attendrit. C'est vrai qu'on peut l'employer aussi péjorativement, par exemple pour une femme qui fait un peu trop la mijaurée ou pour un homme qui fait un peu trop le malin. Mais ce contexte-là n'est pas celui de Suzy qui fait preuve, en toutes circonstances, d'un tact bien dosé.

Quand, dans l'avion qui l'amenait aux États-Unis, Suzy me demanda mon opinion sur Juana, ma cuisinière, je lui dis : « C'est une maîtresse-femme qui a ses opinions à elle et ne vous les laisse pas ignorer. Depuis mon divorce, elle a aussi un petit peu trop tendance à se prendre pour la maîtresse de maison. » Suzy sourit, mais ne dit rien.

Je me rappelai ce sourire à notre arrivée à Yaraville. Sous un clair soleil d'après-midi, Juana était assise sur l'avant-dernière marche de la terrasse devant la maison, en train de retirer leurs fils à une pleine bassine de haricots. Dès que Suzy s'avança vers elle, Juana, qui se pique de bonnes manières, se leva. Suzy, tout sourire, lui tendit la main et se mit aussitôt à lui parler en espagnol avec une volubilité qui me stupéfia. Puis elle la pria de s'asseoir, et s'asseyant elle-même avec un parfait naturel de l'autre côté de la bassine, elle se mit, tout en parlant, à éplucher avec elle les haricots. Je ne sais pas assez d'espagnol pour pouvoir suivre ce qui se dit là sur ces deux marches, mais, à observer les deux femmes, il me devint bien vite évident que c'était Suzy qui, avec autant d'autorité que de liant, dirigeait l'entretien.

Là-dessus, survint une belle fille d'une trentaine d'années, Concepción, la nièce de Juana. Elle était venue passer huit jours dans le bungalow de sa tante. A la vue de Suzy et de moi, elle rougit (le rouge était superbe sur ses joues brunes), s'excusa de son intrusion et fit mine de se retirer. Mais Suzy ne voulut pour rien au monde y consentir, d'abord par gentillesse et ensuite parce que Concepción tenait dans ses bras une petite fille de quelques mois sur la beauté de laquelle Suzy s'extasia. Il ne fallut pas plus de cinq minutes pour que le bébé, qui s'appelait María de los Ángeles, passât des bras de sa mère dans ceux de Suzy qui commença à la bercer, l'air rayonnant.

Il s'ensuivit entre les trois femmes un flot ininterrompu d'espagnol au terme duquel un arrangement fut pris qui permit à Juana de jouir un peu plus de la présence de sa nièce. Au lieu de rester confinée dans le bungalow avunculaire, Concepción viendrait l'aider au moment des repas et servirait à table, tandis que María de los Ángeles s'ébattrait dans son parc à côté de nous. La décision était quasiment prise quand, saisie par des scrupules, Concepción émit la crainte que sa présence ne fût « *mucho molestosa por el señor* ». Mais « el señor » qui avait d'autant mieux compris cette phrase que Concepción s'était tournée vers lui pour la prononcer avec un sourire éblouissant, lui assura que non, qu'il serait, bien au contraire, ravi.

Quand elle aperçut Ariel, ma fille Elsie, alors âgée de treize ans, subit un des nombreux coups de cœur de sa vie de teen-ager. « Quels yeux il a ! dit-elle, et quels cils ! Et comme il a l'air romantique avec ses boucles brunes ! Quel dommage qu'il soit si jeune ! » Mais Jonathan, plus grand d'une tête qu'Ariel, et son aîné d'un an, le considéra d'un œil plus critique et, avant de lui donner son amitié, commença par le soumettre à une série de rites initiatiques : monter sur le toit de Yaraville et s'y promener. Atteindre en grimpant la branche la plus élevée du chêne le plus grand de Yaraville. Se balancer en haut d'un bouleau. Nager sous l'eau la longueur de la piscine. Écraser une guêpe du plat de la main sans se faire piquer. A la prière de Suzy, je n'intervins pas, et Ariel passa avec succès toutes les épreuves, sauf une : il était contraire à ses principes d'écraser une guêpe. « Mais je peux me faire piquer par elle, si tu veux ! » Et sans attendre la réponse, il fit comme il avait dit. « Il est petit, mais il assure », dit Jonathan, étonné.

Son étonnement provenait du fait qu'étant à dix ans grand et bien charpenté, il avait eu bien du mal à accomplir tous les exploits qu'il avait imposés à Ariel et que celui-ci avait réalisés sans effort. Comme il n'y avait pas en lui une once de mesquinerie, il ne l'en aima que plus, et à eux deux, ils réalisèrent cette chose si rare : un vrai rapport d'égalité entre deux garçons. Peut-être leur dissemblance les y aida : Ariel était latin de la tête aux pieds, en contraste frappant avec les yeux bleus, le cheveu blond, les taches de rousseur et la large carcasse de Jonathan.

A Suzy le cœur généreux de Jonathan se donna sans combattre. Au cours du premier repas qu'elle prit à Yaraville, il la regarda, fasciné, les yeux grands comme des soucoupes. Mais, à l'usage, il ne tarda pas à lui reconnaître d'autres mérites que la beauté. « Tu comprends, P'pa, quand tu demandes à Juana de te recoudre un bouton, c'est toute une histoire. D'abord, elle te dit que tu lui demandes pas assez poliment. Ensuite qu'elle a pas le temps. Bref, à force d'insister, elle te le recoud mais alors ! la morale ! Et quand c'est fini, tu la remercies jamais assez. Tandis qu'avec Suzy, c'est le pied ! Vite fait, bien fait, un beau sourire et c'est fini. »

Pudique, il ne disait pas — surtout pas à son père — qu'après le beau sourire, il recevait un gros bisou. Le bouton recousu, un peu de baume sur l'âme ! Vu que c'est toujours un peu humiliant de perdre un bouton. Juana le lui faisait bien sentir et ce n'est pas elle, certes, qui, en cette occurrence, l'aurait embrassé.

L'esprit qui dormait derrière le vaste front de Juana ne connaissait que deux catégories : le bien et le mal. Recoudre un bouton, c'était un acte méritoire et qui, par conséquent, méritait de longues suppliques avant et des remerciements circonstanciés après. En revanche, avoir un bouton qui se détache, ce n'était peut-être pas la faute du porteur du vêtement mais, à coup sûr, une faute en lui et qui devait être punie par des traverses et des difficultés.

A vingt ans, Juana, avec ses cheveux aile de corbeau, ses grands yeux noirs, ses lèvres ourlées et son teint laiteux, avait dû être aussi belle que Concepción. Le temps l'avait, certes, épaissie. Mais sans rien lui enlever de sa sensualité, de son amour pour son mari ni de l'intérêt qu'elle portait aux autres hommes. Pas un seul de ceux-ci n'entrait dans sa cuisine, ou ne passait à proximité, que ce fût Donald Hunt, le shérif Davidson, le facteur, l'électricien, le plombier ou moi-même, sans être l'objet de son attention passionnée.

Comme le temps était encore beau, Juana et Concepción se baignaient brièvement dans la piscine à dix heures et demie et Suzy et moi, à onze heures. De la sorte, la garde montante croisait la garde descendante en petite tenue. Concepción rosissait et baissait les yeux, non pas tant pour ne pas voir que dans l'espoir irréaliste de ne pas être regardée. Tandis que Juana, sans gêne aucune, attardait son œil vif et avide sur mes formes viriles. Suzy ne faisait qu'en rire. D'après elle, Juana n'investissait que dans son mari les émotions que lui procurait la vue des autres hommes.

Quand elle s'exprimait en anglais, Juana ne disait jamais « *my husband* » en parlant de Pablo, mais « *mi marido* », le terme espagnol lui semblant rendre beaucoup mieux que le mot yankee la vénération qu'elle portait à Pablo qui, en beauté, en puissance et en dignité, venait dans son esprit immédiatement après Dieu le père.

Pour nous qui ne le regardions pas avec les yeux de l'amour, Pablo nous apparaissait comme un gros homme avec de gros sourcils, de grosses moustaches, une grosse tignasse poivre et sel, le sel étant localisé sur les tempes et, chose moins habituelle, sur la nuque. Pour moi, son employeur, Pablo était un excellent berger et, ce qui me rendait de grands services dans un endroit aussi isolé que Yaraville, un habile bricoleur — mais habile aussi à se ménager des pauses dans son travail, soit en se retirant dans son bungalow pour boire un « *cafecito* », soit en se mettant en rupture de stock pour aller se réapprovisionner en ville, soit en trouvant de bonnes raisons pour différer une tâche que je lui demandais.

Quand je revins de Paris, j'observai des nids-de-poule dans le chemin qui m'appartient et je dis à Pablo :

— Il va falloir faire venir du tout-venant pour combler ces trous.

Pablo secoua la tête :

— Ce n'est guère le moment, Mr. Dale, il fait trop sec. Le tout-venant se mettra en poussière et dans un mois les trous reparaîtront. Il vaut mieux attendre les premières pluies.

Mais quand les premières pluies tomberont, si je reviens à la charge, Pablo dira :

— Ce n'est guère le moment, Mr. Dale, le tout-venant n'aura pas le temps de sécher. Il se mettra en bouillasse et s'en ira.

A Elsie, l'arrivée de Suzy posa un problème ardu. Allait-elle la considérer comme une rivale ou comme une amie ?

Bébé, Elsie était déjà une petite femme. A un an — je m'en souviens encore avec étonnement — elle me faisait des coquetteries. A treize ans, voyant rarement sa mère, elle me considérait, bien évidemment, comme son territoire — sur lequel il lui paraissait impossible que Suzy n'empiétât pas.

Mais d'un autre côté, en tant que fille, elle se sentait assez seule à Yaraville, se trouvant en état de guerre permanent avec Juana dont elle détestait l'autorité et le prêchi-prêcha. Suzy flaira la situation et se tint d'abord sur une sage réserve.

Mais sans jamais lui forcer la main, elle rendit à Elsie quelques petits services. Elsie s'étant blessée au pouce, elle offrit de lui laver les cheveux. Quand Elsie fut invitée à une soirée dansante, elle lui suggéra de renoncer pour un soir à ses tresses et lui fit un séduisant brushing. Elle soigna des règles douloureuses avec ses propres cachets. Elle lui repassa une deuxième fois une robe dont Juana, au dire d'Elsie, avait « saboté » le repassage. Elle changea une fermeture Éclair qui s'était irrémédiablement coincée. A l'automne, elle l'accompagna en ville pour lui renouveler sa garde-robe.

Elsie acceptait ces services sans gratitude apparente. Elle ne se montrait ni hostile ni vraiment amicale. Et comme je m'en étonnais, Suzy me dit : « Ne t'inquiète donc pas ! Le mot mère est évidemment affecté dans son esprit d'un signe négatif. Mais, en revanche, elle a très bon cœur. Il y faudra un peu plus de temps. C'est tout. »

Ma première épouse, aimant consommer plutôt que produire, n'était active que par à-coups. Ma deuxième épouse vaquait à ses devoirs, mais en gémissant. Le dynamisme de Suzy me stupéfia. Levée tôt et couchée tard, elle abattait dans sa journée, avec le sourire, un travail incroyable. Et je n'en crus pas mes yeux quand je la vis commencer à lire méthodiquement et en suivant un ordre chronologique rigoureux mes ouvrages de vulgarisation scientifique.

— Pourquoi, dis-je, t'infliger ce pensum ?

— Ce n'est pas un pensum. C'est même très intéressant et je veux savoir ce que mon mari a dans la tête.

Arrivée à mi-chemin, elle me demanda :

— Quel est le sujet de ton prochain livre ?

— Tu touches là un point sensible : je n'en sais rien. J'hésite entre deux ou trois sujets dont aucun ne me tente vraiment.

— Tu vas entrer en année sabbatique. Tu ne trouves pas que ce serait dommage de ne pas en profiter pour écrire ?

— Bien sûr, bien sûr ! Mais je ne veux pas non plus me lancer dans un sujet dont je me demande s'il me plaît vraiment.

Cet entretien eut lieu au cours de la promenade de trente minutes que nous faisons chaque matin à huit heures et dont la topographie exige un mot d'explication.

Yaraville est construite dans une entaille qu'on a pratiquée dans la colline pour obtenir une étendue plate suffisante. La route de terre qui a permis sa construction est elle aussi taillée dans la colline, et quand on s'éloigne de la maison, on tourne après une centaine de mètres sur la gauche à cent quatre-vingts degrés ou, comme disait ma mère, en épingle à cheveux, et on rejoint une petite route goudronnée qui vous ramène devant Yaraville, mais de l'autre côté de la vallée.

En continuant la route sur trois kilomètres, on atteint Beaulieu. Si, au lieu de cela, on veut retourner à Yaraville, on prend sur sa gauche un sentier très en pente, qui débouche sur ladite vallée. Celle-ci m'appartient et elle est aussi riante, verte et arborée que les collines qui l'entourent, à l'exception d'une seule, sont sèches et arides. Le joyau de cette vallée est un étang qui n'attendait qu'un peu d'aide de ma part pour venir à l'existence, le lieu étant une sorte de cuvette où les sources affluent. Sur la partie la plus étroite de l'étang, un petit pont permet de le franchir et de faire l'escalade de la pente opposée, elle aussi fort abrupte, qui mène à Yaraville.

Mais si, au lieu de prendre ce sentier à gauche, vous quittez la route goudronnée, cette fois sur votre droite, vous contournez une colline plantée de beaux sapins qui fait face à Yaraville. Nous l'appelons la colline du sanglier, parce qu'y demeure un vieux solitaire qui joue dans ce récit un rôle malheureux, quoique involontaire.

Suzy et moi, nous avons donc le choix pour notre promenade du matin : soit continuer la route goudronnée qui a l'avantage d'être en palier et revenir sur nos pas, soit, en face de Yaraville, descendre dans la vallée et remonter de l'autre côté.

Nous préférons la solution numéro un, car elle ménage notre souffle et nous en avons besoin pour parler. Comme disait si justement Andersen, « je n'aime pas du tout les montagnes : elles ne servent qu'à monter et à descendre ».

Mais si vous ne partagez pas ce point de vue et vous désirez vous donner de l'exercice, alors vous descendez dans la vallée, vous traversez le pont et remontez de l'autre côté. La pente est très raide et vous y verrez le rocher qui affleure partout, l'herbe pauvre, les chardons et l'aridité, et devant vous, les murs du soutènement de la piscine. Au-dessus de la piscine, la pente n'est pas moins abrupte, mais nous l'avons civilisée par de larges marches dallées et sur la droite par une succession de murets en gradins qui nous ont permis d'apporter de la terre et de faire pousser de la lavande, du thym, des buddleias, des véroniques, des géraniums et des verveine-fleurs.

Ce chemin en dallage aboutit à une grande terrasse sur laquelle ouvrent de plain-pied les baies vitrées du living, de la salle à manger et de la cuisine. De cette terrasse qui est orientée sud-est, on voit le fouillis coloré des petits jardins en gradins, la piscine, les arbres de la vallée, la colline du sanglier et, derrière elle, des montagnettes qui culminent à mille mètres et dont les plus hautes ont le bon goût de se perdre dans les lointains, donnant ainsi de la profondeur à notre horizon.

Mon père n'aimait ni les barrières, ni les murs, ni les grilles, ni les portails, et la propriété n'est pas close. La théorie de mon père était que l'unique route venait à nous en passant par le village et rendait par conséquent improbable une incursion malveillante. J'ai longtemps partagé cette opinion, jusqu'au jour où, à mon très grand chagrin, l'événement m'a prouvé qu'elle était erronée.

***

Les Hunt sont nos plus proches voisins et nos meilleurs amis et Donald Hunt a joué, au début du moins, un rôle décisif dans le cours de ce récit.

A huit cents mètres de nous, sur la petite route goudronnée qui va de Yaraville à Beaulieu, les Hunt habitent une grande maison biscornue, où pas une pièce ne se trouve au même niveau que celle qui la suit, la raison en étant que les parents et grands-parents de Donald ont bâti l'édifice par ajouts successifs. Le résultat est, à l'intérieur, une succession de marches, de coins et de recoins et, à l'extérieur, un fouillis de toits. Mais, à vivre l'endroit doit être très agréable, surtout depuis que Donald y a agencé un grand jardin d'hiver qui a séduit Suzy dès qu'clle l'a vu.

Comme pour faire mentir le mythe (pas entièrement faux) qui veut que les Américains passent leur temps à changer de métier et à vadrouiller de ville en ville, d'État en État et de femme en femme, les Hunt offrent un remarquable exemple de stabilité. Donald est vétérinaire, comme l'étaient avant lui son père et son grand-père, et il n'a eu qu'une épouse dans sa vie, Mary, avec qui il est marié depuis quinze ans.

Donald est un de ces hommes dont l'emballage, si je puis dire, ne correspond pas au contenu. Il est large, corpulent, les traits ronds et un peu gros, la face rubiconde, la bouche grande.

A partir de son physique, on pourrait composer une belle affiche pour orner la porte d'un pub anglais. En fait, il boit deux doigts de whisky en fin de journée, mange assez peu, fume avec modération. Il est vrai qu'il est assez souvent botté et crotté, comme le veut son métier. Il est exact qu'alors même qu'il vient de se doucher, il dégage un léger fumet animal et que son vocabulaire est parfois un peu cru : il commence assez souvent ses phrases par : « Moi qui passe mes journées à courir après le cul des vaches » — expression qui lui vaut, de la part de Mary, un coup d'œil irrité. Mais cette image est trompeuse. En fait, Donald est un homme fin, sensible, imaginatif et remarquablement instruit, non seulement en zoologie, mais en bien d'autres domaines étrangers à sa spécialité.

Quant à Mary, je ne sais pas trop que penser d'elle, surtout depuis que Suzy est ici. Ce n'est pas qu'elle n'ait pas bien accueilli la nouvelle venue, mais pourquoi faut-il que, quinze jours après l'avoir rencontrée, elle lui ait demandé si elle avait l'intention d'avoir un enfant avec moi ? Mary a toute sorte de bonnes qualités : elle est compatissante, serviable, dévouée, elle possède, en outre, un de ces bons sens qu'à la légère on qualifie de « solide », comme si un bon sens pouvait être fragile. Mais comment, se piquant de bonne éducation, a-t-elle pu poser une question pareille ?

La sœur de Mary, Phyllis, habite chez les Hunt depuis la mort de son mari. C'est la sœur aînée de Mary, mais elle paraît moins âgée. Autant Mary a peu à se glorifier dans la chair, autant Phyllis est ronde et féminine. Elle se réfère constamment à son époux en l'appelant : « mon pauvre Léopold », verse une larme à chaque mention qu'elle fait de lui et, d'après Elsie qui a jeté un coup d'œil dans sa chambre, elle en a décoré les murs d'une infinité de photos représentant le défunt. La première fois que Phyllis vous est présentée, elle vous tire à part en vous prenant par le bras — elle a des manières très caressantes — et vous confie à l'oreille, d'un air futé, qu'elle a un quotient d'intelligence inférieur à la moyenne. On prend d'abord cela pour de l'humour, mais, au bout d'un moment, on s'aperçoit que c'est très probablement vrai.

Au-dessus de ses joues fraîches et roses, Phyllis a des yeux ronds, un peu protubérants comme ceux des écureuils, un joli nez, une bouche bien dessinée, une forêt de cheveux artificiellement blonds, mais naturellement bouclés. Elle s'exprime tout à fait normalement, bien qu'avec un vocabulaire limité. Si l'on excepte le moment où elle verse un pleur sur son pauvre Léopold, elle est gaie et rieuse. Même en hiver elle porte des robes claires et colorées, souvent ornées de motifs à fleurs. « Le pauvre Léopold » lui a laissé de bonnes rentes dont les intérêts s'accumulent, car elle ne dépense rien, sauf pour son coiffeur et ses toilettes. Elle est si heureuse de vivre, si aimable, et par tous si aimée qu'on finit par se demander s'il n'y a pas quelques avantages à avoir un quotient d'intelligence au-dessous de la moyenne.

De sa fille unique, Evelyn, compagne d'école d'Elsie, et réceptacle de ses confidences, Hunt dit qu'elle est un génie. C'est difficile de savoir s'il a tort ou raison, car elle n'ouvre jamais la bouche, sauf pour rappeler plutôt sèchement qu'elle désire que vous l'appeliez Eileen, prénom qu'elle s'est choisi comme convenant mieux à son « aura ». Au contraire d'Elsie qui n'a jamais connu l'âge ingrat, Evelyn est sans grâce aucune et n'intéresse en rien Jonathan, qui le lui laisse voir, et Ariel, qui le lui cache poliment. Mais ils changeront d'avis tout d'un coup quand, d'une façon surprenante, elle se mettra à être belle. Ils rivaliseront alors de zèle pour lui apprendre les échecs et au bout de peu de temps, elle les battra l'un et l'autre.

Si j'ai bonne mémoire, c'est le 5 novembre et un mercredi que les Hunt nous invitèrent à dîner. L'invitation, en soi, n'a rien d'insolite mais le jour l'était, car nous sommes convenus depuis longtemps de dîner ensemble pendant les week-ends pour permettre aux deux filles qui sont en pension en ville de se rencontrer. Cependant, pendant le repas, la conversation ne sortit pas des sentiers habituels, Donald parlant de ses clients,

Mary des petites nouvelles de Beaulieu et Phyllis intervenant pour poser, de sa voix futée, des questions dont elle n'écoutait pas les réponses. La soirée était fraîche, la salle à manger insuffisamment chauffée et je vis bien que Suzy se sentit soulagée quand Mary proposa de prendre le café dans le jardin d'hiver où nous savions que régnait une température beaucoup plus tiède, les Hunt étant moins attentifs à leur propre bien-être qu'à celui de leurs plantes.

J'aimais cette pièce, ajout récent à la maison des Hunt. Elle était meublée de très bons fauteuils d'osier, rangés en cercle autour d'une table ronde, et aussi d'un petit bar sur lequel trônait un percolateur. La végétation exotique atteignait le plafond sans être toutefois étouffante. Des petits projecteurs dissimulés dans les feuilles créaient une ambiance agréable, et des rideaux blancs masquaient ce que la nuit peut avoir de froid et de menaçant, quand elle apparaît à travers de larges baies vitrées.

Nous nous y rendons en cortège. Mary qui, parce qu'elle est plus âgée que Suzy et plus grande par la taille, estime qu'elle doit étendre sa protection sur elle, la prend par le bras et, tandis qu'elle avance, annonce les marches que nous devons monter ou descendre. Je suis, Phyllis s'appuyant sur mon bras, et Donald ferme la marche.

— Ed, me dit Phyllis de sa voix sotte et gentille, tu devrais me faire la cour. Ça me ferait tant plaisir !

— Mais, voyons, Phyllis, je ne fais rien d'autre !

— Rien d'autre ? dit Phyllis, comme si elle avait déjà oublié la prière qu'elle vient de m'adresser.

Donald derrière nous se met à rire. Phyllis, tournant la tête avec grâce, dit :

— Mais voyons, Donald, pourquoi ris-tu ? Est-ce que j'ai dit une sottise ?

— Tu ne dis que cela, ma chère, dit Donald, mais c'est sans importance. Tu le dis d'une façon charmante.

— Il est adorable, dit Phyllis en levant la tête vers moi.

Et en s'appuyant langoureusement sur mon bras, elle ajoute :

— Il ne me fait que des compliments.

Donald rit de nouveau. Il est clair que Phyllis à la fois l'amuse et l'attendrit et qu'il nourrit pour elle une tendre affection. Suzy prétend, en riant, qu'il l'aime plus que sa femme. En tout cas, il se sent beaucoup plus à l'aise avec Phyllis tandis qu'avec Mary, il me donne toujours l'impression de se tenir sur la défensive.

On prend place autour de la petite table en osier du jardin d'hiver, Phyllis à ma droite, Suzy à ma gauche. Donald s'assoit à côté de Phyllis et Mary à la droite de Donald. Il y a un fauteuil vide entre Suzy et Mary. Mais quand celle-ci voit Donald tirer une pipe de sa poche, elle va l'occuper, désertant ostensiblement le flanc de son époux.

Donald me regarde en tapotant sa pipe de ses gros doigts un peu boudinés. Il a l'air d'hésiter. Mais je ne peux croire qu'il hésite à l'allumer car, d'habitude, il ne tient aucun compte de la guérilla que Mary mène contre sa tabagie. Je sens ma curiosité s'éveiller. D'abord, il m'invite un mercredi et ensuite, il a l'air de vouloir me dire quelque chose sans savoir comment il va s'y prendre.

— Mesdames, dit-il, est-ce que je peux fumer ?

Suzy fait « oui » de la tête en souriant, et Mary dit d'un ton acide :

— S'il le faut absolument !

Mais ses réserves sont emportées par Phyllis qui s'écrie avec élan :

— Oui, oui, il faut qu'il fume ! J'adore le voir sucer le tuyau de sa pipe ! On dirait un gros bébé !

— Je prends du poids, Ed, dit Donald, c'est pourquoi je ne me décide pas à m'arrêter de fumer. J'ai peur de grossir.

— Bonne excuse ! dit Mary.

— Bref, dit Donald, comme si ce qu'il allait dire était un résumé de tout ce qui précédait, j'ai une proposition à te faire.

— Voyons cela, dis-je.

— De la part du directeur du zoo.

— Ah, ce zoo ! dit Mary. C'est si loin et ça prend tant de

temps et c'est si mal payé ! Mais pourquoi ont-ils besoin de toi, puisqu'ils ont quelqu'un sur place ?

— Il est jeune et peu expérimenté, dit Donald. De toute façon, il y a des cas où il vaut mieux être deux.

— Un jour ou l'autre, dit Mary en hochant la tête, tu te feras manger par un lion.

— Mon Dieu, pauvre Donald ! dit Phyllis qui paraît prête à verser un pleur sur le futur décès de son beau-frère.

— Mais voyons, ça n'est qu'une plaisanterie, dit Donald. On endort le lion avant de l'ausculter. Bref, reprit-il en se tournant vers moi, le zoo pense, et je pense aussi, que tu es la personne rêvée pour adopter et élever un chimpanzé.

— Moi ? dis-je en riant. Et pourquoi moi ?

— Parce que tu as fait, l'an dernier, une conférence sur les primates.

— Qu'est-ce qu'un primate ? dit Phyllis.

— Voyons, Phyllis ! dit Donald avec un brin d'impatience.

Je me tourne vers Phyllis :

— C'est un grand singe sans queue qui ressemble à l'homme, comme le chimpanzé, le gorille ou l'orang-outan.

— Oh, merci, Ed ! dit Phyllis en posant sa main sur mon bras. Je ne suis pas sûre de me rappeler tout cela, mais tu es si gentil et si beau garçon. Tu devrais te laisser pousser la moustache.

— Mais Don, dit Suzy, prenant pour la première fois la parole, pourquoi faut-il quelqu'un pour élever ce bébé chimpanzé ? Il est orphelin ?

— Pas du tout. Il naîtra fin novembre et sa mère jouit d'une excellente santé.

— Alors, dis-je, c'est bien évidemment à sa mère de s'occuper de lui.

— Il vaudrait mieux pas. Il y a quatre ans, elle a tué son premier bébé dès la naissance.

— Quelle horreur ! dit Suzy. Pourquoi a-t-elle fait cela ?

— On suppose qu'elle a été effrayée quand elle a vu cette petite chose vivante sortir de son corps. Elle est née elle-même en captivité et n'a jamais eu l'occasion de voir une autre femelle accoucher. Chez les mammifères supérieurs, il y a une forte part d'initiation et d'imitation dans le sentiment maternel.

— J'en suis bien convaincu, dis-je. Mais, dans le cas présent, ne peut-on isoler le futur bébé dans une cage et confier son entretien à une aide ?

— Impossible. Le zoo est très à court de personnel. Son budget vient d'être amputé d'un quart.

Un silence tombe et Suzy dit :

— Comment peut-on élever un bébé chimpanzé en milieu humain ?

— Comme vous avez élevé Ariel, Suzy. Avec des biberons, des couches et beaucoup d'amour.

— Je trouve ça du dernier ridicule ! dit Mary avec une irritation contenue, et les deux mains appliquées avec force sur les accoudoirs de son fauteuil. Suzy, ne laissez pas Donald vendre à Ed cette idée baroque ! La vérité, c'est qu'il veut vous coller ce chimpanzé, parce que je me suis formellement opposée à ce qu'il l'élève ici. Vous pensez ! Je ne tiens pas à voir ce monstre se pendre à mes rideaux, casser mes meubles, dévaster mes bibelots et faire ses besoins partout. Et tout cela pour le plaisir de domestiquer un animal sauvage !

— Erreur, ma chère, dit Donald avec un calme assez bien imité. On ne domestique pas un chimpanzé. Il reste un animal sauvage.

— Alors, qu'est-ce qu'on en fait ? dit Mary.

Son ton est si acide que je décide d'intervenir pour mettre un peu d'huile dans les rouages.

— Ce qu'on en fait, ma chère Mary, ce n'est pas le choix qui manque ! On peut se livrer sur lui à une étude de comportement, comme Nadia Kohts ou les Kellog. On peut essayer de lui apprendre l'anglais comme les Hayes, lui enseigner un langage artificiel comme les Premack ou les Rumbaugh ou encore lui apprendre l'ameslan comme les

Gardner. L'ameslan, ma chère Phyllis, est un langage gestuel pour les sourds et muets.

— Mais, Ed, dit Phyllis en ouvrant tout grands ses yeux protubérants, pourquoi me dis-tu cela ? Je le savais !

Nous rions tous les trois et avec un temps de retard, Phyllis se met à rire elle aussi d'un air confus. A mon avis, elle ne doit pas comprendre que c'est de moi qu'on rit, et non d'elle.

— Phyllis, dit Mary, s'est mise à parler tellement tard qu'on a cru d'abord qu'elle était muette. Et on a commencé à lui enseigner l'ameslan. Elle a prononcé ses premiers mots à l'âge de six ans. J'avais moi-même cinq ans et je me souviens de la commotion dans la famille quand elle a dit « Papa ».

— Un deuxième déca, Suzy ? dit Donald.

— Non merci.

Devançant son offre, je fais non de la tête.

— Ed, dit-il, à supposer — je dis bien, à supposer, ajoute-t-il, en jetant du côté de Mary un regard apaisant —, que tu prennes chez toi ce bébé chimpanzé, quel choix ferais-tu ?

— Je lui apprendrais l'ameslan comme les Gardner ont fait pour leur chimpanzée Washoe. J'ai une grande admiration pour les Gardner. Ils ont fait un travail de pionnier tout à fait remarquable et j'ai été navré d'apprendre que la suppression de leurs subventions avait arrêté leurs recherches. Cependant, toujours dans ton hypothèse, j'apprendrais aussi l'anglais à mon bébé chimpanzé.

— Pourquoi ?

— En vertu d'un raisonnement très simple. Tu te rappelles sans doute que Gua, la petite chimpanzée des Kellog, comprenait quatre-vingt-dix-sept mots d'anglais. Elle les comprenait, mais elle ne pouvait les articuler. On peut donc considérer que si on la compare aux humains à qui on apprend l'ameslan, elle était muette, mais non pas sourde.

— Et qu'est-ce que tu en conclus ?

— Qu'il ne faut pas traiter un bébé chimpanzé comme un sourd et muet. Puisqu'il est muet, c'est-à-dire incapable de parler le langage des hommes, il faut lui apprendre à s'exprimer par des signes. Mais puisqu'il n'est pas sourd, il faut aussi lui faire entendre des paroles humaines. Les mots anglais qu'il comprendra lui fourniront un vocabulaire passif. Les signes qu'il apprendra pour communiquer avec nous composeront son vocabulaire actif. Pourquoi ne pas les cumuler, puisqu'on le peut ?

— Mais, Ed, dit Mary d'un air stupéfait, tu t'exprimes avec un tel enthousiasme ! On croirait, à t'entendre, que tu as déjà décidé d'adopter ce bébé chimpanzé !

— Mais non, dis-je avec un certain embarras, pas du tout. Je n'ai rien décidé du tout. Comment pourrais-je le faire sans avoir d'abord consulté Suzy ? Elle serait intéressée au premier chef par cette entreprise.

— Eh bien, dans ce cas, dit Mary, j'espère que Suzy aura la sagesse d'empêcher cette folie. Crois-moi, Ed, tu ferais là la bêtise de ta vie.

— Oh ! Je ne sais pas ! dit Suzy en souriant. Il me semble que je préférerais que Ed fasse les bêtises auxquelles il tient plutôt que celles auxquelles moi, je tiens.

— Quelle belle formule ! Et quelle bonne épouse ! dit Donald en riant.

Il reprend sur un tout autre ton :

— Et d'ailleurs, pourquoi parler de bêtise ? Ce serait une expérience et une expérience scientifique tout à fait sérieuse. En somme, Ed, tu prendrais le relais des Gardner ?

— Il y aurait bien de la prétention de ma part à penser cela ! J'ajoute pourtant qu'il y a un « hic ». C'est qu'un chimpanzé, comme on l'a dit, ne se domestique pas et, parvenu à l'âge adulte, il est deux ou trois fois plus fort qu'un homme. Qu'arrivera-t-il si nous ne parvenons plus à le contrôler ?

— Le zoo, là-dessus, est formel : il acceptera à tout moment de le reprendre et il te le reprendra au prix que tu l'auras payé.

— Comment ça, payé ? Parce qu'il faudra que je l'achète ! Tu as parlé d'un don !

— Officiellement, le zoo ne peut que te le vendre. Sans cela, que dirait son conseil d'administration ? Mais rassure-toi, le prix sera très modeste.

On en reste là. Donald, qui sent son avantage, est assez fin pour ne pas le pousser plus avant. Je n'ai pas envie de m'engager plus loin. Suzy garde un silence diplomatique et Mary ne cache pas sa déception. Elle a l'impression que je suis tenté par ce qu'elle appelle une « folie » et que Suzy, refusant à la fois son alliance et sa protection, ne fera rien pour m'en empêcher. La conversation se poursuit, mais à bâtons rompus, et sans qu'aucun d'entre nous paraisse attacher d'importance à ce qu'il dit. Finalement, nous prenons congé relativement tôt, sans que Mary proteste autrement que par acquit de conscience. Toutefois, au moment où nous allons nous séparer, elle retrouve sa cordialité et nous embrasse.

Le trajet en auto entre la maison des Hunt et la nôtre est trop court pour que nous reparlions de ce bébé chimpanzé dont nous allons peut-être changer la vie, et qui changerait aussi la nôtre s'il grandissait à Yaraville. Double responsabilité, envers nous-mêmes, bien sûr, mais aussi envers lui. Je ne me vois pas bien le rendre au zoo et le remettre inhumainement en cage, après qu'il aura vécu plusieurs années avec nous, libre et heureux.

Une ou deux secondes avant que j'introduise la clé dans la serrure de la porte d'entrée, un bref aboiement retentit.

— C'est nous, Roderick !

Il se tait aussitôt. Dieu merci, il n'appartient pas à cette funeste race d'inlassables aboyeurs qui, à cause d'un journal abandonné dans le creux d'un buisson, vous tiennent éveillé une partie de la nuit — ni à ces mal élevés qui, pour vous dire bonjour, vous sautent dessus, les pattes sales en avant. Dès que nous allumons l'électricité, il cille en nous regardant, nous sourit en battant de la queue, vient flairer nos mains pour retrouver la bonne odeur de ses maîtres et, satisfait, retourne se coucher en prenant soin de ne pas écraser le chat, son compagnon de lit.

C'est Elsie — à qui en principe il appartient — qui l'a appelé

Roderick, Dieu sait pourquoi : si bien que lorsque nous avons acheté le chat, il m'a paru aller de soi de l'appeler Random. Il dort avec volupté, ce petit félin et, à notre entrée, il se contente d'ouvrir à demi un œil et de le refermer aussitôt, façon de dire : « Ah bon ! C'est eux. Tout va bien. » Et dès que Roderick est recouché, il se pousse contre son flanc pour retrouver la chaleur et le confort de sa fourrure. Après tout, a-t-il l'air de penser, ce n'est pas moi le gardien de la maison. Le gardien, c'est le chien. Moi, je fais partie des choses qu'on garde.

Ce n'est qu'au lit, bras et jambes emmêlés (nous aussi) et la lampe de chevet par mes soins éteinte, que la proposition du zoo est à nouveau évoquée.

— Qu'en penses-tu ? dit-elle, ses lèvres picorant mon cou.

— Portons au débit beaucoup de dépenses, de soucis, d'ennuis et de saccages. Adieu l'ordre ! adieu le calme ! et surtout, adieu les voyages ! A qui le laisser si nous partons ?

— En somme, dit-elle, il sera aussi enquiquinant qu'un enfant.

— Plus.

— Raison de plus pour passer tout de suite au crédit.

— Au crédit, portons beaucoup d'affection, donnée et rendue, un grand nombre de joies et des satisfactions d'ordre scientifique.

— Je vais me permettre, Dr. Dale, d'en préciser une ou deux. Ne serait-ce pas fascinant, je dis bien fascinant, pour un anthropologue, d'étudier chez soi, à longueur d'année, un primate génétiquement si proche de l'homme ?

— Et de lui apprendre l'ameslan afin de pouvoir communiquer avec lui et de percer les ténèbres du monde animal ?

— Et d'écrire un livre sur ses progrès ?

— Suzy, j'allais le dire. Tu me l'as arraché de la bouche.

— Alors, dit-elle, je vais te le rendre.

Et se haussant jusqu'à mon visage, elle m'embrasse dans le noir sur le front, le nez, les joues et les lèvres, ce qui ne se termine pas sans tumulte.

Quand le calme revient, et mon souffle avec lui, je lui dis :

— Et toi, qu'en penses-tu ?

— C'est une folie, mais faisons-la.

— Ça ne me dit pas ce que tu en penses.

— Je pense tout ce que nous avons dit. Je suis aussi très contente que tu aies trouvé pour ton prochain livre un sujet qui te passionne.

— Mais toi, Suzy, toi, qu'est-ce que personnellement tu en attends ?

— Je vais te le dire. J'espère que notre bébé chimpanzé sera aussi mignon, aussi affectueux et aussi attendrissant que celui du Jardin des Plantes. Tu te rappelles comme il s'amusait, les quatre pattes en l'air, essayant d'entortiller un long copeau de bois autour de ses pieds ? Et comme il nous regardait pour nous inviter à venir jouer avec lui ? Et les yeux qu'il avait ! Ronds, immenses, marron clair et si confiants !

*
**

Emma Mathers arriva à Yaraville le 14 novembre. Nous ne connaissions d'elle qu'un curriculum vitae et qu'une photo, dont nous vîmes tout de suite qu'elle ne lui rendait pas justice. Elle savait à fond l'ameslan et devait l'enseigner à la famille Dale, enfants compris, et nous aider ensuite à l'apprendre au bébé chimpanzé. On l'embaucha pour un mois et on la garda douze ans.

Elle était muette, mais non pas sourde, ce qui facilita beaucoup, dans les débuts, notre apprentissage. Grande, brune, l'épaule large, les traits réguliers, elle avait de beaux yeux noirs dont elle prenait soin de souligner d'un léger trait de crayon les contours.

Elle possédait tout un assortiment de chemisiers d'un tissu soyeux, qu'elle fermait invariablement par une cravate de même tissu et de même couleur. Cette cravate était nouée lâchement en un large nœud flottant. Suzy appelait cela une lavallière et prétendait qu'au début du siècle, beaucoup d'artistes en France la portaient.

Les lavallières et le crayon autour des yeux étaient les seules coquetteries d'Emma. Ses cheveux noirs étaient tirés en arrière sur la nuque où un chignon très strict les emprisonnait pour la durée de la journée. Elle portait des jupes droites, sévères, de couleur sombre et des talons plats, et sur les ongles de ses mains, coupés au carré, je n'ai jamais vu la moindre trace de rouge, et pas davantage sur ses lèvres.

Agée de quarante ans, elle en paraissait dix de moins. Elle était intelligente, très observatrice et ne se fâchait jamais. J'ai souvent regretté qu'elle fût muette, car sa voix, en accord avec toute sa personnalité, aurait été douce, basse et musicale. A défaut de voix, ses yeux parlaient. Vivants et chaleureux, ils reflétaient l'intérêt que ses semblables lui inspiraient et son désir touchant de les servir. Parce qu'elle prenait en compte sa bonté, Suzy prétendait qu'Emma était féminine. Et je prétendais que, malgré sa bonté, Emma ne l'était pas, car elle portait sur le visage et dans toute sa personne un certain air monacal qui vous donnait l'impression qu'elle demeurait en dehors de l'humanité. Cet air m'impressionnait beaucoup. On aurait dit qu'Emma considérait que la vie, c'était l'affaire des autres et non la sienne.

Dès qu'elle fut là, Suzy et moi nous mîmes à travailler d'arrache-pied l'ameslan. Emma nous déconcerta au début autant par la richesse de son vocabulaire que par la grâce et la vélocité de son débit gestuel. Elle parlait aussi vite avec ses mains que nous avec la langue et aux signes qu'elle faisait avec les doigts, elle ajoutait tout un jeu de mimiques expressives. C'était fascinant à voir, et même très beau, dès qu'on l'avait comprise. On la pria d'employer moins de signes et de les exécuter moins vite. Elle se montra très patiente avec nous, bien que la gaucherie et l'inexactitude de nos imitations gestuelles la fissent parfois rire aux éclats. C'était probablement aussi comique pour elle que pour nous d'entendre un adulte parler comme un bébé.

Les enfants ne pouvaient apprendre les signes que pendant les week-ends, mais ils s'y mirent avec enthousiasme. Ils considéraient l'ameslan comme un langage secret dont ils pourraient se servir en classe, sous le nez du professeur.

La belle Concepción, héritière du savoir-faire de la lignée maternelle ayant trouvé en ville une place de cuisinière, et laissé María de los Ángeles aux soins de sa tante, celle-ci demanda à Suzy (avec les plus grandes chances de succès) d'amener le bébé dans la journée à Yaraville, n'ayant personne pour le garder au bungalow. María eut dès lors son parc dans notre living et sa chaise haute à notre table.

Cependant, au bout de quelque temps, Juana commença à se tracasser, tracas dont elle me fit part en tête à tête.

— Señor, je vais vous dire. Je me fais du souci dans ma tête pour la *pequeñuela* [1]. Moi, je suis à mes fourneaux, vous, Señor, dans votre bureau, la señora dans le sien ou en courses. La conséquence, c'est que María de los Ángeles, elle est plus souvent avec la señorita Emma qu'avec quiconque dans la maison.

— Juana, dis-je plutôt sèchement, avez-vous à vous plaindre d'Emma ?

— Oh, Señor, pas le moins du monde ! La señorita Emma est bonne comme du bon pain ! C'est une perle de femme ! Une vraie sainte du Bon Dieu ! Qu'elle est bien meilleure que nous toutes, pauvres pécheresses !

Ce disant, Juana me jeta une brûlante œillade comme pour donner plus de poids à son propos.

— Alors, dis-je, où est le problème ?

— Le problème, dit-elle dramatiquement, c'est que la señorita est muette et comment la *pequeñuela* va apprendre le langage des chrétiens, si on ne lui parle pas ?

— Juana, dis-je, qu'entendez-vous par « le langage des chrétiens » : l'anglais ou l'espagnol ?

— Les deux. Le plus utile d'abord. Le plus beau ensuite.

— Et quel est le plus utile ?

— L'anglais, Señor.

1. La Pitchoune.

— Eh bien, Juana, dis-je rondement, je vous promets qu'à partir d'aujourd'hui, María va entendre beaucoup, beaucoup d'anglais...

— Oh, Señor ! dit-elle en me prenant les deux mains et en les serrant avec force, que j'en serais bien soulagée ! Que je me faisais un sang d'encre quand je vous servais à table, de vous voir tous gesticuler comme des faibles d'esprit ! Que, par moments je me demandais même où j'étais...

Dès que notre décision fut prise au sujet du bébé chimpanzé, des modifications furent d'urgence apportées à la nursery qui devait le recevoir. Une porte fut percée pour la mettre en communication avec la chambre d'Emma. De l'autre côté, la porte de communication avec la nôtre existait déjà. Chacune des deux portes, celle d'Emma et la nôtre, devait alternativement demeurer ouverte ou fermée chaque nuit afin que l'une des deux parties pût entendre cris et pleurs et y porter remède, tandis que l'autre pourrait passer une nuit relativement plus tranquille.

Je fis aussi poser un solide grillage de fer sur l'unique fenêtre de la nursery, afin d'éviter des bris de verre dangereux pour le bébé et, quand il serait plus grand, des tentatives d'évasion.

Quand, après avoir franchi la porte d'entrée du rez-de-chaussée, on montait l'escalier qui menait aux chambres, on trouvait sur la gauche, la salle de bains d'Emma, la chambre d'Emma, la nursery, notre chambre, notre salle de bains et aussitôt après, occupant toute la largeur de la maison, et sur toute sa hauteur jusqu'aux poutres qui soutenaient le toit, la salle de jeux. Je la mentionne, parce qu'il y avait là diverses merveilles qui attirèrent fort notre petite pensionnaire : billard à poches, football d'enfants, punching-ball, appareil à ramer, panier de basket fixé à trois mètres du sol et corde lisse accrochée au plafond par un solide crochet : grand recours par temps de pluie, quand elle deviendrait trop turbulente.

De l'autre côté du couloir s'ouvraient les chambres des trois enfants et leur salle de bains.

Le 29 novembre, à 2 heures de l'après-midi comme nous sortons de table, le directeur du zoo nous annonce que l'événement que nous attendions est imminent. Mr. Hunt et Mr. Smithers sont déjà sur place, en train de procéder à l'accouchement. Il fait froid. Nous nous emmitouflons, et en plus des couches et des vêtements préparés de longue date et placés dans une valise, nous emportons une vieille veste de peau de mouton qui a appartenu à Elsie en ses jeunes années. L'auto nous paraît froide quand nous nous installons et, le chauffage mis au maximum, nous attendons avec impatience qu'il accepte de monter. Nous échangeons peu de mots, sauf pour dire que le temps se met à la neige et qu'au retour, probablement, nous aurons droit à un ballet de flocons devant le pare-brise. Le froid a éclairci les joues et les yeux de Suzy, et avec sa toque de fourrure, je lui trouve un charme slave, et je la félicite. « Mes doigts aussi sont slaves, dit-elle, ils sont gelés. » Un peu plus tard, le chauffage commençant à faire son effet, nous ôtons nos gants et Suzy me dit : « As-tu songé à un nom pour le bébé ? » Je secoue la tête et elle reprend : « J'ai pensé qu'il fallait un nom de deux syllabes avec deux voyelles claires et claironnantes. Et j'ai choisi Léo pour un garçon et Chloé pour une fille. »

— Pourquoi deux voyelles claires et claironnantes ?

— Pour que le bébé puisse se les rappeler plus facilement.

Je répète « Chloé, Léo, Chloé, Léo » et je déclare : « Je préfère Chloé finalement. — Moi aussi, dit-elle, je trouve que Chloé a de la classe. On va loin quand on s'appelle Chloé. » Je ris et je détache une main du volant pour lui caresser la joue et le cou. « Arrête ! dit-elle, cela me fait beaucoup trop d'effet ! »

— Vous arrivez trop tôt, c'est loin d'être fini, nous dit-on au zoo, mais en attendant, on va établir l'acte de vente. C'est assez long, vous verrez.

Ça l'est. Le document est jargonnant et circonstancié. A force de vouloir épuiser tous les cas de litige entre le vendeur et l'acheteur, il est lui-même épuisant. Suzy, qui le lit derrière mon épaule, demande ingénument ce qu'il arriverait si le bébé était mort-né.

— Le cas est prévu, dit le préposé.

C'est un homme grisâtre entre deux âges dont tous les traits sont tirés vers le bas : les yeux, le nez, les coins de la bouche. Il reprend :

— Paragraphe V art. 3 : l'acte est annulé et le chèque vous est rendu.

— Dans ce cas, dis-je, pourquoi signer l'acte et le chèque avant que le bébé voie le jour ?

— Parce que nous allons fermer, dit-il en jetant un coup d'œil à son bracelet-montre. Mais dès demain matin, si le bébé est mort-né, votre chèque vous sera rendu.

— Cela veut dire revenir demain, dis-je : trois heures de route aller et retour.

— Je suis désolé, dit le préposé sans lever la tête.

— Dans ce cas, dit Suzy, le zoo pourrait peut-être mettre à notre disposition une cage confortable pour y passer la nuit.

— Nous n'en avons pas de disponible, dit le préposé.

— Pardon, dit Suzy, j'en ai vu une vide, à l'instant, à côté du lion.

— Exact. C'était celle d'un léopard. Mais on l'a retiré, parce que son odeur indisposait le lion.

— Et vous craignez que la nôtre l'indispose aussi ?

Le préposé relève la tête, regarde Suzy et tout d'un coup se met à rire :

— Madame, dit-il, si nous vous mettions en cage, le nombre d'entrées serait multiplié par dix. Et cela ferait beaucoup de bien à nos finances...

A cet instant le directeur du zoo pénètre dans le bureau d'un pas inutilement rapide, flanqué d'un adjoint ou d'un assistant que je ne connais pas. Il nous serre la main, l'œil important. Il a l'air frais et de bonne humeur d'un homme qui ne vient pas de lire un acte de vente de plusieurs pages écrit en petits caractères.

— L'accouchement, dit-il jovialement, dure plus longtemps que prévu. Et en attendant, Mr. Sleet, ici présent, va se mettre à votre disposition pour vous montrer un couple de chimpanzés pygmées que nous venons de recevoir. Nous en sommes très fiers. Je parle des chimpanzés pygmées, dit-il avec un petit rire, encore que nous soyons fiers, aussi, de Mr. Sleet qui écrit justement une étude sur... Mr. Sleet ? Voulez-vous me rappeler le titre de votre étude ?

— « Le rôle du langage gestuel des chimpanzés pygmées au cours des différentes étapes de l'accouplement. »

— Voilà ! dit le directeur en riant. Je suis sûr que vous allez passer un moment très agréable avec Mr. Sleet. Mrs. Dale, j'apprends que vous êtes française. *Mes hommages,* comme on dit chez vous. Au revoir, Dr. Dale, et bonne chance pour le bébé.

Il s'en va du pas pressé d'un monsieur qui se retire en hâte dans son bureau pour ne pas y faire grand-chose jusqu'à la fermeture. Nous restons seuls avec Mr. Sleet. Il est jeune. Il a des yeux noirs et ronds comme des boutons de bottine et, les séparant, un long nez courbe et blafard qui évoque irrésistiblement le long bec d'un corbeau. Comme il est vêtu de noir des pieds à la tête et qu'il sautille en marchant, la ressemblance est frappante, d'autant plus qu'il marche le bec en avant et le dos un peu courbé.

J'éprouve pour lui une vive et immédiate antipathie. Tandis que nous cheminons dans le zoo jusqu'à la cage des chimpanzés pygmées, il ne cesse de manœuvrer pour se placer à côté de Suzy, tout en dardant sur elle des regards ardents. Il parle d'une voix enrouée et lui explique son enrouement, tout en se caressant de la main droite son long nez obscène, par le fait que pour les besoins de son étude il passe des heures à observer les amours de ses chimpanzés.

— En somme, vous êtes une victime de la science, dit Suzy en souriant.

— Oh ! Mrs. Dale ! dit-il de sa voix croassante, vous êtes charmante !

Je suis furieux. Si nous étions tous les deux des primates dans la réserve de Gombe Stream sur les bords du lac Tanganyika, je lui ferais rapidement comprendre, une branche à la main, qui est le mâle dominant.

Les chimpanzés pygmées sont très vifs et leur couple semble mal assorti, la femelle paraissant plus volumineuse que le mâle.

— Il n'y a pas de mystère, dit Sleet, la femelle a environ vingt-cinq ans et le mâle huit ans. Mais il se débrouille déjà très bien avec elle, d'autant qu'elle se trouve dans sa période rose.

— Qu'est-ce que la période rose ? dit Suzy.

— Vous remarquez que la région périnéale de la femelle est gonflée et rose. Ce rose est, si je puis dire, un feu vert donné au mâle.

Il rit. Il se lisse les plumes. Il est content de cette astuce, comme s'il l'avait inventée. Mais je jurerais qu'elle appartient depuis des années au folklore du zoo.

Aucun des deux chimpanzés ne paraît troublé par notre présence. Ils se font face à une distance de cinquante centimètres environ, le mâle dressé sur ses pattes de derrière, la femelle à quatre pattes. Ils se regardent, comme s'ils étaient fascinés l'un par l'autre.

— Vous noterez, dit Sleet en caressant son gros nez, l'intensité et la durée du contact visuel. Elles ne sont pas moindres que dans le couple humain, ajoute-t-il en regardant Suzy.

— Sauf, dis-je, que dans le couple humain, il y a un échange de paroles.

— Mais, vous allez voir, Dr. Dale, que la pariade amoureuse des chimpanzés pygmées comporte des gestes qui ont un sens si précis qu'on pourrait parler, à leur égard, de langage gestuel.

Pour le coup, cette réflexion capte mon intérêt et d'autant plus que Suzy, par une manœuvre habile, et qui parait toute naturelle, est venue se placer à ma droite, Mr. Sleet restant à ma gauche. Elle m'expliquera plus tard qu'elle était amusée plus que choquée par l'attitude juvénile de Sleet à son égard et qu'elle avait changé de place parce qu'elle avait senti mon agacement.

— Le mâle ne va pas tarder à prendre l'initiative, commente Sleet.

Et en effet, le mâle étend son interminable bras gauche et pose sa main sur l'épaule droite de la femelle.

Sleet reprend :

— Le sens habituel de ce geste est le suivant : il incite la femelle à pivoter à 180 % sur elle-même, de manière à lui présenter son arrière-train.

— La dame ne bouge pas, dit Suzy. Elle n'est pas d'accord.

— Erreur, dit Sleet d'un ton docte et en se penchant pour regarder Suzy, elle ne bouge pas, mais elle consent. Il n'y a qu'à observer sa physionomie. Elle retrousse à demi les lèvres en ouvrant à demi la bouche, l'œil toujours fixé sur le mâle. C'est la mimique du consentement.

— Alors, dis-je, pourquoi ne bouge-t-elle pas ? Vous le savez ?

— Mais bien sûr, je le sais, dit Sleet. Ce n'est pas la première fois que je les observe. Voyez, le mâle étend de nouveau son bras. Cette fois, c'est son bras droit et de la main, il touche l'épaule de sa compagne. En même temps, de sa main gauche, il lui fait signe de passer devant lui et de lui tourner le dos. Observez sa physionomie. Il maintient le contact visuel. Il serre les lèvres et avance le menton. Il a l'air tout à fait résolu, bien que ses gestes restent doux et patients.

— Elle ne bouge pas davantage, dit Suzy.

— Il va donc essayer une autre manœuvre. Il se place sur le côté gauche de la femelle et, la main droite posée sur son dos, il la pousse en avant pour la décoller du mur et pouvoir se glisser derrière elle.

— Elle résiste, dit Suzy.

— Voyez, dit Sleet en se penchant de nouveau pour regarder Suzy, il y met les deux mains et la pousse de toutes ses forces.

— Sans résultat, dit Suzy.

— Naturellement, dis-je, elle est deux fois plus lourde que lui. Comme mâle, il ne fait pas le poids.

Suzy rit :

— Elle fait plus que résister ! Voyez, Mr. Sleet, elle opère un tour complet et se retrouve face à lui. C'est une rébellion.

— Pas du tout, dit Sleet. C'est une invite à procéder autrement. Et d'ailleurs, le mâle comprend. De la main gauche, il lui touche l'épaule, mais cette fois, à l'intérieur et de bas en haut.

— Ce geste a un sens précis ?

— Oui, il signifie qu'il désire qu'elle se dresse sur ses pattes de derrière. Et pour être encore plus précis, il lui touche l'intérieur des bras et fait un geste rapide vers son propre ventre. Cela signifie qu'il désire qu'elle se dresse sur ses pattes, écarte les bras et se laisse prendre dans une position ventro-ventrale. Et vous voyez, dit-il, avec un discret triomphe, la femelle comprend, accepte et prend la position indiquée.

Je déclenche mon chronomètre.

— C'est inutile, Dr. Dale, j'ai pris et repris les temps. Huit secondes, jamais plus.

— Un grand merci, Mr. Sleet, dis-je, c'est hautement instructif. Il est clair qu'un langage gestuel très précis et très bien compris des deux parts a été employé. Il serait aussi très intéressant de savoir si les autres couples emploient le même langage.

— Pour l'instant, dit Sleet, nous n'avons que ce couple.

— Ce qui me paraît, moi, tout à fait extraordinaire, dit Suzy, c'est que la femelle, tout en étant d'accord sur le principe, ait imposé la position.

— On ne peut éviter cette conclusion, dit Sleet. Elle a refusé la position dorso-ventrale et opté clairement pour la position ventro-ventrale.

— En quoi elle était bien avisée, dis-je, car étant donné la petite taille du mâle, il n'est pas certain que la position dorso-ventrale ait permis la copulation.

— Mais, dit Suzy, est-ce que la position ventro-ventrale est fréquente chez les primates ?

— Elle est assez fréquente, dit Sleet, mais elle est toujours utilisée chez tous concurremment à la position dorso-ventrale. Sauf chez les orangs-outans. La raison en est que les orangs-outans n'ont cure de la réceptivité de la femelle. Qu'elle soit ou non en chaleur, ils la pourchassent, ils la terrassent, ils l'immobilisent par leur poids dans la position ventro-ventrale et ils la prennent.

— Mais c'est un viol! dit Suzy.

— Parler d'un viol est un langage anthropomorphique, dit Sleet. Nous disons, nous, que l'orang-outan entend affirmer sa dominance. En revanche, le gorille est très peu agressif. Et quand la femelle est réceptive, c'est elle qui prend l'initiative. Elle recule son arrière-train et le frotte contre le ventre du mâle jusqu'à ce qu'il la prenne.

— Et ça marche? dis-je.

— A ma connaissance, oui.

— A la bonne heure! dit Suzy.

Elle a parlé à mi-voix et en français. Nous revenons vers le pavillon administratif et Sleet prend congé de nous non sans avoir demandé à Suzy si elle était d'origine française. Question idiote, le directeur du zoo l'a dit devant lui. Suzy répond que oui et Sleet en profite pour lui serrer la main. C'est enfantin. J'éprouve un léger agacement, lui-même puéril. Je trouve ridicule de ma part cet excès de vigilance dans la défense de mon territoire.

Il n'est pas si mal, ce petit Sleet, finalement. Il connaît son affaire. Il nous l'a bien expliquée. Je le remercie avec quelque chaleur et il s'en va, le dos courbé et son long bec en avant. Plus il s'éloigne de Suzy, et plus je lui trouve de mérites.

Ce qu'il nous a montré : le langage gestuel des chimpanzés pygmées, me paraît soulever un petit coin du voile sur l'obscurité du monde animal. C'est en raison de son ignorance et de son risible orgueil que l'homme proclame que le langage est le propre de l'homme. Qu'en sait-il vraiment? Comprend-il les moyens de communication propres aux autres animaux? Entend-il le langage sifflé des dauphins? Déchiffre-t-il la langue dansée des abeilles, sauf dans un cas bien particulier?

Comme nous mettons le pied sur la première des marches qui mènent à la porte du pavillon, celle-ci s'ouvre et une jeune employée aux cheveux coupés court descend vers nous et dit :

— Vous êtes le Dr. Dale ? J'allais partir à votre recherche. Le bébé est né. Il est bien portant. C'est une fille.

Je lui sais gré d'avoir dit : c'est une fille et non c'est une femelle. J'apprendrai plus tard que c'est une plaisanterie traditionnelle du zoo de dire à chaque naissance : c'est un garçon ou : c'est une fille, même quand il s'agit d'un hippopotame.

Suzy me serre la main et me dit à voix basse en français :

— C'est peut-être idiot, mais je suis terriblement émue.

Une porte s'ouvre et Hunt apparaît, suivi de Smithers, le vétérinaire du zoo. Ils portent des blouses blanches passablement maculées et ils n'ont pas l'air bien frais non plus.

— Vous pouvez entrer, dit Hunt, ils ont emporté la mère. Ça a été long, mais le bébé est là. Elle est en parfaite santé et ne demande qu'à vivre. On se demande d'ailleurs bien pourquoi. C'est pas si drôle de vivre dans un zoo, même pour un vétérinaire. Eh bien, cette petite drôlesse au moins, grâce à vous...

Il laisse sa phrase en suspens et, prenant Suzy par le bras, il l'cntraîne, lui fait passer une porte et la mène devant une table.

— Mère, dit-il, voilà votre fille !

La voilà en effet, couchée sur le dos, les pattes arrière repliées sur le ventre, les bras démesurément longs : une nouvelle née imberbe côté face, poilue côté pile, les yeux clos. Et une étrange face qui n'est plus tout à fait celle d'un animal et pas encore tout à fait celle d'un être humain. Une petite fille nommée Chloé.

Quel long chemin elle a parcouru pour en arriver là ! A peine sortie d'un ventre hostile, il a fallu l'éloigner de sa mère assassine, elle-même née dans un zoo. Seule sa grand-mère a connu les jeux, les embûches et les délices de la forêt tropicale. Elle, il a fallu la capturer pour la vendre. Terrorisée et grelottante de froid, elle a connu, de cage en cage, de longs voyages en avion jusqu'aux États-Unis. Chloé ne sait rien, ne saura jamais rien de tout cela, elle ne connaît ni ses parents, ni ses grands-parents, ni ses oncles, ni ses tantes, ni ses cousins. Elle ne connaît personne de sa famille africaine. Elle est coupée de ses racines. Le seul lien qui l'attache encore à la famille des primates, mais celui-là, il est indestructible, c'est l'atavisme qui sommeille obscurément dans ses cellules et lui inspire ses réflexes.

La preuve, c'est la difficulté qu'éprouve Suzy pour l'emmailloter. Chloé s'agrippe désespérément à celle qu'elle croit être sa mère, se colle à sa fourrure, et y cache son visage. Il faudra se mettre à deux pour l'en détacher de force afin de pouvoir lui mettre ses couches. Pour elle, la toison de sa mère, c'est la chaleur et la vie. Elle ignore, évidemment, que cette toison n'est pas la bonne, et que les grands singes blancs qui l'entourent, nus de la naissance à la mort, ont recours à des peaux qui ne sont pas les leurs pour se réchauffer.

— Je vous quitte, dit Hunt, j'ai promis à Smithers d'aller dîner avec lui en ville pour fêter cela.

Le retour à Yaraville est plus long que prévu, car la neige s'est mise à tomber depuis notre départ du zoo et je conduis doucement. Mais, dans cet univers ouaté, même cette conduite douce est agréable. Les essuie-glace nettoient inlassablement les flocons qui tombent et les fils électriques qui quadrillent la lunette arrière les réduisent en eau.

J'ai haussé le chauffage au maximum. Suzy a enveloppé Chloé dans la vieille veste en peau de mouton, ne laissant apparaître que son nez et sa bouche. Il fait bientôt si tiède dans l'habitacle que j'arrête la voiture sur le bas-côté. Pour permettre à Suzy d'ôter sa fourrure, je lui prends des mains Chloé qui se laisse faire avec une aveugle confiance. Aussitôt, elle passe un long bras autour de mon cou. Je suis sa mère moi aussi. Non contente de baver sur mon manteau, elle cherche à téter un de mes boutons. Suzy me la reprend des mains et j'enlève à mon tour ma fourrure. La pénombre est devenue dans l'auto très douillette, bercée qu'elle est par les petites lumières sécurisantes du tableau de bord. Le moteur ronronne à une vitesse qui ne doit pas le surmener, les essuie-glace balaient les vitres avec une douceur implacable et dans la lumière des phares, les flocons de neige volettent si légèrement que l'on se demande s'ils vont avoir assez de poids pour atterrir.

Malgré l'euphorie de l'heure, je sens sa gravité. Aujourd'hui, mardi 29 novembre, c'est le jour J du projet Chloé. Notre équipe : Suzy, Emma, Hunt et moi, nous allons chaque jour surveiller la santé de Chloé, relever son poids, prendre ses mensurations, tester son intelligence, observer son comportement, lui enseigner simultanément l'anglais et l'ameslan, enregistrer minutieusement ses progrès et ses échecs. Entreprise considérable qui va, pendant tant d'années, exiger de nous tant d'efforts, et que je n'aurais jamais osé entreprendre sans Suzy.

Chaque fois qu'en face de moi des phares percent le mur des flocons, je klaxonne, je ralentis et je me serre sur ma droite. Cela n'a rien de dramatique et ne le deviendrait que si mes essuie-glace cessaient de fonctionner.

Je jette de temps en temps un coup d'œil à Suzy. Un flot de gratitude à chaque fois m'envahit de la voir là, si tendre et si donnée, les yeux baissés sur Chloé, son fin visage dans la pénombre m'apparaissant comme auréolé de douceur.

— J'ai cru, dit-elle à voix basse, que la laine de mon pull lui suffirait. Mais ce n'est pas vrai. Elle regrette le mouton.

— Tu crois ?

— J'en suis sûre.

Et en effet, quand, saisissant la veste de mouton à côté d'elle, elle l'interpose entre son pull et la joue de Chloé, celle-ci l'agrippe aussitôt des deux mains avec un soupir. Une obscure mémoire de l'espèce lui revient ainsi des temps qu'elle n'a jamais vécus dans la forêt vierge quand la présence dans les hautes herbes d'un léopard ayant effrayé les mères, elles prenaient le galop, les bébés accrochés désespérément au poil de leur ventre.

Cette peau de mouton usée, élimée et même par endroits pelée, va devenir l'indispensable fétiche sans lequel le soir

Chloé ne saurait s'endormir quand ses mères — Suzy, Emma et moi — l'abandonnent dans l'obscurité d'un monde menaçant.

Dans deux mois pourtant, Chloé, dans le cadre d'une entreprise systématique de destruction, s'amusera à mettre en pièces sa peau de mouton. Mais elle refusera avec la dernière vigueur de se séparer des morceaux et les rassemblera chaque soir autour d'elle pour s'en faire un nid au moment de se coucher.

Nous arrivons tard à Yaraville. C'est un mardi, les enfants ne sont pas là et Juana s'est retirée dans son bungalow après nous avoir préparé un repas froid. A la porte d'entrée, nous sommes accueillis par Roderick, très intrigué par l'être que Suzy porte dans ses bras et dont l'odeur lui est inconnue. Random ouvre à peine un œil.

Emma descend l'escalier en courant à notre rencontre tandis que nous montons. Elle nous annonce par signes qu'elle a déjà mangé et qu'elle gardera le bébé pendant que nous irons nous restaurer. Ayant dit, elle nous escorte jusqu'à la nursery où Suzy déshabille Chloé, la change et la couche.

— Qu'elle est jolie ! dit Emma par signes en la regardant.

Nous apprenons ainsi comment se dit « joli » en ameslan : En traçant un cercle autour de son propre visage comme si on voulait l'encadrer dans un médaillon. Nous aurons mille occasions de voir ce signe dans les années qui viennent. C'est le nom ou plutôt le surnom que Chloé donnera à Suzy.

Dans la salle à manger, nous ne faisons guère honneur à l'excellent repas froid de Juana. (Elle s'en plaindra le lendemain, insinuant que dans ce cas, un Mac Donald eût suffi). Et nous retournons à la nursery.

— Emma, dit Suzy, il est tard. Allez vous coucher. Et fermez votre porte. Cette nuit, c'est la nôtre qui restera ouverte.

Emma prend, par signes, congé de nous. Elle pourrait le faire par le regard ou le sourire, le message affectueux passerait tout aussi bien. Et Suzy et moi restons debout seuls, à regarder Chloé à la lumière d'une lampe veilleuse dont l'abat-jour est bleu. Chloé dort. Si Suzy a renvoyé Emma si vite, ce n'était pas parce qu'il était tard, mais parce qu'elle voulait être seule avec moi. C'est le premier soir où Chloé va dormir avec nous.

Suzy se serre contre moi et entrelace ses doigts dans les miens.

— N'est-ce pas étrange de penser que cette petite Chloé était vouée, dès avant sa naissance, à vivre parmi les hommes ?

— Est-elle à plaindre ?

Suzy penche la tête et la pose sur mon épaule.

— Oui et non, dit-elle enfin.

— Si sa mère avait été une bonne mère, Chloé aurait passé toute sa vie derrière des barreaux.

— Je sais. J'ai quand même grandement pitié d'elle. Qui sait si vivre avec nous vaut mieux pour elle ?

— Oh ! Quand même ! Yaraville vaut bien mieux qu'une cage ! Et nous l'aimerons.

— Oui, sûrement. Mais qui sait si, à la longue, elle ne se sentira pas seule à Yaraville.

— Seule avec nous tous autour d'elle ? Toi, moi, Emma, les enfants ?

— Non, ce n'est pas comme cela que je l'entends. Je veux dire, seule de son espèce.

CHAPITRE III

Les habitants de Yaraville émirent sur Chloé, quand ils la virent, des opinions diverses. Ce n'est certes pas par amour, mais par curiosité que Juana le lendemain sortit de sa cuisine pour venir jeter un coup d'œil sur le bébé tandis que Suzy le promenait de long en large dans le living.

— Elle a l'air en bonne santé, concéda-t-elle avec une moue. Mais qu'est-ce que vous voulez, Señora, un singe, ce n'est tout de même pas aussi joli qu'un homme.

— Qui sait si un singe n'en dirait pas autant de María ? dit Suzy.

Cette remarque piqua Juana et l'amena à une critique plus globale de notre entreprise.

— Quand même, Señora, on dira ce qu'on voudra, mais c'est une idée plutôt bizarre d'élever chez soi un petit singe comme un chrétien.

— Comment ça, Juana ? dit Suzy. Comme un chrétien ? Vous ne croyez tout de même pas qu'on va lui apprendre à dire ses prières ? Ce serait pure hérésie !

Au mot hérésie, Juana se sentit fautive sans trop savoir pourquoi et, la crête rabattue, rentra dans sa cuisine. Comment aurait-elle pu expliquer que ce qu'elle entendait par chrétien, ce n'était pas exactement un adepte du Christ ?

Pablo, quoique assurément prévenu contre Chloé par sa

femme, eut cependant une réaction différente. Il ôta son vieux chapeau, passa la main dans sa tignasse poivre et sel, sourit, et dit enfin qu'il la trouvait *simpática* et *cómica*.

Quand les enfants revinrent pour le week-end, Elsie se précipita vers Emma qui à ce moment-là donnait le biberon à Chloé et s'écria avec ravissement :

— Qu'elle est mignonne !

Et demanda aussitôt à prendre la suite pour le biberon. Ce qu'elle obtint d'Emma, Chloé s'apercevant à peine qu'elle passait d'un bras à l'autre, occupée qu'elle était à savourer son lait les yeux fermés.

— Elle a un nez de boxeur ! dit Jonathan.

— Et les oreilles ! dit Ariel. Les oreilles qu'elle a ! Comme des choux-fleurs !

— Vous êtes deux idiots ! dit Elsie furieusement. C'est comme si vous reprochiez à un chat d'avoir des moustaches !

— En fait de moustaches, dit Jonathan, Chloé, elle, se paye déjà du poil au menton ! A son âge !

— Et elle a pas de front ! dit Ariel. Ses cheveux commencent juste au-dessus des yeux.

A ce moment, ayant aspiré son biberon jusqu'à la dernière goutte, Chloé ouvrit les paupières. Les garçons se turent, fascinés. Je les avais prévenus pourtant que les yeux d'un bébé chimpanzé étaient très beaux. Mais ma description n'avait pu préciser qu'ils étaient marron clair, immenses, chauds, lumineux, et qu'ils avaient une expression si humaine, si naïve et si attendrissante. Les garçons sentaient bien que ces yeux-là rachetaient tout : le nez écrasé, les oreilles en chou-fleur, la mâchoire prognathe, le poil au menton. Et s'ils se taisaient, c'est qu'ils ne savaient pas comment s'y prendre pour modifier leur opinion. Cependant, le lendemain soir, ayant obtenu comme Elsie le droit de donner le biberon à Chloé, Ariel trouva le mot juste, couché comme souvent chez lui en langage poétique.

— Chloé, dit-il, est un beau bébé qu'une méchante fée a cousu dans une peau de singe.

Au début, Chloé eut trois mères, Suzy, Emma et moi, et ce ne fut qu'au fil des mois que ses rapports avec nous commencèrent à se différencier.

Toutefois, sa préférence pour Suzy fut dès l'abord très marquée, probablement parce que Suzy avait été, après sa naissance, la première personne à la prendre dans ses bras. Pourtant Emma s'occupait d'elle davantage, notamment pour la faire manger. Quand Emma lui donnait le biberon, elle ne bougeait pas tant qu'elle tétait. Mais dès que le biberon était fini, elle tendait les bras vers Suzy, si celle-ci se trouvait à proximité. Elle faisait de même, dès qu'elle était effrayée ou malade. La nourrice ne lui faisait pas oublier la maman.

Je crus longtemps qu'elle ne faisait aucune différence entre Emma et moi. Elle savait déjà marcher quand je m'aperçus de mon erreur.

Chloé était très sensible aux bruits — non à ceux qu'elle produisait elle-même, car ceux-là, au contraire, plus ils étaient forts, plus ils la ravissaient —, mais à ceux qui lui venaient du monde extérieur, en particulier quand ils sortaient de l'ordinaire. Elle sursautait quand une porte claquait. Elle tremblait quand on la grondait d'une voix forte. Un chien qui aboyait, un cheval hennissant, le mugissement d'une vache, l'effrayaient. Même le chant des oiseaux lui était antipathique. Et plus tard, quand elle apprit le signe qui désignait l'oiseau en ameslan, elle se servit de ce signe comme d'une insulte.

Un après-midi, alors que nous étions tous réunis dans le living-room de Yaraville, les enfants et María compris, celle-ci enfermée dans son parc et accrochée debout à ses barreaux, un avion militaire passa à basse altitude au-dessus de notre toit, laissant derrière lui un bruit strident. Chloé, qui à ce moment-là essayait à quatre pattes d'atteindre le parc de María, tressaillit violemment, tomba sur son séant, poussa des hurlements, et reprenant sa marche plus vite qu'elle n'avait fait jusque-là, se jeta sur moi et, toujours hurlante, agrippa des deux mains les jambes de mon pantalon. Je la soulevai et la pris dans mes bras. Elle me serra le cou frénétiquement dans les siens, ses jambes enserrant mon torse et sa tête se cachant contre ma poitrine. Je la berçai, je lui parlai, je lui tapotai le dos et comme elle ne voulait pas me lâcher, je montai au premier pour la changer, car la peur qui l'avait secouée avait produit sur ses viscères et sa vessie les effets qu'on devine. Quant à María de los Ángeles, elle se contenta de pleurer (ce qui d'ailleurs fit jaillir Juana de sa cuisine comme un diable d'une boîte). Mais comment savoir si les larmes de María avaient été provoquées par le passage de l'avion ou par les cris de Chloé ?

Suzy vint me rejoindre dans la chambrette de Chloé et tandis que je réparais les dégâts, on tâcha de comprendre ce qui s'était passé. Je remarquai qu'au moment où le vacarme avait éclaté, Chloé était plus proche de Suzy que de moi. Et pourtant, c'était vers moi qu'elle avait couru.

— Probablement, dit Suzy, parce qu'elle te considère comme le mâle dominant du groupe.

— Pas nécessairement comme le mâle dominant, mais comme la mère la plus forte et, par conséquent, la plus capable de la protéger d'un grand danger.

— Tu penses qu'elle ne fait pas encore la différence entre un homme et une femme ?

— La différence qu'elle établit est confuse du fait que nous la maternons tous les trois, et qu'aucune des mères n'a peur de moi. Dans la forêt africaine, les mères chimpanzées redoutent les mâles, et communiquent cette crainte aux bébés. Dès qu'un mâle s'approche un peu trop de son enfant, la mère s'en saisit en poussant des cris et l'emporte plus loin. C'est ainsi qu'elle enseigne à son petit que les mâles représentent un grand danger pour lui. Rien de tel ici. Si Chloé perçoit une différence entre toi et moi, c'est une différence de taille, de volume et de voix, qu'elle traduit en termes de force, mais de force entièrement bienveillante et protectrice.

— Oui, dit Suzy, je pense que tu as raison, à une nuance près. Pour les petites peurs, le refuge peut être n'importe laquelle des mères, mais pour les grandes peurs, comme aujourd'hui, c'est toi.

— Il reste toutefois un mystère. Chloé est infiniment plus

froussarde que María de los Ángeles. Le moindre bruit inhabituel la met en alerte. D'où vient cette peur ? Elle n'a jamais connu sa mère ni aucun chimpanzé, ni, à plus forte raison, la forêt de l'Est africain, et les innombrables dangers qu'un bébé comme elle y court.

— Eh bien ! Qu'en conclus-tu ? dit Suzy.

— Que la peur fait partie de son patrimoine génétique. Une peur utile, puisqu'elle est une condition de survie dans la nature.

Les chimpanzés ont la réputation de craindre l'eau, raison pour laquelle au zoo de Burgers, à Arnhem, aux Pays-Bas, on a entouré d'un ruisseau artificiel le domaine où on garde un groupe important de leurs semblables en semi-liberté. Ce ruisseau est très peu large et pourtant, les chimpanzés ne le franchissent jamais.

Cette hydrophobie soulève les mêmes questions que celle des chats. Est-ce qu'ils ne savent pas nager, parce qu'ils ont peur de l'eau ou est-ce qu'ils ont peur de l'eau, parce qu'ils ne savent pas nager ? D'après Kellog, le chimpanzé serait incapable d'apprendre la natation. Kellog suppose que le chimpanzé ne peut devenir un nageur émérite à cause de sa structure « qui ne lui permet pas de se maintenir à la surface des eaux ». A mon avis, on pourrait en dire autant des chiens. S'ils ne remuaient pas les pattes, ils couleraient. Et même d'un homme, pour qui il n'est pas si facile de faire la planche...

Nous n'avons jamais eu la moindre difficulté à Yaraville à baigner Chloé dans une petite baignoire les premiers mois, et dans une grande baignoire ensuite. On lui nettoyait la fourrure dorsale avec une brosse douce trempée dans l'eau savonneuse et le devant du corps avec une grosse éponge. Elle paraissait éprouver beaucoup de plaisir dans les deux cas et riait comme une folle dans le second, probablement parce que l'éponge la chatouillait. La douche lui produisait le même effet.

Quand Chloé grandit, la difficulté ne fut pas de la plonger dans la grande baignoire, mais de l'en faire sortir. Car outre l'agrément du nettoyage par la brosse et l'éponge, elle y jouait beaucoup, tant avec la mousse du savon qu'avec le savon lui-même, qu'elle s'amusait à faire jaillir de ses mains en le pressant. Elle tapait aussi sur la surface de l'eau du plat de la main pour éclabousser celle des mères qui la lavait. Ce n'était pas là une farce, mais un désir altruiste de nous rendre nos bons offices. Tandis que je lui brossais le dos, je la vis un jour s'emparer de l'éponge savonneuse et la passer sur ma chemise avec application. Désormais, je la lavai torse nu, mais ce simple appareil comportait un autre inconvénient ; elle s'accrochait avec force de ses deux mains aux poils de ma poitrine, comme elle eût fait à la fourrure de sa mère en Afrique, et se mettait en colère quand je lui donnais une tape sur les doigts pour lui faire lâcher prise. Elle ne comprenait pas qu'un acte aussi affectueux pût lui valoir une punition.

Quand elle eut un an et demi, profitant d'une chaude matinée de juillet, on décida de la baigner dans la piscine. Toutes les précautions possibles furent prises pour qu'elle ne fût pas traumatisée par cette expérience. On lui attacha de petits ballonnets en haut des bras et on se garda bien de la mettre tout de suite en immersion. Je descendis les marches du petit bain en la tenant serrée dans mes bras et sans la mettre en contact avec la surface. Elle paraissait plus curieuse qu'effrayée et suivait de l'œil les papillons qui volaient autour de nous. Suzy, Emma et Elsie vinrent me retrouver et, comme nous en étions convenus, elles joignirent leurs bras au-dessous de Chloé. C'est dans ce berceau que je la déposai, mes propres bras s'unissant à ceux des autres mères. On la plongea alors comme s'il se fût agi d'un jeu, de quelques centimètres dans l'eau, et on l'en ressortit aussitôt en riant. Elle rit aussi, surprise et comme caressée par les vaguelettes. On répéta plusieurs fois l'opération et ce n'est que très graduellement qu'on dénoua nos bras. Elle eut un petit mouvement de peur quand ses jambes disparurent sous la surface mais les ballonnets la soutenant, et nos mains la touchant de tous les côtés, mais sans toutefois la soulever, elle se rassura et se mit à pédaler vigoureusement dans l'eau, ce qui la fit rire aux éclats. Toutefois, pour ce premier bain, tant qu'il dura, nos mains restèrent en contact avec elle.

Donald Hunt passa nous voir le soir de ce mémorable événement. Il examina d'abord Chloé sous toutes les coutures, ce qui prit du temps, car dès qu'il commençait à promener son stéthoscope sur sa poitrine, Chloé estimant qu'il s'agissait de chatouilles se mettait à rire et à se tortiller.

Quand il eut fini, je l'invitai à prendre un rafraîchissement sur la terrasse. Les jours étaient encore longs et bien que le soleil fût en train de décliner derrière Yaraville, nous privant de vues directes sur son coucher, nous en pouvions voir indirectement les effets sur les montagnettes et les nuages qui nous faisaient face. Donald se laissa tomber avec un soupir dans un fauteuil d'osier qui gémit sous son poids, déclara qu'il était fatigué de sa tournée par monts et par vaux, accepta « deux doigts » de whisky, demanda à Suzy la permission de fumer, et une fois le verre frais dans sa main gauche et la pipe chaude dans le creux de sa dextre, poussa un second soupir, mais fort différent du premier, et étala devant lui ses grosses jambes.

Je lui contai alors le premier bain de Chloé dans la piscine et à entendre ce récit, réconforté qu'il était déjà par le fauteuil (le meilleur de la terrasse), l'alcool et la fumée du tabac, il reprit d'un seul coup toute sa vitalité.

— Ed, dit-il avec enthousiame, je trouve cette expérience tout à fait intéressante, parce qu'elle innove. Mon opinion a toujours été que les progrès chez les primates et chez les hommes se sont produits non point grâce à je ne sais quelle spontanéité des masses, comme les marxistes le prétendent, mais du fait d'un individu particulièrement ingénieux qui est imité d'abord par quelques-uns, ensuite par tous. As-tu entendu parler des macaques de l'île de Koshima ?

Je fis « non » de la tête, et il enchaîna aussitôt : visiblement, c'était une bonne histoire et il brûlait de nous la raconter.

— Koshima est une petite île au large du Japon. Une soixantaine de macaques vivent dans sa partie montagneuse, et plutôt mal que bien. Leur comportement est étudié par des chercheurs japonais munis de fortes jumelles. Estimant sans doute que la nourriture de ces petits singes était insuffisante, les chercheurs japonais prirent l'habitude de déposer des patates douces sur le sable du rivage. Après leur départ, les macaques descendirent de leurs montagnes et, pour la première fois, afin de s'approvisionner, marchèrent sur la plage et s'approchèrent de la mer.

« Ils s'emparèrent des patates et, avant de les manger, les frottèrent entre les paumes de leurs mains pour enlever les grains de sable. C'est alors qu'une jeune femelle, âgée de deux ans à peine, innova. Elle gagna le bord d'un ruisseau avec sa patate, la plongea dans l'eau et la lava. Les chercheurs japonais la repérèrent avec leurs jumelles, et appelèrent Imo cette géniale macaque.

— Je suis bien contente d'apprendre qu'il y a des génies femelles, dit Suzy. Je croyais ce mot masculin. Poursuivez, Donald. La géniale Imo fut-elle imitée ?

— Seulement par quatre macaques la première année. Mais au bout de cinq ans, par la plupart des jeunes, les vieux s'en tenant au frottage à sec.

— Il y aurait ici, dis-je, une remarque sarcastique à faire sur les vieux.

— Je ne la ferai pas, dit Hunt. J'approche moi-même dangereusement de la cinquantaine. Et je la ferai d'autant moins qu'avec le temps, tout le peuple macaque, jeune et vieux, adopta la méthode d'Imo. Autre innovation, fille de la première. Au lieu de laver leurs patates douces dans le ruisseau, ils finirent par les laver sur place dans la mer. Cette mer redoutée dans laquelle ils n'avaient jamais osé jusque-là mettre le bout d'une patte !

— Franchirent-ils l'ultime étape ? dit Suzy.

— Vous l'avez deviné, géniale Suzy ! Oui. Ils la franchirent ! Et voici comment. Les mamans macaques, comme les mères chimpanzées, portent leurs enfants cramponnés aux poils de leur ventre et quand elles se penchaient pour laver leurs patates, les bébés trempaient dans l'eau. Ils s'y amarinèrent. A six mois, ils plongeaient même sous l'eau pour récupérer les morceaux de patate qui, sous les doigts des mères, s'étaient fragmentés. Peu à peu les macaques abandonnèrent leur habitat sylvestre et montagnard pour devenir des animaux côtiers, jouant sur le sable et se baignant.

— C'est prodigieux, dit Suzy. Et comme on aimerait connaître avec autant de précisions le processus qui amena les dauphins, à l'origine animaux terrestres, à devenir des mammifères marins !

— Puisqu'on en est à formuler des vœux, dis-je, voici le mien, hélas, tout à fait irréalisable. Connaître le moment exact où un génial homme-singe passa du langage gestuel au langage articulé.

***

C'est Juana qui, au cours d'une discussion avec nous, avait insisté pour que María de los Ángeles fût placée dans un parc quand Chloé serait mise en même temps qu'elle dans la salle de séjour. Elle craignait que « mon petit singe » ne mît à mal sa nièce. Comme elle avait employé le mot « monkey », Elsie se vexa de cette injure faite à son bébé et fit remarquer sans ambages à Juana qu'il ne fallait pas dire « monkey », mais « ape », puisqu'il s'agissait d'un chimpanzé. Juana fut à son tour blessée de l'air de supériorité avec lequel cette remarque fut articulée et déclara tout net que « monkey » ou « ape », c'était pour elle « du pareil au même » et que si ce petit animal griffait ou mordait sa nièce, elle ne resterait pas une minute de plus dans cette maison !... Elle ne dit pas cette maison de fous, mais le complément était implicite dans le ton.

Après un échange de regards avec Suzy, je décidai d'intervenir. Je priai d'abord Elsie de bien vouloir se retirer dans sa chambre. Ce qu'elle fit aussitôt d'un air outragé. Et me tournant vers Juana, je lui dis sans élever la voix :

— D'abord, Juana, Chloé ne pourra jamais griffer María, vu qu'elle n'a pas de griffes. Vous ne l'avez pas bien regardée,

Juana. Elle a des ongles comme vous et moi, et nous les lui coupons très court.

— Mais elle a des dents, dit Juana d'un air buté.

— En effet, elle a des dents. Et María aussi. A partir du moment où ils ont des dents, et jusqu'à trois-quatre ans environ, les bébés mordent. Tous les éducateurs vous le diront. María peut mordre et Chloé aussi. Nous veillerons à ce que cela ne se fasse pas et à punir celle des deux qui le fera.

— Mais la señora et vous, dit Juana, vous n'êtes pas toujours à la maison.

— Et c'est justement pourquoi Emma est ici. Emma a été spécialement engagée pour prendre soin de Chloé. Et comme vous ne pouvez pas être à la fois au four et au moulin, j'entends, à la cuisine et dans la salle de séjour, Emma s'occupe aussi de María. On ne peut donc éviter que les deux bébés soient ensemble.

— Certainement, Mr. Dale, dit Juana avec componction, je suis très reconnaissante à Emma de prendre soin de María, et à vous d'avoir engagé Emma. Mais ce que je veux dire, c'est qu'il vaut mieux que María reste dans son parc.

— Lequel parc, Juana, dit Suzy, est une protection tout à fait illusoire. Chloé ne va pas tarder à passer par-dessus.

— Mon Dieu, mais comment faire alors ? dit Juana, les larmes lui jaillissant des yeux.

— Ne pas tant vous inquiéter, Juanita, dit Suzy en se levant.

Et s'approchant de Juana, elle lui posa la main sur l'épaule.

— Je sais bien que je suis ridicule, dit Juana en prenant un mouchoir dans la poche de son tablier et s'en tamponnant les yeux, mais je ne peux pas m'empêcher de me faire un sang d'encre à ce sujet. Votre petit singe, après tout, ce n'est rien qu'une bête sauvage.

— Juana, dis-je, si au lieu de l'appeler notre « petit singe », vous vouliez bien faire l'effort de l'appeler Chloé et de l'observer d'un peu plus près, vous auriez beaucoup moins peur qu'elle fasse du mal à María. C'est un bébé, Juana, ouvrez les yeux !

Elle ne les ouvrit qu'à demi. Cet entretien calma son humeur sans dissiper tout à fait ses alarmes. Emma m'apprit par la suite que lorsqu'elle était seule avec les deux bébés dans la salle de séjour, Juana y faisait de fréquentes apparitions sous prétexte de quelque rangement, mais en réalité pour veiller sur la sécurité de María de los Ángeles. « Preuve, dit Emma, qu'elle ne compte pas vraiment sur moi, ni sur la Providence pour protéger sa nièce. » Emma dit cela sans la moindre trace d'humour. Il est vrai qu'il est difficile de plaisanter quand on s'exprime par signes [1]. Ou alors, il faudrait ajouter aux signes un sourire des yeux. Or, les yeux noirs d'Emma étaient remarquables tant par leur beauté que parce qu'ils reflétaient un inaltérable amour du prochain. Mais on ne peut pas dire que l'ironie et la malice s'y seraient senties à leur place.

Et c'est vrai, qu'à un an, le développement physique de Chloé avait rattrapé celui de María de los Ángeles, qui avait quelques mois de plus qu'elle. Je note ici que si un bébé humain commence à se mouvoir en s'appuyant sur les coudes et sur les genoux, dans une posture qui rappelle beaucoup celle du fantassin en reptation au cours d'un exercice, le « quatre pattes » de Chloé incluait déjà un appui tendu sur les mains, les phalanges étant repliées en arrière. Ce qui suppose des bras assez vigoureux. D'ailleurs, quand elle s'écroulait, ce qui dans ses premiers essais lui arrivait souvent, ce n'étaient point les bras qui cédaient, mais les jambes. Chez María, tout cédait en même temps.

En rassurant Juana, je n'étais moi-même qu'à demi rassuré, car Chloé, au bout d'un an, surpassait tellement María en force et en agilité qu'on eût pu craindre qu'elle lui fît mal même sans le vouloir. Cette crainte, pourtant, se révéla vaine.

C'est Chloé qui fit les premières avances. Dès qu'elle fut d'âge à être déposée sur le tapis de la salle de séjour, pour donner libre jeu à ses membres, son attention se fixa sur María, assise ou debout dans son parc, et son premier but fut de

1. Inexact. D'après la linguiste Ursula Bellugi, on peut pratiquer l'humour et même faire des jeux de mots en parlant l'ameslan. (Note de l'auteur.)

l'atteindre. Ce qui n'alla pas sans un grand nombre d'essais infructueux. Qui eût dit que ces deux ou trois mètres seraient si difficiles à franchir ?

Quand enfin elle parvint à atteindre le parc, elle regarda María avec une intense curiosité et, allongeant doucement la main à travers les barreaux, la toucha. María, debout, ses deux mains potelées accrochées aux barreaux du parc, ne montra pas la plus petite appréhension, et si elle ne toucha pas elle-même Chloé, c'est que ses mains étaient trop occupées à maintenir son précaire équilibre.

Les deux bébés ne se quittaient pas des yeux. Aucun des deux n'avait encore découvert sa propre image dans un miroir et ne pouvait donc savoir à quel point l'autre était différent de lui. Il est probable que, trompées par le fait qu'elles étaient toutes les deux les plus petites de la famille, elles se croyaient semblables. Chloé devait sans doute imaginer qu'elle avait, comme María, des yeux noirs en amande, doux et sentimentaux. Et María pensait peut-être posséder, comme Chloé, de grands yeux ronds, marron clair, naïfs et chaleureux. En fait, c'était en partie leur forme ronde qui leur conférait tant de candeur. Car, à bien l'étudier, on surprenait, déjà à un an, une petite flamme espiègle dans son regard.

Cette prise de regard aurait pu durer très longtemps, si une des mains de María ne s'était pas fatiguée et n'avait pas relâché sa prise sur le barreau. María tomba assise sur le derrière et Chloé se mit à rire. Ce rire était si différent du rire humain, étant constitué d'une suite de halètements bruyants en crescendo, que María s'en inquiéta et nous chercha de l'œil. Nous étions tous, à ce moment-là, assis, ou à genoux, autour du parc, en train d'observer la rencontre. Et à regarder nos visages souriants, María se rassura. Elle avait d'ailleurs un caractère calme, confiant et un peu passif qui ne la portait pas, comme la petite chimpanzée, à de brusques terreurs. Elle se mit à rire à son tour et, chose extraordinaire, en essayant d'imiter le halètement de Chloé. Il est heureux que Juana n'ait pas assisté à cette scène car, après nous avoir blâmés d'élever notre petit singe comme un chrétien, elle nous aurait accusés de faire un singe de sa petite nièce.

A se voir partagée par María, la gaieté de Chloé redoubla. Elle se déconcentra, son arrière-train s'affaissa. Elle tomba de tout son long et roula sur elle-même, cette fois de son plein gré, aimant à la folie tous les mouvements de balancement et de roulis. María se mit à rire à gorge déployée et Chloé, encouragée par le succès de son public, continua à tourner sur elle-même.

C'est la semaine suivante que Chloé passa par-dessus les barreaux du parc. Emma était seule à ce moment-là dans la salle de séjour avec les deux garçons occupés à jouer aux échecs dans leur position favorite, à savoir sur le tapis. Ce qui prenait d'ailleurs beaucoup de place, car ils y étaient allongés sur le ventre de tout leur long, l'échiquier entre eux. Cette posture leur permettait de réfléchir, entre deux coups, le menton sur les mains et les yeux fermés dans une attitude si décontractée que l'un d'eux, un jour, inexcusablement, s'endormit.

C'est dire qu'ils n'étaient absolument pas dérangés quand on les enjambait pour traverser la salle de séjour. Pourquoi choisissaient-ils pour leurs parties d'échecs cette salle commune plutôt que leur tranquille salle de jeux, je n'ai jamais éclairci ce point. A moins que ce ne soit en vertu d'une habitude prise pendant l'hiver quand le feu brûlait dans la cheminée.

C'est Ariel qui entra dans mon bureau me prévenir du nouveau tour que prenaient les choses. Si Emma avait choisi Ariel comme messager, c'est qu'il comprenait mieux les signes que Jonathan. La raison en étant, probablement, qu'ayant donné un grand coup de collier pour se mettre au niveau d'anglais de ses camarades à l'école, il s'appliqua davantage aussi à l'ameslan dans la lancée de son effort et y fit plus de progrès que Jonathan.

Je me dirigeai aussitôt vers le séjour pour être le témoin de cet événement. J'y pénétrai le plus discrètement que je pus. Mais quand elle me vit, Chloé comprit très bien pourquoi j'étais là. Elle sourit, repassa la barre du parc, marcha jusqu'à moi en se pavanant, m'embrassa en gloussant et, se libérant aussitôt de mes bras, revint au parc, en franchit derechef la barre et, se retournant de nouveau vers moi, elle me regarda de l'air de me dire : « Tu vois comme c'est facile quand on est un peu agile. »

En effet, la technique était simple. Elle passait une jambe par-dessus la barre, se couchait sur elle de tout son long en l'empoignant des deux mains et se laissait couler de l'autre côté, le poids de son corps entraînant l'autre jambe. Mais c'est vrai qu'il y fallait une agilité et un courage qui manquaient encore à María.

Celle-ci, quand Chloé se retrouva dans son parc, se demanda visiblement si la visiteuse avait le droit d'envahir son territoire. Elle était debout, le dos appuyé au parc, une main sur la barre derrière elle pour se tenir. Elle avait l'air perplexe de quelqu'un qui se demande s'il est ou non agressé. Elle ne paraissait pas tout à fait au bord des larmes, mais elle faisait déjà la moue qui les annonçait. Voyant quoi, je m'avançai en enjambant le corps de Jonathan que je trouvai sur mon chemin, et je me mis à genoux derrière María de l'autre côté du parc, la main placée à plat sur son dos. Ce qui avait pour but à la fois de la rassurer et de me donner de bonnes vues sur le visage de Chloé. Ma proximité, en effet, sécurisa María et, en même temps, redonna courage à Chloé qui, devant l'attitude réticente de María, commençait à regretter son audace.

Le visage de Chloé était à peindre. Elle brûlait visiblement du désir d'entrer en contact avec María, comme elle avait fait tant de fois avec son assentiment, quand les barreaux du parc les séparaient. En même temps, c'était son tour d'être perplexe. Elle ne savait plus comment María allait accueillir ses avances.

Elle fit preuve alors d'une diplomatie qui m'étonna. Elle cessa de regarder María et, s'étendant à plat sur le linoléum qu'on avait étendu sous le parc, elle feignit de s'intéresser à son dessin. Après quoi, elle se remit sur le dos, bâilla, sourit et se mit à rouler sur elle-même. Mouvement qui avait toujours amusé María quand Chloé s'y livrait hors du parc. Toutefois, ce n'était pas là son unique intention. Le roulement la rapprochait peu à peu de María, et l'amena, en fait, presque sous ses pieds. Là encore, Chloé feignit l'indifférence et, le visage détourné, elle éleva son bras, par degrés allongea sa main dans la direction de María, et sans rencontrer de résistance, la toucha. María laissa échapper un petit rire, mais Chloé ne poussa pas plus loin son avantage. Elle roula de nouveau sur elle-même, en parcourant toute la longueur du parc, peut-être pour ne pas inquiéter María par une approche trop rapide. Peut-être aussi pour montrer que le territoire de María, désormais, était aussi le sien. Et ce n'est qu'après avoir fait deux ou trois fois ce court trajet qu'elle se mit sur pied, et s'accrochant d'une main à un barreau du parc, passa son autre bras autour de la taille de María. Elle couvrit alors son visage de baisers. Et María la laissa faire.

C'est Elsie qui avait appris à Chloé cette marque d'affection. Et il faut bien dire que le baiser exécuté par un chimpanzé a quelque chose de beaucoup plus spectaculaire que le baiser humain. Ses lèvres, en effet, sont préhensiles et dans leur préhension, font une forte avancée, par exemple pour ramasser une brindille à terre. Et alors que les lèvres d'une mère qui embrasse la joue d'un enfant s'y enfoncent quelque peu et cessent, par conséquent, d'être visibles, les lèvres de Chloé, saillant démesurément comme si elles allaient cueillir un minuscule objet sur la surface de la peau, ont l'air d'embrasser à distance et de déguster le baiser, pour ainsi dire, à l'aide d'une paille.

C'est à ce moment précis que Juana entra dans la salle à manger ; elle eut le bon goût de ne pas s'exclamer et de rester comme nous tous, muette et immobile. Mais peut-être fut-elle seulement clouée au sol par la stupeur en voyant sa nièce et « notre petit singe » dans le même parc, enlacées comme deux sœurs.

***

A cette époque, je me demandais comment Chloé réagirait quand elle se rendrait compte qu'elle n'était aucunement semblable aux membres de sa famille d'adoption, ayant été, comme avait si bien dit Ariel, « cousue à sa naissance par une méchante fée dans une peau de singe ». Mais, pour l'instant du moins, Chloé était un bébé heureux. Elle disposait de mères dévouées qui se disputaient le soin de la nourrir, de la baigner, de la brosser, de lui couper les ongles, de la changer, de la promener en landau, de l'emmener en voiture. Elle trouvait auprès d'elles à tout moment sécurité et affection. Un médecin était attaché à sa personne et venait la voir presque tous les soirs, surveillant de près ses voies respiratoires, ses yeux, ses oreilles, sa langue, son ventre, ses selles et ses urines. Comble de sollicitude, il apportait aussi des jouets ! Et enfin, elle avait une petite amie de son âge d'un caractère doux et accommodant, avec qui elle s'entendait fort bien.

Avec Juana, avec Pablo, et surtout avec les garçons, elle avait des relations plus distantes. Pablo, parce qu'elle le voyait peu ; Juana chez qui elle avait senti de la froideur ; les garçons, parce qu'ils étaient bruyants.

Jonathan et Ariel, sauf quand ils jouaient aux échecs, manifestaient toute la turbulence de leur âge et de leur sexe. Ils n'entraient pas dans une pièce, ils y faisaient irruption. Ils claquaient les portes en partant. Ils ne s'asseyaient pas sur un divan, ils s'y jetaient. Ils chantaient à tue-tête. Ils poussaient des cris. Ils ne descendaient pas un escalier, ils le dégringolaient. Leurs mouvements étaient brusques et imprévisibles.

Ce bruit et cette agitation effrayaient beaucoup Chloé. Les poils se hérissaient sur sa tête, elle poussait des cris plaintifs, elle courait se blottir dans le sein de la mère la plus proche. Et c'est avec la plus grande difficulté qu'elle consentit à être prise et portée par ces monstres et il fallut, à chaque fois, qu'une mère fût présente et, de la main et du regard, maintînt le contact avec elle. Toutefois, Chloé se rendit compte peu à peu que les aboiements des garçons n'annonçaient pas des morsures, qu'ils étaient au fond d'assez bonnes bêtes et qu'il n'y avait pas lieu de les redouter. Dès lors, de trop craintive elle devint trop audacieuse et elle se mit, en toute occasion, à les chahuter.

Chloé avait alors trois ans quand elle donna pour la première fois toute la mesure des ressources qui étaient les siennes quand il s'agissait de taquiner son « prochain ». Elle se trouvait dans le living avec Emma qui lui montrait dans un magazine des images représentant des animaux sauvages. D'ordinaire, Chloé trouvait à ces images le plus grand intérêt, et ne manquait pas de faire des commentaires passionnés sur ceux des mammifères qui lui inspiraient amour ou dégoût. Mais cet après-midi-là, elle était distraite par une partie d'échecs que disputaient les garçons étendus face à face devant le feu. Il est vrai que cet échiquier dont on enlevait de temps en temps une pièce de forme bizarre avec des exclamations de triomphe ou de dépit avait de quoi la fasciner. Aussi, au bout d'un moment, quitta-t-elle les images d'Emma pour se rapprocher des garçons qui, la connaissant et prévoyant le pire, l'écartèrent énergiquement de la voix et du geste. Chloé se retira du côté d'Emma, lui tourna le dos et médita, le pouce de la main droite appuyé sur son nez et le regard rêveur. Ce genre de méditation, nous l'avions appris à nos dépens, ne présageait rien de bon, mais il se peut qu'Emma alors n'y prît pas garde, étant lasse ou distraite. Rien de plus fatigant, en effet, que de montrer des images à Chloé. Elle vous arrache sans arrêt le magazine des mains, et si vous n'y prenez pas garde, elle déchire la page de l'animal qui lui déplaît (par exemple, le crocodile) et la met en pièces.

Bref, tout était calme. Emma savourait innocemment un moment de répit. Chloé méditait. Et les deux garçons se prenaient des pièces en échangeant à mi-voix sans acrimonie des propos du genre : « Tu me fais chier avec ta reine. » « Elle est là pour ça. » « Je vais quand même te baiser, pauvre mec », quand soudain Chloé sauta sur la commode, de là bondit sur l'échiquier, renversa toutes les pièces, s'empara du roi, le mit dans sa vaste bouche, bondit hors d'atteinte et, juchée sur le haut de la grande armoire normande que j'avais rapportée de Paris, nargua les garçons en trépignant et en gloussant de joie.

Aux cris de fureur des garçons, j'accourus, fis fermer les portes et, ayant fait les sommations d'usage, je m'armai d'un balai et en assenai plusieurs coups sur l'arrière-train de Chloé, ce qui la fit revenir sur la commode, de là à terre, où pleurant et gémissant, elle restitua tout baveux le roi aux joueurs, adopta la posture de soumission, me tendit la main au bout de son bras tremblant, sollicita mon baiser de paix, puis ceux des garçons qui, bien à contrecœur, s'exécutèrent.

Cependant, les taquineries de Chloé continuant, les garçons s'organisèrent, se défendirent, contre-attaquèrent, parfois avec succès. Et de ces chamailleries naquit entre elle et eux une forme d'attachement quasi fraternel. Quand Jonathan remarqua un jour à table que Chloé était, dans son genre, « aussi chiante qu'Elsie », je compris à quel point elle était intégrée dans ses affections.

Toute aimante et aimée qu'elle fût, Chloé n'en éprouva pas moins une grande déception sentimentale. Random en fut l'objet. Avec l'épaisse fourrure qu'il devait à son père persan, le coloris beige et tête-de-nègre qu'il avait hérité de sa mère siamoise, sans compter ses magnifiques yeux bleus, il avait de quoi attirer un gros bébé qui maternait beaucoup ses poupées et ses peluches. Mais quoiqu'il fût encore jeune matou, Random était déjà très épris de sa tranquillité. En outre, il avait un maître, Jonathan, et ne voyait pas l'intérêt d'en avoir un second. Quand il sommeillait sur la tablette du radiateur, il avait horreur d'être dérangé. Un simple éclat de voix et il rabattait les oreilles en arrière. La chaîne hi-fi de Jonathan, quand elle dépassait un certain nombre de décibels, le faisait fuir sur la terrasse. De là, il gagnait l'appui de fenêtre de mon bureau, se faisait ouvrir, et après avoir reniflé pour la millième fois tous les coins et recoins de la pièce, s'installait sur le siège en cuir creusé et craquelé de mon fauteuil. Là, il dormait ou, plutôt, il faisait semblant car souvent, en relevant la tête de mon travail, je le surprenais en train de me fixer de ses insondables yeux bleus. Pris sur le fait, il les refermait aussitôt. Parfois, il sautait du fauteuil et, gagnant mon divan, il parvenait à se faufiler sous la couverture mexicaine qui le recouvrait. Et là, dans cette obscurité tiède et rougeoyante, où il retrouvait, je suppose, la sécurité du sein maternel, il se mettait à ronronner.

Si Chloé avait su tout cela, elle n'aurait pas tenté, auprès de ce personnage, une approche aussi maladroite. Mais, ayant vu tant de fois Jonathan saisir Random sans façon pour le coller de force contre sa poitrine, se mettre à lui pétrir le ventre et rire aux éclats quand le chat répondait à ses attaques par des demi-morsures et des demi-coups de griffes, comment aurait-elle pu deviner que ces privautés n'étaient permises qu'à un seul maître ? Pauvre Chloé ! Quelle gaffe ce fut de faire comme Jonathan ! Et Dieu sait pourtant si elle était louée et récompensée d'imiter les humains ! Tout notre système d'éducation était basé sur ce talent, proverbial dans son espèce, et chez elle si remarquable.

Quoi qu'il en soit, on a deviné pourquoi et comment Chloé vit sombrer l'espoir qu'elle caressait de jouer à la poupée avec Random. Dès que la « poupée », qui sommeillait sur la tablette du radiateur, se sentit brutalement saisie par de fortes mains, étroitement serrée, et l'abdomen horriblement pétri, elle cracha, mordit le pouce de l'agresseur jusqu'au sang, lui donna deux fulgurants coups de griffe au visage, et profitant de son désarroi, échappa à son étreinte, gagna en deux bonds la terrasse et disparut. Chloé hurla, pleura, gémit, fut l'objet de tous nos soins et regardant le pouce pansé, plusieurs heures plus tard, elle pleurait encore.

L'agresseur, quant à lui, disparut. Jonathan, désolé, le cherchait dans un rayon de deux kilomètres à la ronde, criant à tous les échos « Random ! Random ! ». Je suis certain que le matou l'entendait, mais ne pipait pas mot, tapi dans le maquis.

Il revint à son heure, trois jours plus tard, grattant de la patte la vitre de ma fenêtre. Je lui ouvris. Maigri, mais digne, et le regard bleu innocent, il m'affronta. Au bout d'un moment, je lui tendis le bout d'un doigt. Il le lécha de sa langue râpeuse. Sans doute avait-il manqué de sel pendant sa fugue. Je le caressai entre les deux oreilles. Par politesse et brièvement, il ronronna. Puis sautant de l'appui de ma fenêtre dans mon bureau, il gagna mon divan et se glissa sous ma couverture mexicaine. En somme, d'après lui, il ne s'était rien passé.

C'était la sagesse même, je le compris aussitôt. Je donnai le mot à la famille. Le retour de Random ne fut ni fêté ni boudé. Nous feignîmes tous de ne pas nous rappeler le pénible incident qui avait provoqué son départ. Tous, sauf Chloé, qui n'oublia, pas plus qu'elle ne pardonna, le mépris de ses bonnes intentions. Aussi longtemps que Random vécut, elle ne passa jamais devant lui sans l'injurier :

— *Sale chat*, disait-elle, la tête droite sans lui faire l'aumône d'un regard.

C'était une injure silencieuse puisqu'elle le disait par signes. « Sale » se dit en ameslan en tapant le dessous du menton du dos de la main. Et « chat », en faisant le geste de se lisser la moustache.

Elle eut plus de chance avec Roderick, qui pourtant au départ lui en imposait beaucoup plus, ayant atteint sa taille adulte et montrant, quand il bâillait, des dents redoutables. Chloé avait un peu plus de quatre ans quand elle entreprit d'entrer en contact avec lui. La scène se passait dans le séjour avant le dîner par une soirée fraîche du début de printemps, les jours étant longs déjà et les forsythias des terrasses en pleine floraison. J'avais allumé un feu, plus pour le plaisir que pour le besoin. Et nous étions tous là, je crois, à la seule exception d'Elsie qui dînait ce soir-là avec Evelyn chez les Hunt. Chloé avait beaucoup joué à la poursuite et à cache-cache avec María et Emma, et elle soufflait, assise sur le tapis non loin de Roderick, allongé lui, de tout son long, devant le feu que par moments il regardait, fasciné.

Chloé le considéra longuement avant de commencer dans sa direction une manœuvre qu'elle devait méditer depuis longtemps. Mais rendue prudente par l'expérience, elle recourut à une approche moins brusque. Sans jamais les avoir observées, et pour cause, elle respecta les formes hiérarchiques auxquelles obéissent les jeunes chimpanzés, mâles et femelles, quand ils désirent établir un rapport avec un mâle dominant. Elle adopta une posture de soumission, allant vers Roderick à reculons, mais le torse un peu tordu afin de lui tendre en même temps une main suppliante et de lui jeter à la dérobée d'humbles regards pour voir s'il allait accepter ou rejeter son hommage — prête, si son poil se hérissait ou s'il grondait, à prendre le large.

Roderick ne fut pas sans s'apercevoir de cette manœuvre et il eut l'air d'en être étonné. Rien dans son expérience canine et rien dans son expérience humaine ne lui permettait de comprendre cette posture et cette approche. Toutefois, l'odeur de Chloé lui était connue et, faisant partie des odeurs domestiques, n'avait rien que de très rassurant pour lui. En outre, la longue lignée d'ancêtres qui l'avait précédé lui avait appris à être doux et patient, non seulement avec son maître (en l'occurrence, Elsie) mais avec tous les membres d'une même famille. Quand il vit s'avancer vers lui la main quelque peu tremblante de Chloé, il leva la tête, tendit le cou et poliment, la huma.

Chloé s'assit, ses courtes jambes croisées, ses longs bras entourant ses genoux. Elle réfléchit. Quand elle était grondée pour quelque méfait (épreuve toujours pénible pour elle, car elle s'imaginait invariablement qu'elle avait perdu notre amour) elle adoptait souvent cette posture de soumission et nous tendait la main. Dès que nous l'avions saisie, elle se jetait dans nos bras en pleurant et attendait de nous un baiser, fût-ce un seul, avant de s'estimer pardonnée.

Dans le cas présent, je pouvais presque voir son esprit fonctionner. Je le voyais bien, elle était perplexe. Elle se demandait si saisir sa main ou la humer était, comme eût dit Juana, « du pareil au même ». Elle inclinait à penser que oui, Roderick n'ayant rien au bout des pattes qui ressemblât à une main. Après tout, être humé est un acte indolore et qu'on peut même considérer comme amical, s'il n'est pas suivi par un grognement désapprobateur.

Ayant conclu dans ce sens, Chloé approcha par degrés sa tête de Roderick et, avançant démesurément les lèvres, lui déposa un baiser sur le museau. Or, Roderick savait pertinemment ce qu'était un baiser sur le museau : sa petite maîtresse l'embrassait souvent sur la truffe en en louant la fraîcheur et la couleur. Et il fit ce que vous eussiez fait vous-même en pareil cas si vous aviez été un chien : il donna un grand coup de langue de bas en haut sur le visage de Chloé.

Les grands yeux marron clair de Chloé exprimèrent d'abord la surprise. En somme, Roderick ne faisait rien comme tout le monde. Quand on lui tendait la main, il la humait au lieu de la saisir et quand on déposait un baiser sur son nez, il vous léchait la face. Toutefois, elle ne doutait pas que ce fût là un procédé affectueux et peut-être même une sorte de toilettage. Aussi ne voulut-elle pas être en reste de serviabilité à l'égard de Roderick et, s'asseyant tout contre son dos, elle se mit à l'épouiller.

Quand Chloé s'installa si près de lui, Roderick, pour suivre ses mouvements, avait tourné la tête en arrière (avec cette souplesse que l'homme a perdue et que j'aime observer chez les autres mammifères). Mais dès qu'il sentit les petites mains compétentes et dures de son nouvel ami s'enfoncer dans sa fourrure, Roderick reposa la tête sur le tapis et poussa un soupir d'aise. D'ailleurs Chloé elle-même était ravie, à en juger par la façon dont elle ouvrait la bouche et découvrait ses dents du bas. Je dis bien du bas et non du haut, celles-ci n'étant découvertes, chez elle comme chez tous les primates, que dans la colère.

A l'observer, je me suis souvent fait la réflexion qu'il était bien dommage qu'il n'en fût pas ainsi chez l'homme : les dents du bas pour la bienveillance et celles du haut pour l'hostilité. Les choses en seraient plus claires, car, vous l'avez remarqué sans doute, il y a des gens qui vous sourient tout en ayant l'air d'avoir envie de vous mordre.

N'ayant jamais connu sa mère, ni vu aucun membre de sa famille en épouiller un autre, Chloé n'était redevable qu'à son patrimoine génétique de ce toilettage altruiste et méticuleux. Je jetai un coup d'œil à la ronde. Nous nous sentions tous très heureux de ce pacte d'amitié entre Roderick et Chloé. Il aurait été scellé un an plus tôt sans la malencontreuse aventure de Chloé avec Random. Chloé avait dû faire comme nous après une déception sentimentale : généraliser indûment. Tous les quatre pattes étaient méchants, fussent-ils d'une forme différente.

Le sourire de Chloé s'accentua et elle éleva dans sa main

droite un parasite que nous ne pouvions pas voir, car elle le tenait entre le pouce et l'index. Après quoi, tout naturellement, elle le porta à sa bouche.

Emma fut la plus prompte. Elle dressa impérieusement l'index et le majeur de la main, les autres doigts étant repliés. Le signe voulait dire « non » en ameslan. Suzy fit « Ts ! Ts ! ». Chloé suspendit son geste, effrayée par cette réprobation. Et comme elle hésitait, ne la comprenant pas (sa mémoire héréditaire lui disant sans doute que son espèce raffole des fourmis et des termites), Emma, avec une promptitude admirable, prit sur une petite table basse un cendrier et, s'asseyant à côté d'elle, le lui tendit. A contrecœur, Chloé y déposa sa prise, qui n'était pas une puce, comme nous pensions, mais chose plus répugnante encore à nos yeux d'humains, une tique. Visiblement, Chloé ne partageait pas ce préjugé car, lorsque le toilettage prit fin, après avoir produit une bonne demi-douzaine de tiques, elle vit avec consternation Emma s'emparer du cendrier et en jeter au feu le contenu.

— Finalement, dis-je à Suzy, pourquoi l'avoir empêchée de les manger ? Après tout, toute peine mérite salaire...

— Sans doute, mais que dirais-tu, et que dirait Concepción, si un jour Chloé offrait une tique à María, et si María s'en régalait ?

CHAPITRE IV

Dans les pages qui précèdent, je me suis livré à un rapide survol de la vie de Chloé, de sa naissance jusqu'à l'âge de quatre ans afin de montrer d'abord comment un animal, à juste titre considéré comme sauvage, pouvait s'adapter à un groupe humain en nouant des rapports distincts et originaux avec chacun de ses membres, sans exclure, bien entendu, les animaux domestiques.

Mais comme il s'agit ici d'un projet qui se donne pour but d'entrer en communication avec un primate, comme l'ont fait bon nombre de brillants chercheurs dans ce pays, il me faut maintenant revenir très en arrière, c'est-à-dire au moment où le bébé Chloé n'avait à sa disposition que les cris de son espèce.

Parce qu'un enfant commence à babiller à partir d'un an, je crus d'abord qu'il me faudrait attendre que Chloé eût atteint cet âge pour lui enseigner l'ameslan. Mais en poursuivant mes recherches, je m'aperçus qu'on avait appris des signes à des chimpanzés âgés de trois mois. Je n'en conclus pas que les bébés chimpanzés étaient plus intelligents que les bébés humains, mais que leur habileté manuelle se développait plus tôt et plus vite que l'habileté vocale de nos nourrissons.

La méthode d'enseignement de l'ameslan ne faisait aucune difficulté pour nous, car elle avait été magistralement mise au point par les Gardner, la technique la plus efficace étant le

« modelage ». Chaque mot anglais en ameslan étant représenté par un signe, le procédé consiste à prendre les mains du chimpanzé et à leur donner la position qu'elles doivent avoir pour former ce signe. Par exemple, « chatouiller » en ameslan se dit en étendant la main gauche, paume dessous, tandis que l'index de la main droite se promène sur le dos de la main gauche. Après quoi, faisant succéder le signifié au signifiant, on chatouille le sujet.

Chloé apprit très vite ce signe, d'abord parce qu'il était très évocateur (comme souvent les signes de l'ameslan) donc facile à mémoriser. Ensuite, parce qu'elle comprit l'avantage que lui donnait son exécution : elle pouvait *demander* à être chatouillée. Preuve, s'il en fallait une de plus, que le savoir est aussi un pouvoir.

Comme tous les primates (petits d'homme compris), Chloé est très friande de ce jeu. Il est dommage, d'ailleurs, que chez les humains adultes, ce genre de contact ait pris une connotation érotique car rien, à mon sens, ne serait socialement plus gratifiant qu'une assemblée où chacun commencerait par chatouiller son voisin.

La méthode acquise, mais je reviendrai sur les difficultés de l'enseignement et sur les progrès de notre élève, je me demandais quels seraient (à part chatouiller, bien sûr) les premiers signes que j'allais apprendre à Chloé et me souviens avec amusement en avoir discuté chez les Hunt au cours d'un dîner où Phyllis, chose surprenante, joua un rôle important.

Chloé devait alors avoir deux mois et enveloppée des fragments de la vieille veste en peau de mouton qu'elle considérait, en l'absence de Suzy, comme un ersatz de mère, elle reposait paisiblement à Yaraville, ignorante encore du complot que les grands singes blancs avaient ourdi dès avant sa naissance pour faire travailler son cerveau et ses mains.

Nous étions en février, il gelait à pierre fendre et la première personne que nous vîmes en arrivant au *Nest*, nom donné à leur maison natale par les grands-parents de Hunt, fut Phyllis, habillée printanièrement d'une robe à fleurs qui la faisait ressembler à une prairie au mois de mai. Elle se jeta au cou de Suzy, l'embrassa, m'embrassa aussi, déclara que Suzy était terriblement mignonne, et moi si beau garçon, quoique je le serais davantage si... Bref, elle nous adorait tous les deux. Don et Mary n'étaient pas encore descendus, mais en attendant, elle voulait nous faire visiter son petit nid — un nid dans un nid, en somme — (elle rit). Elle avait, dit-elle, sa chambre au rez-de-chaussée vu sa faiblesse cardiaque (imaginaire, disait Don). « Entrez, est-ce assez cosy ? Toutes les photos au mur représentent mon pauvre Léopold. — Quel bel homme, dit Suzy, et la moustache lui va si bien. Et la jolie petite fille sur le secrétaire ? — C'est ma fille Léonore, elle est mariée à un ingénieur qui habite en Afrique du Sud, vous savez, cet endroit où il y a aussi des nègres, j'étais justement en train de lui écrire. » (Elle ne finit jamais ses lettres, dit Don, c'est trop d'effort. C'est Mary qui les termine et les envoie.)

Mary, à cet instant, apparut dans l'encadrement de la porte, secouant la tête à sa manière chevaline. Elle mit fin sans tarder à la visite du musée Léopold et nous canalisa d'une main ferme et qui aurait pu être plus douce, vers la salle à manger où Don nous rejoignit, affamé, dit-il, pour avoir couru toute la journée après...

— Don ! dit sa femme.

Et il s'assit.

On ne dînait pas aussi bien chez les Hunt du *Nest* que chez les Dale de Yaraville, où le savoir-faire de Juana et le talent de Suzy se conjuguant, on atteignait des sommets. Mais le *Nest* vous fournissait, présentée sans art, de la saine et solide nourriture américaine où l'agneau (forcément) jouait un grand rôle et vous eût laissé tout à fait satisfait, si le chauffage de la pièce (je le remarquais à chaque fois) avait été meilleur. Franchement, je me demandais comment Phyllis, dans sa robe printanière, échancrée jusqu'à la naissance des seins (qui, à vue de nez, paraissaient très engageants) pouvait rester là, rose et souriante, sans frissonner, ni attraper une pneumonie.

— Et comment va ton petit singe ? dit Mary, dès qu'on se fut assis avec soulagement dans le jardin d'hiver.

— Bien, bien, bien, dis-je, parodiant Hamlet, pour le seul bénéfice de Don, qui sourit.

En même temps, j'agitais mes orteils dans mes souliers pour les dégourdir et, pour la même raison, je mis mes deux mains dans mes poches, mais les retirai presque aussitôt, Mary m'ayant jeté un regard sévère.

— On se demande quels sont les premiers mots qu'on va apprendre à Chloé, dit Suzy.

Un flot de suggestions déferla aussitôt sur nous, la plus insistante étant celle de Mary. Elle estimait que « prendre » et « donner » s'imposaient en tant que mots clés des échanges sociaux élémentaires.

Je la contredis pour une fois sans ambages, ayant sur le cœur, et le regard qu'elle venait de me lancer, et la faiblesse qui m'avait fait lui céder. Que diable ! Si elle trouvait mal élevé que je mette les deux mains dans mes poches, que ne chauffait-elle davantage sa salle à manger ! Et si elle était si bonne chrétienne, que ne réchauffait-elle pas mes pieds « de ses mains fraternelles » ?

— Ma chère Mary, dis-je en souriant, il est parfaitement inutile d'apprendre à Chloé le mot « prendre » car, justement, elle s'empare de tout ce qui tombe à sa portée. Et quant au mot « donner », il n'a aucun sens pour elle, car elle ne rend jamais rien de ce qu'elle a pris, sinon de force.

— Mais c'est une vraie sauvage, votre Chloé ! dit Mary avec indignation.

— C'est ce qu'on t'a fait remarquer dès le début, dit Donald en bourrant sa pipe et en me jetant un regard complice.

La rébellion des hommes contre Mary n'échappa pas à Suzy et ne voulant ni la décourager ni lui prêter la main, elle se tourna vers Phyllis :

— Eh bien, Phyllis, dit-elle, qu'en penses-tu ?

— Je n'écoutais pas, dit Phyllis. J'admirais ta robe. Je trouve qu'elle est tout à fait jolie. Elle te va à ravir. Tu es si ronde et si mince.

— Mais, toi-même, tu n'as pas trop à te plaindre, côté rondeurs, dis-je.

— Oh, merci, Ed ! dit-elle en jetant un coup d'œil gourmand à son décolleté. Tu es toujours si réconfortant !

Mais Suzy ne se laissa pas égarer par ce badinage qui, d'ailleurs, ne lui plaisait qu'à moitié (je ne vois pas pourquoi, dit-elle, tu fais toujours tout un plat de ses rondeurs : elle a un bon soutien-gorge, c'est tout.) et reposa sa question.

— Ce que je pense, dit Phyllis en regardant dans le vide avec ses beaux yeux saillants, les rides de son front témoignant de l'effort douloureux qu'elle faisait pour se concentrer. Ce que je pense sur ce qu'il faut apprendre à Chloé en priorité ? Eh bien, conclut-elle d'un ton triomphant, c'est bien simple : il faut lui apprendre le bien et le mal.

— Ève a déjà essayé ça, dit Donald, et ça ne lui a pas réussi.

— Don ! dit Mary, qui n'aimait pas qu'on plaisantât sur ce genre de sujet.

— Bon, dit Don, eh bien posons la question plus sérieusement. Dans le cas de Chloé, qu'est-ce que le bien et qu'est-ce que le mal ?

— Mais c'est tout simple, dit Phyllis. Et je me demande bien pourquoi ça a l'air de te poser un problème.

— Je ne me le pose pas, dit Don en riant. Je te le pose à toi.

— Oh là là ! Les hommes ! dit Phyllis avec une moue charmante. Qu'est-ce qu'ils sont compliqués ! Il n'y a pas à chercher si loin. Un exemple, dit-elle en se tournant vers Suzy. Tu mets Chloé sur la *nursery-chair*. Comment tu dis cela en français, Suzy ?

— Le pot.

— Le pot ? Comme c'est amusant ! Bien, tu mets Chloé sur le pot et elle fait. C'est bien. Si elle se relève, et elle fait à côté, c'est mal. Dans le premier cas, tu dis : tu es une bonne fille, Chloé. Et dans le second cas, tu dis : tu es une vilaine fille, Chloé. Et tu lui donnes une petite fessée. C'est comme cela que j'ai fait avec Léonore et je m'en suis bien trouvée. Elle aussi.

On rit beaucoup sur l'instant mais, après plus mûre réflexion sur le sujet, j'eus l'impression que Phyllis nous avait tous damé le pion par son écrasant réalisme. Et, à l'épreuve, je reconnus qu'elle avait raison : lorsque Chloé eut atteint son troisième mois et qu'on commença à lui enseigner l'ameslan, on sentit le besoin absolument prioritaire de lui apprendre le signe « bon » et le signe « mauvais ».

Nous eûmes, hélas, de multiples occasions de répéter le second, car la pauvre Chloé avait peu de glandes sudoripares, buvait énormément, et en conséquence, éliminait souvent et rarement là où il fallait : c'est-à-dire dans ce que Phyllis appelait — le terme anglo-saxon étant si pudique — : une *nursery-chair*, et que Suzy nommait plus rondement : le pot.

C'était plus souvent Emma qui avait à poser les doigts de sa dextre sur son menton et à les rabattre violemment sur le côté. Et comme Emma avait le plus grand souci de la propreté, elle répétait plusieurs fois le signe « mauvais » que je viens de décrire, en y ajoutant le signe « sale » (le dos de la main tapotant le dessous du menton) et même le mot W.-C. (le poing serré tordant le bout du nez), ces signes étant accompagnés de mimiques révulsées et dégoûtées, voire même de haut-le-cœur très bien imités, le tout composant un mime très parlant et que j'appauvris beaucoup par la transcription en langage articulé que je donne ci après :

— *Mauvais ! Sale ! W.-C. !*

Dès que Chloé eut un vocabulaire d'une dizaine de mots en ameslan, tout en essayant de lui en apprendre de nouveaux, on lui faisait répéter chaque jour ceux qu'elle savait déjà. Ce qui n'allait pas sans mal, car elle ne voyait guère l'intérêt de ressasser les signes qu'elle connaissait.

C'est là que je me rendis compte à quel point le travail est une habitude spécifiquement humaine. Et si le petit d'homme lui-même a du mal à l'acquérir, à plus forte raison un animal sauvage !

Il faut bien avouer, d'ailleurs, que le signe qui désigne le travail en ameslan a déjà, en soi, quelque chose de rébarbatif :

vous fermez le poing gauche et, par-dessus, vous faites passer le poing droit avec vigueur. Dès qu'on exécutait ce signe devant Chloé pour l'appeler à ses leçons, elle faisait la grimace et avait visiblement envie d'être ailleurs.

Elle regardait même avec défaveur le grand sac qui renfermait les images qu'on voulait qu'elle nommât. On les tirait de cette infernale besace, une par une, et on lui demandait en ameslan, mais aussi en anglais : *Quoi ça ?* Et elle devait faire le signe correspondant à l'objet, à l'animal ou à la personne dont on lui montrait la représentation. Quand elle avait retrouvé le signe dans sa mémoire, elle n'était pas au bout de ses peines : on essayait de corriger son geste, car il était souvent très approximatif.

Il valait mieux être deux pour ces leçons. L'un pour montrer les images et lui poser les questions, l'autre pour l'empêcher de s'en aller.

Assez souvent, après lui avoir montré une image d'objet, on lui montrait l'objet lui-même et on lui faisait dire alors lequel des deux était « vrai » et lequel était « faux ». On faisait cela, en général, à la fin de la leçon avec une pomme. Et quand Chloé avait fait la bonne réponse, on lui donnait le fruit. Elle était si gourmande qu'elle ne se trompa qu'une fois — la première, parce qu'elle n'avait pas tout de suite compris la question.

Quant à l'intelligence, il y a sûrement autant de différence chez les chimpanzés que chez les humains. Nous eûmes l'impression, dès le début, qu'avec Chloé nous étions particulièrement bien tombés et les tests qu'on lui fit passer par la suite nous confirmèrent dans cette idée. Cependant, si je la compare aux enfants humains du même âge, Chloé, malgré sa vivacité d'esprit et sa mémoire, fut une élève difficile, voire même, par moments, carrément mauvaise, et qui nous donna beaucoup de fil à tordre, à retordre et à détordre.

Il y avait trois raisons à cela : son hypermotricité, son hyperémotivité et son caractère fantaisiste et taquin.

Chloé ne tenait pas en place. Véritable paquet de nerfs et de muscles, elle était à coup sûr plus insatiablement avide de mouvement que le garçon le plus turbulent. Quand elle se déchaînait, elle nous donnait l'impression d'un tourbillon capable de dégénérer en tornade. Comment aurait-elle pu, dans ces conditions, réussir à se concentrer plus de quelques minutes ?

De son hyperémotivité (peur et colère) j'aurai tout le loisir de reparler dans ces pages, mais de son caractère fantasque, je veux donner ici un exemple.

Elle apprit l'interrogation, parce qu'on lui posait sans cesse des questions : « Qui ça ? Quoi ça ? Où ça ? »

Elle nous en posa à son tour. Et elle apprit la négation (« non » et « pas ») parce que le monde humain qui l'entourait était hérissé d'interdictions : *Chloé pas prendre. Chloé pas toucher, Chloé pas mordre*. Si contrariant que fût pour elle ce « pas » dont elle nous voyait faire devant elle le sempiternel signe, elle s'adapta à lui, l'utilisa à son tour, ce qui, grammaticalement nous combla d'aise. Mais bien sûr aussi, elle le retourna contre nous.

De notre sac à malices (dont nous enrichissions le fond au fur et à mesure que son vocabulaire s'étendait) je tirai un jour l'image d'une femme portant un bébé. Et Chloé, très correctement, fit le signe *femme* et le signe *bébé*. L'image suivante montrait une femme tenant un garçonnet d'une dizaine d'années et Chloé refit les mêmes signes que précédemment : *femme* et *bébé*.

— *Non, Chloé,* dis-je en ameslan, *pas bébé ; enfant.*

Il n'y avait là aucune difficulté pour elle, elle connaissait parfaitement le mot. Je jurerais même qu'elle l'avait, je ne dirais pas, sur le bout de la langue, puisqu'il s'agissait d'un signe, mais sur le bout du doigt. C'est alors qu'une petite lueur perverse que je connaissais bien brilla dans ses yeux. Avec une douce obstination, elle dit :

— *Femme bébé.*

Je lui montrai alors les deux images côte à côte et je dis :

— *Ça, bébé. Ça, enfant.*

Je repris :

— *Bébé petit, enfant grand.*

Souriante, Chloé posa péremptoirement le doigt sur le garçonnet et dit :

— *Ça, bébé.*

— *Non, Chloé, ça enfant.*

— *Non,* dit-elle, *ça grand bébé.*

Et renversant la tête en arrière, elle se mit à rire de son rire haletant. Elle avait rayé de son vocabulaire le signe « *enfant* » et jusqu'à la fin de la leçon, elle s'y tint.

Cette contestation nous jeta dans l'embarras. Depuis que Chloé était devenue propre, nous évitions les punitions corporelles, en particulier au cours des leçons. Elle les aurait prises en grippe. Il fallut cependant aviser, car il était à prévoir que son obstruction irait un jour jusqu'à la grève.

Les leçons avaient lieu dans mon bureau, lieu où elle avait joué, bébé, mais qui maintenant lui était — sauf pendant notre enseignement — interdit, en raison des dévastations qu'elle y avait commises au cours d'une de ses colères. C'est dire à quel point, lorsqu'elle y pénétrait avec nous chaque jour pendant une heure pour apprendre la langue des hommes, ce lieu, étant tabou, aurait dû lui paraître auguste. Et peut-être, en effet, avait-elle eu cette impression au début. Mais Chloé n'avait pas la tripe révérentielle. Et le respect, chez elle, ne durait jamais longtemps. En fait, trois jours après avoir supprimé le signe « enfant », Chloé, dans mon bureau, fit de son mieux pour supprimer les cours.

Elle me parut, à vrai dire, anormalement douce et calme quand déliant les cordons qui fermaient le sac aux images, Suzy en sortit celle d'un chat.

— *Chat,* fit Chloé en traçant le signe d'ameslan à la perfection.

Je noterai ici en passant que Chloé, à l'époque, n'avait pas encore eu ses dramatiques démêlés avec Random, sans cela, au lieu de dire « chat », elle n'aurait pas manqué de dire « sale chat ».

Suzy lui présenta ensuite une autre image qui était celle d'un éléphant et Chloé la considéra un long moment d'un air rêveur, les mains restant sur ses genoux tout à fait immobiles.

— *Quoi ça ?* insista Suzy.

Chloé regarda de nouveau l'éléphant et, levant sur Suzy un regard innocent, elle dit en ameslan :

— *Chat.*

— Mais non, voyons, Chloé ! dit Suzy vivement en anglais. Ce n'est pas un chat, tu sais bien, c'est un...

— *Chat,* dit Chloé.

— Suzy, dis-je, essaie une autre image.

Dans un climat plus que tendu, Suzy tira du sac une autre image : celle d'un cheval et la présenta à Chloé qui, de nouveau, la regarda avec attention et dit :

— *Chat.*

— Ce n'est pas un chat, dit Suzy furieuse, tu le sais bien ! C'est un...

— *Chat,* dit Chloé.

— *Chloé vilaine !* dit Suzy en ameslan.

— *Chloé pas vilaine !* dit Chloé.

Réplique qui montrait que, si elle avait « oublié » ses signes, elle se souvenait à tout le moins de la négation.

— Elle se moque de nous, dit Suzy.

Je me penchai. Je pris Suzy par le cou et nous échangeâmes quelques mots à voix basse. Ce manège intrigua Chloé qui, fidèle toutefois à son funeste dessein, ne posa aucune question. Suzy fouilla longuement dans le sac et trouvant à la fin ce qu'elle cherchait, elle présenta à Chloé l'image d'une pomme. A vrai dire, Chloé hésita. Ce fruit dont elle raffolait joue un tel rôle dans sa vie que je n'ai aucun doute qu'il y eut un sérieux combat dans son esprit entre l'ange de la vérité et le démon du mensonge. Mais à la fin, sa décision prise, elle répondit imperturbablement :

— *Chat.*

Suzy laissa tomber un long silence, me regarda d'un air entendu et remettant l'image de la pomme d'un geste sec dans le sac, elle fit coulisser le cordon pour le fermer et le noua. Puis elle tourna le dos à Chloé et me tint en anglais un discours dont presque tous les mots étaient connus de Chloé.

A l'époque — mais elle l'augmenta considérablement dans la suite — le vocabulaire passif de Chloé en anglais comportait environ cent vocables. Ce n'était pas là un exploit. Certains chiens à qui leur maître parle beaucoup sont capables de retenir et de comprendre une cinquantaine de mots. Et bien que les chevaux soient réputés moins intelligents que les chiens (ils possèdent, en revanche, une excellente mémoire), certains auteurs les créditent d'un vocabulaire à peine moins étendu.

— Ed, me dit Suzy, sans plus s'occuper de notre élève, abandonnée au milieu de la pièce à côté du sac refermé, la leçon est finie. Chloé ne sait rien. Chloé a tout oublié. Chloé est idiote. On ne peut pas lui donner une pomme après la leçon. Elle prend la pomme pour un chat.

L'effet de ce discours prononcé de façon claire et distincte fut foudroyant. Chloé, avec des grognements haletants, se précipita sur le sac, l'ouvrit, éparpilla son contenu sur le tapis, chercha fébrilement l'image de la pomme.

— *Pomme!* dit-elle en ameslan.

J'oserais même dire qu'elle cria le mot, tant le signe qu'elle fit avec ses mains pour le désigner était violent et emphatique.

— Voyons si elle connaît maintenant les autres signes, dit Suzy avec calme.

La leçon reprit et à part deux ou trois fautes — celles-là bien involontaires — elle se déroula à la perfection.

⁂

Chloé ne jouait pas que des mauvaises farces à ses instructeurs. Elle leur apportait aussi des joies, surtout quand elle faisait du langage qu'ils lui enseignaient un usage créateur. Sa première réussite dans ce domaine fut d'inventer des surnoms pour les personnes de son entourage.

Quand elle s'adressait à un membre de notre famille, le « toi » et le « moi » (qu'elle sut très vite distinguer) lui suffisaient. Les noms n'étaient pas nécessaires. Mais ils le devenaient, quand l'individu dont on voulait parler ne se trouvait pas là.

C'est pourquoi on lui proposa, pour désigner les familiers de la maison, des signes qui correspondaient à leurs fonctions. Elle en adopta quatre mais, pour tous les autres, elle préféra inventer.

Voici ceux qu'elle accepta : *Cuisine* pour Juana, *Lettres* pour le facteur, *Pain* pour la boulangère, *Docteur* pour Donald.

Mais elle refusa catégoriquement : *nurse* pour Emma, sans doute pour la raison que le signe en ameslan faisait référence à une piqûre et que c'était là l'exclusive spécialité de Don. Elle préféra *Nœud* pour Emma, du nom de la lavallière que celle-ci portait autour du col de son chemisier et que Chloé avait très vite trouvé le moyen de défaire en tirant sur l'un des pans.

Elle ne voulut pas d'*homme-mouton* pour Pablo et préféra l'appeler *Chapeau,* parce que hiver comme été il portait un couvre-chef crasseux et cabosseux avec lequel elle aimait jouer. En outre, c'était un signe très facile à faire. Il suffisait de se tapoter le haut du crâne.

Elle me surnomma *Grand* par référence à ma taille et continua à m'appeler ainsi, même après que Jonathan m'eut dépassé en stature.

Docilement, elle commença par dire *Maman* en parlant de Suzy, mais Suzy lui ayant un jour montré sur la commode du living un gros bouquet de fleurs, en lui faisant remarquer en ameslan combien il était *joli,* le signe lui plut beaucoup, et à partir de ce moment, *Maman* tomba en désuétude (mais reparaissait, chose curieuse, quand elle était malade) et Suzy devint *Jolie.*

Spontanément et sans qu'on lui ait proposé aucun nom pour elle, Chloé appela Elsie *Tresses,* appellation qui lui resta, même après que les tresses eurent été remplacées par des bouclettes. Quant à Ariel et Jonathan, avec qui elle était entrée dans la période des grandes chamailleries, dès qu'elle sut le mot *diable* elle appela Jonathan, *Diable jaune* et Ariel, *Diable noir.*

Cette manipulation originale du langage nous remplit d'aise et

Suzy me fit remarquer avec orgueil que Chloé était une synecdoquiste. Devant mon air surpris, elle ajouta avec un de ses airs mutins dont je raffole : « Je ne devrais pas avoir à rappeler au Dr. Dale, qui a un diplôme de littérature, qu'une synecdoque est une figure de rhétorique qui consiste à prendre la partie pour le tout… »

Avant de poursuivre sur le chapitre de l'inventivité langagière de notre élève, je voudrais signaler — car cela ne fut pas sans effet sur son langage — que Chloé, malgré nos efforts, demeura une fort médiocre mathématicienne et ne sut jamais compter au-delà de cinq.

On devine combien cela la gêna pour parler du passé et de l'avenir. Je ne dis pas qu'elle n'avait pas dans son esprit la notion d'un laps de temps supérieur à cinq jours, mais comme elle ne possédait pas les mesures pour l'exprimer, tout se passa comme si elle était incapable de l'appréhender avec précision.

Pour le passé, tout son bagage se réduisit à deux signes *hier* et *hier longtemps ;* et pour le futur, à deux signes aussi : *demain* et *demain longtemps*. De ces quatre mesures temporelles, seuls *hier* et *demain* étaient à prendre littéralement. Car *hier longtemps* et *demain longtemps* pouvaient se référer aussi bien à des temps lointains qu'à des temps plus proches.

— Que veux-tu ! me dit Suzy, quand elle me vit contrarié par cette indétermination, Chloé est une pure littéraire : la mesure n'est pas son fort. En revanche, elle invente ! elle crée !

Et moi je pense, en l'écoutant, que Suzy est une bonne mère qui aime un peu trop son bébé, car telle, en effet, elle considère Chloé et la verra toujours ainsi, même quand Chloé sera devenue une vigoureuse adulte capable, d'une simple pichenette, de jeter sa maman à terre, ce que, d'ailleurs, elle ne fera jamais.

Dire que Chloé est une littéraire est assurément une exagération de l'amour maternel, mais il est exact que Chloé prend autant plaisir à jouer avec les signes qu'un enfant éveillé à jouer avec les mots. J'en pourrais donner deux exemples, mais je n'en donnerai que le premier, chronologiquement s'entend, car le second, que je préciserai plus loin, évoque dans mon esprit des événements trop sinistres pour que je veuille en assombrir ces pages.

A sa petite compagne de jeux, María de los Ángeles, qui avait déjà en espagnol un nom si poétique, et que Chloé chérissait entre toutes, elle donna plusieurs noms. *Bébé* fut le premier. Mais quand elle s'avisa que ce bébé savait marcher, et debout la dépassait d'une demi-tête, elle l'appela *Grand bébé*. Puis, abandonnant le tabou qu'elle avait mis sur le vocable *enfant*, elle l'appela *enfant*. Et enfin, *jolie*. Mais comme ce vocable désignait aussi Suzy, elle ne l'utilisa que rarement et revint à *Grand bébé* et même finalement à *Bébé*, quand elle remarqua que María, se sentant plus faible qu'elle, recherchait sa protection. Chloé ne l'en aima que plus et dans un accès de tendresse, lui forgea un nouveau nom à partir de deux signes qu'elle fondit en un seul.

Bébé se dit en ameslan en croisant les bras devant soi comme pour porter un bébé. Et « *amour* » (ou *aimer*) en croisant les deux poings sur la poitrine. Ces deux signes qui, en soi, sont déjà proches, étaient exécutés très vite par Chloé. *Bébé* venant en premier lieu et *amour* en second.

On crut d'abord qu'elle disait *aimer bébé*, déclaration qu'elle faisait souvent. Mais dans ce cas, l'ordre des mots n'était pas le même. *Chloé* venait en premier et *aimer* précédait *bébé*. C'était une vraie phrase avec un sujet, un verbe et un complément : *Chloé aimer bébé*.

Dans *Bébé Amour*, j'eus l'impression qu'il ne s'agissait pas d'une phrase, mais d'un nom. Et d'ailleurs, l'exécution des signes n'était pas la même. Chloé les fusionnait avec une grande rapidité et les deux mains avaient à peine le temps de faire le simulacre de porter un bébé que déjà elles se transformaient en poings pour se croiser avec ferveur sur la poitrine.

Nous hésitions cependant à conclure que Chloé avait créé un mot composé de deux mots, ou si l'on préfère, un signe composé de deux signes, quand nous vîmes Chloé faire, à plusieurs reprises, la déclaration suivante :

— *Chloé aimer Bébé Amour*.

Là, le doute n'était plus permis. *Bébé Amour*, servant de complément direct au verbe aimer, était bel et bien un nom, et comme tel forgé par Chloé.

Dès qu'on en fut certain, on se crut autorisé à donner libre cours à notre fierté et aussi à notre attendrissement, car on trouvait que *Bébé Amour* convenait à merveille à María de los Ángeles qui joignait tant de joliesse à tant de douceur. Suzy déclara que la trouvaille était ravissante. On en fit part joyeusement aux Hunt, aux enfants quand on les vit au week-end suivant, à Concepción quand elle vint voir sa fille. Pour elle, on la traduisit en espagnol ! *nene-amor*. On la traduisit en anglais pour le bénéfice des Hunt : *baby-love*. Mais à Yaraville, on adopta la transcription française de Suzy : *Bébé Amour*, tant les sons nous plaisaient — ces sons que, bien sûr, la pauvre Chloé ne pourrait jamais produire, puisque ses doigts habiles jouaient sur un piano sans touches.

Quand nous surprenons un enfant humain de cinq ans en train de s'occuper dans sa chambre à un jeu de construction et de parler tout seul en s'apprenant à lui-même ce qu'il est en train de faire, nous ne sommes pas autrement surpris. Nous devrions l'être, pourtant, et l'admirer fort, de surcroît, pour son soliloque, car il prouve qu'il a intégré la langue qu'on lui apprend au point de l'employer seul et spontanément et de s'en servir pour réfléchir à ses erreurs, pour les corriger, pour trouver les bonnes solutions : bref, pour penser. En somme, il reproduit en quelques minutes des millions d'années d'évolution. L'*homo habilis* n'a pas seulement progressé vers l'humanité supérieure en polissant des galets de ses adroites mains, il a aussi poli son intelligence grâce au langage. C'était là son meilleur outil.

C'est dire si je me suis senti profondément heureux quand un jour, sur le point d'entrer dans la nursery, je vis Chloé debout devant la fenêtre grillagée, se faisant à elle-même des signes d'ameslan. Je ne me montrai pas. Je sentis qu'il se passait là quelque chose de nouveau et de fascinant : Chloé monologuait.

— *Jolie partir*, dit-elle en ameslan.

Elle regardait, en effet, par le grillage l'auto de Suzy qui faisait marche arrière pour gagner le village. Elle ne se contenta pas de le constater. Elle se l'annonça à elle-même. Après quoi, elle poussa un gros soupir et elle s'apprit à elle-même les sentiments que ce départ lui inspirait.

— *Chloé triste*.

Le signe « triste » en ameslan est particulièrement lugubre. Vous portez les paumes de vos deux mains, les doigts écartés, à votre tête, et dans la même position, vous les laissez tomber en avant.

S'étant dit qu'elle était triste, Chloé en tira la seule conclusion possible : elle pointa ses deux index sous les yeux et les laissa filer jusqu'à son menton.

— *Chloé pleurer*, dit-elle.

C'était, chez elle, un signe plutôt paradoxal, car, si un chimpanzé pleure, en fait, il ne verse pas de larmes. Ainsi pleura Chloé, bruyamment, mais l'œil sec. Toutefois, elle s'interrompit pour résumer son soliloque par une péroraison pathétique :

— *Jolie partir. Chloé triste. Chloé pleurer*.

Je me sentis si rempli d'admiration pour son avancée linguistique et, en même temps, si attendri pour son grand amour pour Suzy que je faillis entrer dans la pièce et la prendre dans mes bras. Mais l'observateur l'emporta chez moi sur l'homme, et je me plaçai hors de vue, derrière la porte entrebâillée de la chambre pour voir comment Chloé allait gérer son chagrin. Triste et pleurnichante, Chloé se dirigea vers son lit, y saisit le plus grand lambeau de sa vieille veste en peau de mouton — un bras tout entier avec un gros morceau d'emmanchure — et s'en entoura le cou. Cela fait, elle alla s'asseoir, le dos contre le radiateur et paraissant à la fois réconfortée par la chaleur et par la fourrure fétiche, au bout d'une ou deux minutes, elle cessa de pleurer et s'endormit.

Quand Chloé devint amoureuse, vu qu'elle n'était encore qu'une petite fille, cela ne nous posa aucun problème autre que linguistique. L'heureux élu se trouva être le plombier, bel homme d'une trentaine d'années qui s'habillait et marchait comme un cow-boy de films. Il ne manquait que des éperons à ses santiags et un colt à sa ceinture, lequel toutefois était remplacé par une grande clé à molette. Il s'appelait Bill Thorn, mais Chloé, parfaite synecdoquiste le surnomma *Clé*.

Chloé introduisait des nuances dans ses contacts avec les gens. A *Cuisine* (Juana) elle oubliait parfois de tendre la main, se sentant peu aimée d'elle. A *Pain*, la boulangère, dont le camion aurait été un trésor de bonnes choses si seulement la dame avait été plus donnante, elle touchait à peine le bout des doigts. Avec *Lettres*, le facteur, elle était froide comme glace pour la seule raison qu'il avait une mine triste et renfrognée. Et si *Clé* l'avait séduite, ce n'était pas seulement parce qu'il aimait les animaux et s'intéressait à eux, mais parce qu'il était gai, sifflotant, rieur, heureux de vivre. En outre, il était devenu, à la longue, particulièrement généreux et attentionné avec elle. Il apportait chaque fois à Chloé une friandise au chocolat. Comment s'étonner, dans ces conditions que Chloé soit passée d'un timide toucher de mains à un shake-hand cordial, du shake-hand à l'étreinte, et de l'étreinte aux baisers répétés ?

Sur ce sujet qui lui tient à cœur, Chloé passe avec nous aux confidences.

— *Chloé aimer Clé donner chocolat.*

C'est Suzy la dépositaire de cet aveu et dès qu'elle m'en fait part, nous concédons qu'il pose un problème de syntaxe. Car la phrase peut s'entendre de deux façons :

— *Primo :* Chloé aime Clé et il lui donne du chocolat. *Secundo :* Chloé aime Clé, parce qu'il lui donne du chocolat.

— C'est là, dis-je, que le linguiste se ramène avec ses gros sabots et vous explique que la phrase est ambiguë parce qu'elle est asyntaxique. Et il conclut : On ne peut pas dire que le primate parle, parce qu'il parle l'ameslan, et l'ameslan n'est pas assez syntaxique pour être considéré comme un vrai langage.

— C'est idiot ! s'exclame Suzy. A ce compte, les deux millions d'Américains sourds et muets qui parlent l'ameslan seraient asyntaxiques et parleraient un langage ahumain.

Le soir même, Donald vient soigner Chloé d'un petit rhume,

avec des gouttes. Chez les chimpanzés, il est très important de soigner très vite ce genre de maladie pour la raison qu'elle s'étend très rapidement. Un nez qui coule le matin, c'est une bronchite le soir.

— Vous occupez pas des linguistes ! dit Don. Dans ce domaine, ils réagissent par simple réflexe animal : ils défendent leur territoire contre l'invasion des primates ! Comment interprétez-vous, vous-mêmes, la phrase de Chloé ?

— Chloé aime Clé et il lui donne du chocolat.

— Pourquoi ?

— Elle l'aimait bien avant qu'il commençât à la gâter.

— Eh bien, voilà ! dit Don. C'est le contexte qui donne la syntaxe.

***

De mon dernier séjour à Paris, j'avais rapporté une armoire périgourdine dont j'ai déjà parlé dans ce récit. C'est sur sa corniche que Chloé s'était juchée hors d'atteinte après avoir dérobé un roi au jeu d'échecs des garçons. Le bois est tout noyer et le style est dix-huitième. Ce qui ne veut aucunement dire qu'elle ait été exécutée au dix-huitième siècle, car les excellents artisans locaux faisaient encore ce genre de meubles un siècle plus tard.

Quoi qu'il en soit, j'aime ses dimensions, les couleurs chaudes du noyer patiné et les moulures sculptées en plein bois par des mains aussi patientes qu'habiles. Juana, héritière d'une culture ibérique, partage mon admiration et il ne se passe guère de semaine sans qu'elle l'encaustique avec soin, je dirais même avec amour, à la cire d'abeille.

C'est elle qui, un matin, me montra, non sans intention maligne, sur la précieuse armoire, des moulures mâchurées et à demi arrachées. La coupable, à ses yeux, ne faisait aucun doute. Aux miens non plus. Ni Random ni Roderick ne mordaient les meubles. Tout au plus aurait-on pu reprocher à Random d'avoir fait ses griffes sur un fauteuil en osier et à Roderick d'avoir mordillé un morceau de moquette usagée qui lui servait de lit. Les fortes dents de Chloé, en revanche, s'étaient attaquées à plusieurs reprises aux murs et au montant de son lit.

Il était 10 heures. Suzy avait pris l'auto pour faire ses courses et je n'attendis pas son retour pour arrêter la prévenue, l'amener sur le lieu du crime et la mettre face à son forfait. Incontinent, je l'accusai :

— *Chloé mordre.*

D'habitude, tout se passait correctement. Confrontée aux résultats désastreux de ses entreprises, Chloé acceptait sa culpabilité, baissait la tête, pleurnichait, gémissait, adoptait presque aussitôt une posture de soumission. Cette fois-là, à ma grande surprise, Chloé nia l'évidence avec la dernière effronterie.

— *Chloé pas mordre.*

Je dis en anglais d'un ton interrogatif et menaçant :

— Chloé pas mordre bois ?

— *Chloé pas mordre bois,* dit Chloé avec aplomb.

Je repris en ameslan :

— *Qui mordre bois ?*

Cette question était un piège damnable, car elle l'incitait à rendre son mensonge plus convaincant en accusant quelqu'un d'autre. Et, à vrai dire, j'étais curieux de savoir si elle allait désigner le suspect après elle le plus vraisemblable : Roderick. Elle hésita puis elle dit :

— *Chat mordre bois.*

Ce mensonge enfantin me donna envie de l'embrasser. Son amitié pour Roderick l'avait emporté. Je me contentai de hausser les épaules.

— *Chat petites dents. Grandes dents mordre bois.*

A cela elle ne répondit rien et j'enchaînai :

— *Chloé mentir.*

— *Quoi ça ?* dit-elle, le signe lui étant inconnu.

J'abaissai une deuxième fois les doigts unis de ma main droite perpendiculairement à ma paume et en pivotant mon coude, j'avançai ma main, sans changer sa position, dans la direction de mon épaule droite. Après avoir accompli ce geste passablement tortueux, je le répétai et je l'expliquai : *Ça mentir, ça pas dire vrai.* Je répétai de nouveau le signe (la pédagogie reprenant le dessus) pour mieux le lui inculquer et je dis :

— *Chloé mentir.*

— *Non,* dit-elle, ne pouvant ou ne voulant pas répéter le signe qui la condamnait.

— *Chloé mentir,* dis-je, en faisant le signe très énergiquement. *Chloé mordre bois.*

— *Chloé pas mordre bois,* dit-elle en faisant des signes hâtifs et désespérés.

Je la regardai dans les yeux sévèrement. Elle détourna les siens et, après un long silence, elle dit d'un air si triste et si désolé que j'eus de nouveau envie de la prendre dans mes bras :

— *Chloé mordre.*

Je lui donnai deux petites tapes pour le principe sur les fesses et la routine du pardon se déroula comme prévu. Gémissements, posture de soumission, main tendue, main acceptée, demande insistante du baiser de paix, multiplication dudit baiser. Finalement, ses grands bras s'enroulèrent autour de mon cou et je la portai jusqu'à la nursery pour la remettre aux soins d'Emma, car les émotions par où elle venait de passer avaient produit sur elle leurs habituels effets.

Je regardai l'heure et décidai d'aller à pied au-devant de Suzy, mais musai un peu avant de partir, les jardinets en gradins étant en fleurs devant la terrasse et retenant comme toujours mon attention. Je descendis même jusqu'à la piscine par les escaliers dallés afin de les voir deux fois, de deux points de vue différents, en descendant et en remontant. Je prenais un vif plaisir à la pensée d'avoir fait pousser ces fleurs là où, avant de construire les murets et de remblayer avec de la bonne terre végétale, il n'y avait rien qu'une colline aride, du caillou inerte, une étendue pour rien.

Avant de partir pour les courses et pendant que j'achevais mon *desayuno*, Suzy avait arrosé les fleurs « à la fraîche ». La lance à la main, elle se tenait bien droite, le menton levé, ne perdant pas un pouce de sa taille, très élégante dans un jogging bleu pâle, « ronde et mince », comme disait Phyllis, et les jambes longues pour sa petite taille. Elle était entourée d'une nuée de papillons multicolores qui voletaient autour des grappes mauves des buddleias. Elle me tournait le dos, mais elle avait dû sentir sur ses omoplates la chaleur de mon regard, car elle se retourna, me sourit et quel sourire ! Si chaleureux, si généreux !

Il y avait de cela une heure, mais ce tableau revenait avec insistance devant mes yeux, tandis que je marchais sur le chemin de terre qui, par « l'épingle à cheveux » chère à ma mère, nous reliait à la petite route goudronnée qui menait à Beaulieu. Parvenu sur celle-ci, je ralentis le pas. Je ne voulais pas avoir à passer devant le *Nest* et courir le risque de me faire accrocher par Mary qui, à cette heure-là, devait travailler dans son jardin.

Risque évité : l'auto de Suzy apparut dans le tournant, je me rangeai sur le bas-côté, je levai le pouce, elle s'arrêta et, dès qu'on eut démarré, elle dit d'un ton réprobateur :

— Étranger, je vous prends en auto-stop, et à peine dans la voiture, vous me passez la main sur la poitrine. Est-ce bien correct ?

— Oh ! dis-je, c'était si léger, si furtif, si véritablement sournois...

— Justement, dit-elle, le léger, le furtif, le véritablement sournois ne m'ont pas laissée insensible. J'y repenserai. Mais peux-tu m'expliquer pourquoi tu as l'air si jubilant ? Tu as quelque chose à me dire ?

Je lui racontai le mensonge de Chloé sans rien omettre mais Suzy ne fit pas à mon histoire l'accueil que j'attendais. Cela me rappelle Roderick, dit-elle, quand il attrapa et dévora un pigeon de Pablo. Tu te rappelles de quel air il nous considéra tandis que nous brandissions devant lui les plumes de la victime, preuve de son crime ? Il feignait de ne pas les voir. Non, vraiment, il ne comprenait pas pourquoi on agitait ces choses-là sous ses yeux... Ces yeux qui nous regardaient avec tant d'innocence.

Elle rangea la voiture impeccablement et sur le mot « innocence », elle mit son frein de parking.

— Mais, voyons, dis-je, cela n'a rien à voir ! Pour Roderick comme pour tous les animaux, c'était un mensonge de comportement. Pour Chloé, il s'agit de tout autre chose. Elle a fait du langage un usage humain. Elle a utilisé le langage pour mentir.

— Mais c'est vrai ! dit-elle en se laissant aller contre le dossier de son siège. Cet aspect des choses ne m'avait pas frappée. Quelle étape importante Chloé vient de franchir sur la voie de son humanisation : elle a employé le langage pour mentir ! Tu sais, Ed, ajouta-t-elle, cette phrase, quand tu écriras ton livre sur Chloé, il faudra l'écrire en caractères gras, comme certaines indications clés dans les romans d'Agatha Christie, du genre : « *la porte-fenêtre donnant sur la terrasse était fermée de l'intérieur...* ».

Cette journée de printemps était particulièrement douce et chaude. Suzy et moi, nous fîmes une petite sieste « après laquelle », comme dit Suzy, on s'endormit. Mais je me réveillai à 3 heures, ayant sur la conscience d'avoir peu travaillé dans la matinée et désirant me remettre à ma table de travail, au moins jusqu'au thé.

Je n'étais pas dans mes papiers depuis une heure qu'on frappa à ma porte un coup timide et non deux coups comme Suzy. C'était Emma. Elle me parut inquiète et haletante. Je la priai de s'asseoir et de modérer la vitesse de ses signes, si elle voulait être comprise.

Elle avait, dit-elle, confié Chloé à Suzy et c'était à la prière de Suzy qu'elle était venue me trouver, car il s'agissait de quelque chose d'important, sans cela, bien entendu, elle ne m'aurait pas dérangé. Voilà ! Elle était dans la nursery avec Chloé et Chloé avait mis le pouce dans son nez.

— Le pouce, Emma ?

— Oui, Mr. Dale. Le pouce ! D'habitude, quand Chloé réfléchit, elle s'assoit par terre dans un coin, en général le dos appuyé contre le radiateur, quand il est allumé, et elle met le pouce *sur* son nez. Jusque-là, rien à dire. Mais cet après-midi, au lieu de mettre son pouce *sur* son nez, elle le mit *dans* son nez. Je m'en aperçus et je lui dis : « Chloé, ôte ton pouce de ton nez. » Elle grogna et n'en fit rien. J'insistai. Elle me montra les dents.

— D'en haut ?

— Oui, d'en haut ! Un comble ! Elle me menaçait !

— Je ne me laissai pas intimider et je répétai : « Chloé ! Ôte ton pouce de ton nez ! » Et à ce moment, brusquement, elle piqua une colère, elle se leva, trépigna, montra les dents, gronda et s'élança sur moi.

— Elle vous mordit ?

— Non, elle s'arrêta à un mètre. Elle pointa l'index vers moi et se mit à faire des signes. Mr. Dale, j'ai honte de répéter ces signes, dit Emma avec émotion.

— Répétez-les, Emma.

— Voici ce qu'elle dit. Elle pointa l'index vers moi avant chaque mot et dit : *Toi, sale. Toi, mauvaise. Toi, puante. Toi, W.-C.*

— En somme, dis-je en réprimant une soudaine envie de rire, elle vous a...

— Oui, Mr. Dale, c'est cela. Elle m'a insultée. J'ai bien peur d'avoir perdu toute autorité sur elle.

— Mais, pas du tout, Emma. Elle vous a injuriée pour ne pas avoir à vous mordre. Elle a préféré l'agression verbale à l'agression physique. C'est un progrès ! Je dirais même que Chloé se civilise. Ne tenez aucun compte de ses gros mots. Ils sont enfantins et innocents. Et surtout, ne la punissez pas. Mieux vaut être traité de W.-C. qu'être mordu.

— Mieux vaudrait encore ni l'un ni l'autre, dit Emma, mal convaincue.

Là-dessus, elle rougit, comme si elle ne se sentait pas le droit de me contredire, s'excusa encore de m'avoir dérangé et, ayant remis droite sa lavallière, elle s'en alla. Je la suivis des yeux. Bien qu'elle ne fût pas mal bâtie, sa démarche avait quelque chose de rigide, ses hanches paraissant soudées à sa taille. Toute sa féminité se réfugiait dans ses yeux et dans son sourire.

Je m'attendais, après cela, à deux coups frappés à ma porte, mais Suzy m'appela par le téléphone intérieur. Est-ce que j'étais d'accord pour prendre le thé dans mon bureau ? Si oui, elle me l'apportait.

J'allai à l'avance ouvrir ma porte et, quelques minutes plus tard, elle apparut, vive, affairée, importante.

— Pauvre Emma, dit-elle, elle était tout à fait bouleversée. Où puis-je mettre le plateau ? Là, sur ce coin de table ? Tu ne trouves pas cela agréable d'avoir une petite esclave qui te fait le service à domicile ?

— Si je n'étais pas satisfait de ma petite esclave, dis-je en la prenant par la taille, il y a beau temps que je l'aurais jetée aux murènes.

— *Qué mentalidád !* dit-elle en me piquant un baiser dans le cou. Eh bien, reprit-elle, qu'en penses-tu ?

— C'est assez sensationnel.

— Attends ! dit-elle. Je vais te dire ce que tu en penses. Ces mots : sale, mauvais, W.-C., puant, Chloé les entend ou plutôt les voit faire à Emma depuis sa plus tendre enfance. Par exemple, chaque fois qu'elle s'oubliait à côté du pot. Et aujourd'hui elle les a abstrait du contexte originel et ne retenant d'eux que leur valeur péjorative, elle les a retournés contre Emma en en faisant des injures. Pour la deuxième fois aujourd'hui, elle a fait du langage un usage créateur. C'est une opération mentale qui n'étonnerait pas chez un être humain, mais chez un primate !... Véritablement, je suis fière de Chloé !

C'était bien mon sentiment. J'embrassai Suzy et Suzy m'embrassa. Nous étions aussi heureux que le furent, en toute probabilité, les parents d'Einstein, quand ils découvrirent que leur fils était un génie.

***

Je ne vois pas comment on pourrait éviter de considérer le mensonge humain comme un prolongement, avec des moyens différents, de l'instinct qui porte les animaux à se cacher pour échapper à un prédateur, à un danger, ou, s'il vit comme le chimpanzé, en société, au châtiment d'un supérieur. Ruse qui peut être passive, mais aussi active si, d'une tromperie bien machinée peut naître, pour l'animal, un avantage quelconque. Au camouflage du chassé répond aussi l'astuce du chasseur qui se dissimule, lui aussi, ne serait-ce que par son habillement.

Chez un jeune animal très protégé comme Chloé par son entourage, l'instinct de se cacher, avant qu'il ne développât en elle l'art humain du mensonge verbal, était surtout ludique. Dans mon bureau, du temps où elle y était encore admise, elle aimait se coiffer des caisses de carton vides qui avaient contenu des livres. Chaque fois qu'elle rencontrait Pablo, elle lui empruntait son chapeau et l'enfonçait sur sa tête jusqu'au cou. Quand elle pouvait s'emparer d'un drap ou d'une couverture, elle s'en recouvrait. Elle se dissimulait derrière les meubles ou les rideaux, ceux-ci avant qu'elle s'avisât de les déchirer. Elle pouvait jouer à cache-cache pendant des heures à condition d'être celle qui se cachât. Car la disparition, même momentanée, de ses parents la plongeait dans l'angoisse. Bien entendu, elle n'était guère difficile à trouver. Elle grimpait invariablement dans un arbre et, comble de raffinement, elle appliquait les paumes de ses mains sur ses yeux, certaine ainsi d'être invisible.

Le soir du jour où Chloé montra son aptitude langagière à mentir et à insulter son semblable — car c'est ainsi, sans aucun doute qu'elle considérait Emma et ses autres mères —, les Hunt vinrent déjeuner à la maison avec Phyllis et Evelyn. Ce dont Elsie, qui était à la maison pour le week-end, se réjouit, nous-mêmes étant fort contents à la pensée d'apprendre à Donald les remarquables progrès de notre élève.

De notre chambre, où Suzy et moi achevions de nous habiller, nous vîmes l'auto des Hunt arriver sur notre parking et, par ses quatre portes, déverser les habitants du *Nest*. On leur fit de grands signes joyeux par la fenêtre grande ouverte (il faisait très doux) tout en nous livrant sur eux à voix basse et en français à des commentaires affectueux et amusés. Car Evelyn et

Phyllis portaient des minijupes, très mini et très collantes. Et par réaction ou par contraste, Mary avait étoffé ses maigreurs d'une jupe très longue et très ample, ornée de motifs floraux et de perroquets vivement colorés.

— Passe encore pour Evelyn, dit Suzy, mais Phyllis en mini ! A son âge !

— Mais elle n'est pas si mal, dis-je avec un souci d'objectivité bien malencontreux. Elle a de jolies jambes. Elle peut encore les montrer.

— Écoute, vil flatteur ! dit Suzy à mon oreille, si tu as le malheur de faire à cette perruche le moindre compliment sur sa mini, c'est bien simple, je te tue.

Je ne pus rien répliquer, car à ce moment-là Chloé, dans la nursery, se mit à pousser des cris. Je passai la porte de communication pour jeter le coup d'œil du maître. A ma vue, Chloé cessa de hurler et clama avec force signes de la dernière énergie, qu'elle voulait dire bonjour à Don. Probablement l'avait-elle vu, postée derrière sa fenêtre grillagée, descendre de l'auto. Comme une scène, au moment délicat du coucher, aurait pu gâcher sa nuit, celle d'Emma et aussi la nôtre, j'y consentis et, suivi de Suzy, je la pris par la main et descendis au rez-de-chaussée. Il est de fait qu'elle aimait tout de Donald : ses continuels petits cadeaux, ses palpations qu'elle prenait pour des chatouilles, et aussi ses guérisons car, malade exemplaire par l'acceptation de tous les soins, même les plus douloureux, elle l'était aussi par la gratitude.

Dans la salle de séjour, à peine eut-elle vu Don qu'elle se précipita sur lui et, s'aidant des mains et des pieds elle escalada une de ses jambes et, s'accrochant au bras qu'il lui tendit, elle se haussa jusqu'à son cou, s'y pendit, et avançant démesurément les lèvres, l'accabla de baisers accompagnés de « Hou ! Hou ! » délirants.

Elle se serait bornée à cette démonstration sans s'occuper des dames, si Emma, toujours soucieuse de ses bonnes manières, ne lui avait enjoint de leur serrer la main. En l'occurrence, ce fut une recommandation malheureuse.

Chloé tendit d'abord la main à Phyllis et à Evelyn tout en considérant leurs minijupes avec curiosité : « *Toi baigner piscine ?* » demanda-t-elle à Phyllis qui avait dû tout oublier de l'ameslan de ses jeunes années, car elle ne comprit pas. Mais c'est parvenue devant Mary qu'elle marqua le plus grand intérêt. Visiblement, la longueur de sa jupe, son ampleur, ses plis majestueux et les perroquets qui la décoraient la fascinaient.

— Elle admire ta jupe, dit Donald.

En fait, elle ne faisait pas que l'admirer. Elle se demandait le parti qu'elle en pourrait tirer. Elle commença par se baisser et par se saisir du volant qui en ornait le bas, si bien qu'on eut l'impression qu'elle allait y poser ses lèvres par pure dévotion. Mais au lieu de cela, elle éleva vivement la jupe à bout de bras et se fourra dessous en riant comme une folle.

La commotion fut considérable. Mary rougit, pâlit, poussa des hurlements aigus et des deux mains, sans relever sa jupe, essayait de repousser Chloé en criant :

— Suzy, je vous prie, aidez-moi ! Éloignez de moi ce petit monstre ! Il se cramponne à mes jambes !

— Ne criez pas ! dit Suzy. Plus vous criez, plus Chloé a peur ! C'est parce qu'elle a peur qu'elle se colle à vous !

Donald, trouvant l'occasion trop belle, se mit à rire à gorge déployée, imité sans retenue par les jeunes et par Phyllis qui s'écroula sur un fauteuil, les deux mains sur le visage, secouée par un irrépressible rire.

— Mary, dit Suzy, pour l'amour du ciel, cessez de crier !

Finalement, Suzy prit le parti de s'agenouiller, de passer elle aussi la tête sous la robe de Mary (les rires redoublèrent) et réussit à défaire les mains de Chloé qui, en proie à une terreur folle, s'était mise, elle aussi, à hurler. J'avais tourné le dos pour ne pas gêner Mary mais la tête à demi sur l'épaule, j'observai toute la scène. Quand Suzy réussit à récupérer notre « petit monstre » elle l'emporta prestement à l'étage au-dessus. Je fis asseoir Mary et lui tendis un grand verre d'eau.

— Merci, Ed, dit Mary encore tremblante, et jetant un regard sévère autour d'elle, elle ajouta : toi seul t'es conduit comme un gentleman. Toi et Suzy. Je n'en dirais pas autant des autres.

Cette remarque acide fit taire les rires, sauf celui de Phyllis qui, visiblement, échappait à son contrôle.

— Il ne fallait pas crier, c'est tout, dit Donald. Qu'avais-tu besoin de pousser tous ces hurlements ! Que craignais-tu ? Que Chloé te viole ?

— Tu es un homme, dit Mary avec un air de dignité. Comment saurais-tu ce que c'est que la pudeur ?

Cette remarque fut suivie d'un silence étonné qui rendit, par contraste, plus bruyant le rire de Phyllis.

— Arrête, Phyllis ! dit Mary avec irritation. Arrête de faire l'idiote !

Phyllis ôta les deux mains de son visage et pendant une pleine seconde, elle continua à pouffer. Puis sa bouche grande ouverte pour rire se forma en rectangle comme un masque de la tragédie grecque, son visage exprima une souffrance enfantine et du rire, elle passa sans transition aux sanglots, ses yeux remplis de larmes fixés sur ceux de Mary.

— Je sais bien, dit-elle d'une voix entrecoupée, que je suis idiote ! Ce n'est pas la peine de me le rappeler !

Mary parut interdite et resta droite sur sa chaise, incapable de bouger et même de parler. Nous sentîmes tous, je crois, cette impuissance et elle ajouta à notre gêne, les pleurs de Phyllis appelant visiblement une consolation. Finalement, Donald s'avança vers sa belle-sœur, posa la main sur son épaule et lui dit :

— Tu sais, Phyllis, entre sœurs, il arrive qu'on se dise des choses... Mais cela ne tire pas à conséquence.

Evelyn s'avança aussi et l'embrassa en lui disant de ne pas pleurer, que cela allait gâter son maquillage, et que ça serait dommage, car elle était justement en beauté ce soir, et que la minijupe lui allait fort bien.

— C'est vrai, ça, Ed ? dit Phyllis en levant sur moi ses yeux pleins de larmes.

— C'est vrai, Phyllis, elle te va à ravir et je comptais d'ailleurs te le dire.

— Je suis désolée, Phyllis, dit enfin Mary, mais d'une voix froide et sans bouger de sa place.

Cependant, à sa pâleur, et à l'expression de ses yeux, j'eus l'impression qu'elle était plus touchée par les sanglots de son aînée qu'aucun d'entre nous, contrairement à ce que notre compassion superficielle aurait pu laisser croire.

Là-dessus, la porte s'ouvrit, Suzy entra, vit en un clin d'œil les larmes de Phyllis, la prit par le bras et lui parlant moitié-français et moitié-anglais, (sabir que Phyllis adorait) l'entraîna à l'étage, dans la salle de bains « pour réparer les dégâts ».

La soirée se passa plus agréablement que ce début aurait pu le laisser prévoir, un somnifère ayant été administré à Chloé et Mary, quand Suzy redescendit de l'étage avec Phyllis repomponnée, donnant à sa sœur un baiser de paix que celle-ci lui rendit avec effusion. Dès que les jeunes se furent retirés dans la salle de jeux pour y écouter de la musique (« pas trop fort à cause de Chloé ») on prit le café dans le living et je racontai à Don les exploits de Chloé dans le domaine du langage.

— Je ne voudrais pas diminuer les mérites de Chloé, dit Don. C'est une petite fille très intelligente et très entreprenante...

— Trop entreprenante, dit Mary avec ce qui ressemblait à un sourire et à un début d'humour.

— Mais, poursuivit Don, la chimpanzée Washoe des Gardner et la gorille Koko de Penny Patterson ont toutes les deux utilisé le langage pour mentir et pour insulter leurs instructeurs. La palme de l'effronterie revient dans ce domaine incontestablement à Koko à qui Miss Patterson reprochait de l'avoir mordue. Non seulement Koko en ameslan nia le fait et prétendit que la cicatrice que lui montrait son instructrice était due à une écorchure, mais pour mettre un terme à la contestation, elle affirma : *Koko pas dents.*

On rit et Suzy remarqua :

— Ce n'est pas seulement drôle, c'est enfantin et touchant de la part de cette grosse gorille. Au fond, elle a honte d'avoir mordu sa petite maîtresse et plutôt que de l'avouer, elle a préféré nier l'existence de sa formidable mâchoire.

— Bien avant que ta Chloé ait commencé à mentir, dit Donald, certains linguistes avaient affirmé que Washoe ne parlait pas un vrai langage, puisqu'elle n'utilisait pas le langage pour déguiser la vérité. Affirmation imprudente que les faits ont pulvérisée.

— A mon avis, dis-je, les linguistes auraient pu éviter cette erreur. Dans la mesure où les mensonges de comportement abondent dans le règne animal, ils auraient bien dû penser qu'apprendre une langue à un primate, c'était lui donner un nouveau moyen de mentir.

— Comment ? dit Mary d'un ton choqué. Les animaux mentent eux aussi ?

— A commencer par ton chat, ma chère, dit Don. Quand il attrape une souris, il fait semblant d'être distrait et de ne plus s'occuper d'elle pour lui donner l'illusion de la liberté et dès qu'elle s'éloigne, pan ! il lui remet la patte dessus.

— Le monstre ! dit Phyllis. Mais comme il est mignon, quand il fait cela !

Je me tournai vers elle et sur son bras posai ma main que je retirai aussitôt, ayant capté une petite lueur dans l'œil de Suzy.

— Ma chère Phyllis, dis-je, si tu trouves ce chat mignon, comment vas-tu qualifier les manigances libertines de certaines femelles babouines que Hans Kummer a observées dans la nature ?

— Oh ! Une histoire cochonne ! dit Phyllis toute frétillante. Ed, comme c'est gentil à toi ! Heureusement que tu es là pour t'occuper de moi, me faire des compliments sur ma minijupe et me rappeler que je suis une femme...

— Tu ne risquais pas de l'oublier, dit Mary, mi-figue mi-raisin.

— Ce n'est pas vraiment une histoire cochonne, dis-je en évitant de regarder Suzy. Cette femelle était une babouine hamadryas et chez les babouins, le mâle dominant est le possesseur exclusif d'un harem sur lequel il garde un œil jaloux.

— Est-ce que cela veut dire, dit Phyllis, que les autres mâles n'ont pas le droit...

— Aucun.

— Ça ne me paraît pas très équitable, dit Phyllis avec une moue attristée.

— A moi non plus. Pour en revenir à la femelle babouine, s'écartant un jour insensiblement du mâle dominant, elle alla s'asseoir derrière un rocher de façon que son seigneur et maître ne vît plus que sa tête et ses épaules. Et que faisaient ses mains pendant ce temps ? Elles toilettaient un autre mâle qui, lui, était complètement caché par le rocher.

— Ah ! Je suis déçue ! dit Phyllis. J'aurais cru qu'elle irait plus loin !

— Ce n'était pourtant déjà pas si mal ! dit Don. Elle a été capable de calculer avec précision comment il faudrait qu'elle s'y prenne pour maintenir aux yeux de son conjoint une apparence innocente tout en se livrant à une occupation coupable. C'est un mensonge de comportement tout à fait remarquable.

— Franchement, dit Mary d'un ton irrité, je finis par être un peu écœurée par ce genre de propos. Je vais vous dire, Don et Ed, oui, tous les deux, Ed aussi ! quand il s'agit des primates, je vous trouve complètement fous ! Excuse-moi, Suzy, mais toi aussi, je trouve que tu t'es laissé contaminer ! C'est quand même un peu fort, quand on y réfléchit. Chloé ment comme une arracheuse de dents, et vous voilà tout contents ! Elle dit des gros mots, elle insulte Emma, vous êtes au comble de la joie !

— Tu me rappelles Shakespeare, dit Don.

— Shakespeare ? Que vient faire Shakespeare là-dedans ? dit Mary avec humeur.

— Tu te souviens que, dans *la Tempête*, Prospero, jeté sur une île déserte, avait deux serviteurs : le délicieux Ariel qui volait dans les airs pour exécuter ses ordres et le ténébreux Caliban, bête brute, velue et primitive, bref, une sorte de primate ? Tu te rappelles aussi que Prospero, non sans mal, lui apprend à parler. Ce que Caliban, au cours d'une querelle, ne manque pas de lui reprocher. Voici ses propres termes : « Vous m'avez appris à parler et tout le profit que j'en ai, c'est que je sais jurer. » Tu ne trouves pas que c'est génial comme prémonition de la part de Shakespeare ? Il a prévu qu'on enseignerait le langage aux primates !...

— Bien sûr, c'est génial, dit Mary. Mais Shakespeare, lui, il déplore les jurons, les insultes et les mensonges. Il les déplore du point de vue moral.

— Mais nous aussi, dit Don. Mais d'un autre côté, nous nous en réjouissons au point de vue linguistique. Tu n'as jamais entendu un médecin parler d'une « belle » maladie ? Est-ce que cela veut dire qu'il l'admire ?

CHAPITRE V

Comme, faute de pouvoir la garder au bungalow, Juana était obligée d'amener chaque matin María de los Ángeles à Yaraville, cela posait quelques problèmes dont j'ai déjà donné un aperçu, Juana vivant dans la terreur (à demi sincère, à demi affectée) de voir sa petite nièce mordue, démembrée et, qui sait, mâchée et avalée par un animal sauvage — sans compter, en attendant, les risques qu'elle courait de ne pas acquérir le langage des chrétiens ou de régresser au contact d'une primate à un stade primitif.

Comme il ne se passait rien qui pût justifier des craintes aussi dramatiques, les deux amies, malgré quelques bisbilles s'entendant très bien, Juana se revanchait de ce que ses sombres prédictions fussent toujours démenties en faisant, à l'occasion, des comparaisons entre les deux petites compagnes, qui étaient invariablement laudatives pour l'une et injurieuses pour l'autre. Cette partialité agaçait fort Suzy qui, à son tour, ne manquait pas de signaler, sans les souligner outre mesure, les points forts de Chloé. Aux chamailleries inévitables entre les deux enfants s'ajoutait ainsi une sourde rivalité entre les « mères ».

— Señora, dit un jour innocemment Juana, est-ce qu'on ne dit pas en anglais « singer [1] » pour signifier qu'on imite ?

1. To ape.

— En effet, Juana, on dit « singer ».

— Alors, répliquait Juana, d'où vient que votre petit singe (elle ne disait jamais « Chloé ») imite les animaux moins bien que María ? Par exemple, María sait reproduire le « cot-cot-cot » de la poule, le « miaou » du chat, le « meuh » de la vache, le « bêh » de la brebis, tandis que votre petit singe ne sait que faire le chien. Et encore, il n'a pas grand mérite à cela, vu que son « ouah ! » n'est pas très différent du « ouah ! ouah ! » du chien.

La remarque faisait grand honneur à l'esprit d'observation de Juana et force était à Suzy d'admettre qu'elle avait raison, même si elle touchait là un point sensible.

— C'est exact, Juana, disait Suzy. J'ajoute que si Chloé savait imiter comme María les cris des animaux, elle saurait imiter aussi les sons articulés que nous émettons. Et alors, elle parlerait. Et comme vous savez, Juana, elle ne parle pas.

— Eh oui ! Señora ! disait Juana avec un soupir, eh oui !

— Cependant, poursuivit Suzy, elle est intelligente.

— Vous croyez, Señora ?

— Oui, Juana, disait Suzy d'une voix suave. Elle est intelligente. Et la preuve, c'est qu'elle est propre...

— Sauf quand elle *se emociona* [1], dit Juana qui, dans son trouble, oublia son anglais.

— Mais cela ne lui arrive pas tous les jours, ni à plus forte raison, plusieurs fois par jour.

Ce qui était encore le cas de María de los Ángeles, dont les anges gardiens, dans ce domaine, n'étaient pas assez vigilants, alors même que la pauvrette était, de quelques mois, l'aînée de Chloé. Faute très vénielle, à la vérité, comparée à la carence verbale de notre élève, mais que Juana ne prenait pas à la légère, voyant une sorte de déshonneur pour l'espèce humaine d'être surclassée, sous le rapport de la propreté, par un petit singe.

A quelque temps de là, Concepción offrit pour sa fête une petite auto à pédales à María. Elle l'apporta un vendredi après-

1. S'émotionne.

midi dans sa vieille Ford bringuebalante, et comme elle était pressée d'embrasser sa tante et surtout sa fille (un enfant de l'amour dont le père, à la naissance, s'était envolé pour aller butiner d'autres fleurs) elle eut l'imprudence de déballer le cadeau sur la terrasse de Yaraville. Il est vrai que c'était l'endroit rêvé pour essayer ce genre d'engin.

Ce que fit aussitôt María qui, aidée par sa mère et Concepción, apprit très vite à peser sur les pédales pour avancer. Tout Yaraville afflua sur la terrasse pour admirer ses exploits, y compris Chloé que je tenais par la main et qui regardait la scène, immobile et médusée.

Mais sa passivité, j'aurais dû le prévoir, ne dura pas. Dès qu'elle vit María, fatiguée de ses efforts, abandonner son cabriolet, elle s'arracha à ma main et courut prendre sa place. Je sentis alors fondre sur nous la fatalité qui marche à pas rapides parce qu'elle va répandre, à défaut de sang, les cris et les larmes...

Ce fut, de la part de nos deux Mexicaines, un beau tollé, mi en anglais mi en espagnol : « Qué je vous supplie pour l'amour de Dieu, Señor, d'empêcher votre singe de mettre la main sur l'auto de María. Qu'elle va la mettre en pièces, toute neuve et belle qu'elle est. Casser le volant, arracher les roues, défoncer la tôle ! Qué c'est un véritable brise-fer que votre singe ! Qué le señor bien le sait qu'elle détruit tout ce qu'elle touche, que vos rideaux en savent quelque chose, et votre belle armoire aussi ! Qué ma pauvre nièce a travaillé comme une malheureuse en ville pour offrir ce beau jouet à sa fille, et qué ce serait la honte du siècle que votre singe, il la détruise en un quart d'heure, le jour même où la *pobrecita* [1] l'aura reçue en cadeau pour la fête de sa sainte... »

Cet éloquent discours en duo se poursuivit par vitesse acquise, alors même que j'avais déjà enlevé Chloé de derrière le volant, hurlante et trépignante, et tâché de l'emporter, avec l'aide d'Emma, loin du jouet fatal, tandis que Juana fichait dans

1. La pauvrette.

le dos de Suzy cette flèche du Parthe : « C'est pour le coup que votre petit singe, il va se salir ! »

La prédiction se révéla juste. Je laissai Chloé avec ses mères dans la salle de bains d'Emma et je redescendis, les joues gonflées des reproches que j'allais adresser à Concepción. Qu'avait-elle besoin de déballer son cadeau là, sur la terrasse de Yaraville, sous les yeux de Chloé ? Ne pouvait-elle attendre de le faire dans le bungalow de sa tante ? Que de cris et de larmes on aurait évités !

— Concepción ! dis-je sévèrement en mettant le pied sur la terrasse.

A ce moment-là, la jeune femme penchait son joli corps sur la petite auto de sa fille, ses longs cheveux aile de corbeau voilant à demi son visage. A entendre ma voix l'interpeller un peu rudement, elle rejeta ses cheveux en arrière, tout en se redressant d'un mouvement souple et gracieux. Et dardant sur moi, entre ses longs cils noirs, un regard si enveloppant que je me sentis comme saisi par lui, elle dit d'une voix caressante :

— Si, Señor ?

Ma semonce gela sur mes lèvres. Ce que voyant, Concepción, tout en conservant à mon égard une attitude de feinte déférence, accompagna son regard d'un sourire complice et malicieux qui avait l'air de me dire : « Tu vois bien que tu ne peux m'adresser que des paroles douces et amicales. »

Douces et amicales, elles le furent en effet, plus que je n'aurais voulu.

— Concepción, dis-je, je vous serais obligé de faire disparaître la petite auto dès que possible et de la laisser désormais dans le bungalow de votre tante.

— Si, Señor, dit-elle de l'air d'une reine qui accorde une faveur.

Je lui tournai le dos. J'étais furieux contre Concepción, contre moi-même, bien sûr, et aussi contre Juana qui avait observé toute cette scène sur le seuil de sa cuisine avec un petit sourire qui en disait long sur la faiblesse des hommes.

Le vendredi de la semaine suivante, Suzy prit l'auto pour

aller à la ville chercher les enfants et les ramener pour le week-end. Comme toujours, elle en profita pour faire quelques courses et pour rapporter à Chloé une auto à pédales : réaction maternelle à laquelle j'aurais dû m'attendre.

On la cacha jusqu'au lendemain après le petit déjeuner. Après quoi, dans toute sa gloire, on la dévoila à Chloé. Elle était, non pas rouge comme celle de María, mais bleue, couleur que notre élève affectionnait.

Elle fut ravie. Nous fûmes déçus. Car elle voulait bien, derrière le volant, se propulser sur la terrasse, ses pieds prenant appui sur le sol, mais malgré nos patientes démonstrations elle ne put, ou ne voulut pas, se servir des pédales. En somme, force était de constater qu'elle se montrait là très inférieure à María de los Ángeles et que, si Juana avait été présente (par bonheur, c'était un samedi), elle aurait eu quelques raisons de triompher.

Comme je voyais que Suzy était très contrariée par cet échec, je proposai d'emmener l'auto et l'automobiliste avec nous en promenade, les deux garçons et Elsie proposant aussitôt de nous accompagner. Je fixai une solide cordelette sur le pare-chocs avant et une autre sur le pare-chocs arrière, la première pour aider Chloé dans les montées, la seconde pour la retenir dans les descentes, et l'une et l'autre, selon les cas, pour l'empêcher de tomber dans le ravin qui bordait notre petite route de terre jusqu'à l'épingle à cheveux.

Pour tenir les deux cordes du cabriolet, les deux garçons furent l'un et l'autre volontaires et cela marcha très bien tant que le chemin descendit. Chloé, n'ayant pas à se propulser avec les pieds qu'elle reposait à côté d'elle sur la banquette, apprit très vite à donner à droite et à gauche des petits coups de volant mesurés pour corriger sa direction. Mais après l'épingle à cheveux, seul endroit de notre route qui soit humide, feuillu et à l'abri des vues (et où Suzy et moi, quand nous étions seuls, faisions une petite pause-baiser) la route commença à monter et Chloé, se fatiguant vite à pousser avec les pieds sur ce terrain rocailleux, s'immobilisa et se mit à geindre.

Voyant quoi, Jonathan, qui tenait la corde du devant, la tira.

Le cabriolet s'ébranla et Chloé, satisfaite, remit les pieds sur la banquette et se concentra sur le volant. Cependant, quand on arriva sur la route goudronnée qui était plate et présentait une surface unie, Jonathan arrêta ses efforts et, se retournant, dit en anglais :

— Et maintenant, Chloé, tu emploies tes pieds !

Chloé feignant de ne pas comprendre, Emma lui répéta la suggestion en ameslan et cette suggestion restant sans effet, Suzy saisit les pieds de Chloé et les posa sur la route. Chloé les remit sur la banquette.

La situation avait quelque chose de comique. Nous étions tous les six immobiles autour du cabriolet à essayer de la convaincre : Suzy, Emma, les deux garçons, Elsie, moi-même — et le chien. Et bien que celui-ci fût muet, sentant bien que Chloé avait maille à partir avec l'autorité supérieure, il lui témoigna sa sympathie en lui donnant un grand coup de langue sur le visage. Après quoi, il resta auprès d'elle, la regardant de ses grands yeux marron.

Je finis par faire la grosse voix :

— Chloé, mets tes pieds par terre et pousse !

Je répétai l'ordre en ameslan. Rien n'y fit. Comme Suzy avait fait précédemment, je me saisis de ses pieds et les posai sur le bitume. Chloé les remit aussitôt sur la banquette. Visiblement, elle ne comprenait pas pourquoi son auto ne pouvait pas avancer, comme la mienne, de son propre chef.

— Eh bien ! dis-je, laissons Chloé sur la route. De toute façon, il n'y passe jamais personne. Nous la reprendrons au retour.

Sans qu'il fût nécessaire de lui traduire cette phrase en ameslan, Chloé comprit aussitôt et se mit à crier. Ses cris redoublèrent encore en force et en volume, quand elle vit notre petit groupe s'éloigner, à vrai dire à petits pas, Roderick ne le suivant qu'à regret, et se retournant à plusieurs reprises pour regarder Chloé derrière lui, seule dans son cabriolet bleu.

A ma grande surprise, Chloé ne sortit pas de l'auto pour

courir après nous. Elle trépigna, gémit, hurla, pleura, mais en restant assise sur son siège.

— Roderick ! appela Elsie.

Roderick se trouvait alors arrêté à mi-distance entre notre groupe et Chloé. Lui qui obéissait d'habitude si vite et si bien à sa maîtresse, il hésita. Et voyant son hésitation, je serrai le bras d'Elsie et lui dis à l'oreille :

— Ne l'appelle plus !

Cependant, Roderick s'était mis en route dans notre direction, mais lentement et tristement, tête basse et queue rabattue.

— Ouah ! dit Chloé.

Cet aboiement, unique imitation d'un cri d'animal que Chloé sût faire, était beaucoup plus simiesque que canin, mais contenait à coup sûr un appel, car Roderick s'arrêta, regarda Elsie et, constatant que, loin de réitérer son ordre, elle lui tournait le dos, il considéra que cet ordre, comme tant d'autres que lui donnaient les humains, était oublié et qu'il pouvait donc, en toute bonne conscience, l'oublier aussi.

— Ouah ! dit Chloé de nouveau sur le ton gémissant qu'elle prenait pour faire le bébé avec nous et nous attendrir. Cependant, avec nous elle ne disait pas : « ouah ! ». Elle se contentait de gémir et de jouer de ses grands yeux naïfs.

Le cœur chaleureux de Roderick devint trop grand pour sa poitrine. Il gémit à son tour et partant au galop, la queue haute, il courut retrouver Chloé. Elle soupira de bonheur tandis que baisers et coups de langue de part et d'autre se succédaient.

Pendant ces effusions, notre petit groupe, immobilisé à une dizaine de mètres de là, se permit quelques commentaires à voix basse.

— Maintenant, elle va nous rejoindre, dis-je.

— Je ne crois pas, dit Suzy.

Jonathan haussa les épaules.

— En tout cas, moi, je ne la tire pas. Elle se fout de nous !

Ariel sourit sans rien dire et sans qu'on sût exactement ce

qui l'amusait : l'obstination de Chloé ou l'indignation de Jonathan. Quant à Emma, elle était en proie à une vive émotion : le « grand amour » de Chloé et de Roderick l'attendrissait.

Quand, mettant un terme à ses étreintes avec le chien, Chloé sortit de l'auto, je crus que j'avais gagné mon pari. Je me trompais. Chloé ramassa la corde attachée à son pare-chocs avant et en noua l'extrémité au cou de Roderick. Après quoi, elle remonta dans sa voiture, reprit le volant et cette fois, sur un ton de commandement, elle dit :

— Ouah !

Roderick comprit parfaitement ce qu'on attendait de lui. Il s'arc-bouta sur ses pattes, tendit le cou en avant et démarra. Il n'y avait pas lieu d'intervenir, la route à cet endroit n'était pas dangereuse, le précipice ayant laissé place à une pente douce, interdite, au surplus, par des genêts. L'attelage approcha de nous, notre groupe se rangea de part et d'autre de la chaussée et le cabriolet bleu tiré par Roderick passa au milieu de nous, Chloé les deux mains sur le volant, souriant aux anges.

— Celle-là, alors ! dit Ariel. Elle bat tous les records de paresse !

— Ce que tu appelles paresse, dit Suzy avec véhémence, ce n'est rien d'autre que de l'intelligence. C'est quand l'homme des cavernes en a eu assez d'aller à pied qu'il s'est juché sur un cheval. Et Chloé est bien partie pour le rattraper. Elle a eu l'idée d'exploiter la force de travail d'un autre animal. Même si elle ne sait pas se servir, pour l'instant, de pédales, personne n'a le droit de dire qu'elle est idiote...

*
**

Quand Donald apprit quel astucieux usage Chloé avait fait de Roderick, il me conseilla de lui faire don d'un poney pour ses cinq ans. Le point faible de Chloé, dit Donald, c'était sa tendance à l'anarchie. Un poney la disciplinerait. D'abord parce qu'elle devrait apprendre à le monter et à le diriger, ensuite parce qu'elle en aurait la charge et devrait quotidiennement le nourrir, lui donner à boire, le brosser, et après chaque sortie, le bouchonner. Lui-même en avait fait l'expérience avec Evelyn et le résultat avait été excellent. Sans compter tout le plaisir qu'Evelyn avait retiré de ses randonnées à dos de poney, le fait d'avoir à s'occuper de lui tous les jours, même quand elle ne le montait pas, l'avait rendue responsable.

A en parler avec Suzy, la critique que faisait Donald du caractère de Chloé nous parut justifiée. C'est vrai qu'elle faisait n'importe quoi, n'importe où, avec n'importe qui, son comportement indiscipliné étant le principal écueil auquel se heurtaient nos efforts pour lui apprendre l'ameslan et une conduite civilisée. Si la présence d'un poney pouvait nous aider à corriger ce défaut cardinal, elle serait éminemment bénéfique.

Je fis choix d'un poney shetland de trois ans, de couleur blanche, d'une taille de zéro mètre soixante-dix au garrot et, mieux que débourré : dressé. Et Hunt me prêta la petite selle texane qu'il avait achetée pour Evelyn à ses débuts. Elle était magnifique, le siège étant en cuir noir et les quartiers en cuir fauve, le tout agrémenté de dessins. Comme toutes les selles texanes, le pommeau à l'avant et le troussequin à l'arrière, étaient très relevés, ce qui donnait au milieu une assise profonde susceptible de rassurer les débutants.

L'anniversaire de Chloé était un 29 novembre et la veille, comme prévu, j'allai dans la camionnette chercher le poney chez l'éleveur. C'était un samedi et Pablo demanda à m'accompagner. Il considérait qu'il n'y avait que deux occupations vraiment nobles dans la vie : l'équitation et la chasse. En outre, il avait une idée de derrière la tête qu'il ne parvint qu'au retour à faire passer devant : Est-ce que dans les moments où Chloé ne monterait pas Tiger (c'était le nom du shetland que nous ramenions) il pourrait apprendre à María à le monter ?

— Que je sais bien, Señor, que mes femmes (c'est ainsi qu'il parlait de son épouse et de sa nièce) elles vous ont demandé, pour éviter les disputes, que Chloé, elle touche pas à la petite auto de María... Que j'espère que le señor n'a pas vu de la *descortesía*[1] dans cette demande. Que mes femmes ont beaucoup de respect pour lui, mais...

Il s'interrompit et du coin de l'œil, je le vis de sa main tannée lisser sa grosse moustache poivre et sel, ne sachant véritablement pas comment, s'agissant de sa propre famille, exprimer ses réserves sur le caractère féminin.

— Mais, reprit-il, *bien es verdad que*[2] les femmes sont les femmes...

Je hochai sagement la tête à cette vérité, bien que ses implications ne me parussent pas évidentes.

— Bref, Señor, conclut-il, je serais très honoré, si vous m'accordiez la permission que je demande.

J'affermis mes mains sur le volant.

— Je vais y réfléchir, Pablo, dis-je, sur le même ton.

Ma réponse me parut dépendre beaucoup de la personne qui posait la question. A supposer que Juana m'eût adressé cette prière, aurais-je répondu « oui » ? Douteux. A supposer que le poney appartînt à Pablo, aurait-il accepté que Chloé le montât ? Pas sûr.

Par bonheur pour toutes les parties concernées, c'était moi le propriétaire du poney et à moi aussi que Pablo avait fait sa demande. Or, Pablo n'avait jamais parlé de notre élève en disant : « Votre petit singe. » Elle n'était pour lui ni anonyme ni innommable : il l'appelait Chloé et il la trouvait « *cómica y simpática* ». Il la laissait jouer avec son chapeau sans jamais se fâcher ni marquer d'impatience. Il lui réparait ses jouets. J'en conclus que « *bien era la verdad* » que les femmes étaient les femmes et que Pablo était Pablo. En foi de quoi, quand nous arrivâmes en vue de Yaraville, je dis à Pablo que pour ce qu'il m'avait demandé, j'étais d'accord. Il me fit un « *gracias* » noble mais, comment dire ? pénétré, ayant bien saisi en sa finesse paysanne que ce « oui » n'allait pas de soi.

Je descendis de la camionnette sur le parking de Yaraville et

1. Discourtoisie.
2. C'est bien la vérité que...

Pablo poursuivit sa route jusqu'au box préparé, non loin de son bungalow, pour le poney. Resté seul, je ne demeurai pas longtemps dans le noir. Les appliques extérieures de la maison s'illuminèrent et Suzy sortit du living pour venir au-devant de moi : joyeuse de me revoir et triste d'avoir à m'annoncer que Chloé souffrait d'une petite bronchite, rien de vraiment grave selon Donald, mais elle devrait garder le lit pendant une bonne huitaine.

C'est ainsi que le lendemain après-midi, je me retrouvai avec Pablo, María de los Ángeles et Tiger sur notre manège, très désireux de savoir si l'éleveur ne m'avait pas menti en affirmant que mon poney était parfaitement dressé.

C'est à moi que Yaraville doit dans la vallée l'étang, le court de tennis et le manège. Du temps de mon père, il y avait là de très bonnes prairies, bien supérieures à celles des collines où paissent nos moutons, et nous y maintenions autrefois des vaches qui nous fournissaient tout le lait dont Beaulieu et nous-mêmes avions besoin. Beaucoup de tracas, ces vaches, et peu de profit, mais mon père considérait la fourniture de lait au village comme une sorte de service social. Dès que le drugstore, du vivant même de mon père, se dressa à l'orée du bourg, nos ingrats concitoyens préférèrent le lait industriel et pasteurisé. Ils y perdirent : le nôtre était plus savoureux, sans compter qu'ils ne payaient pas toujours mon père qui, de son côté, ne leur demandait jamais rien.

Je restai en spectateur derrière les rondins qui clôturaient le manège. Pablo était en train de placer María sur Tiger. Je la regardai avec attention. Elle avait alors cinq ans et sept mois. Elle paraissait éprouver plus de trouble que de plaisir à se trouver juchée sur un animal de cette taille. Quand Pablo mit ses petits pieds dans les étriers et régla leur longueur, elle se pencha en se mordant les lèvres pour regarder ses pieds et la grande distance au-dessous d'elle qui la séparait du sol. Elle n'en écouta pas moins avec attention les explications de son oncle. Il modela ensuite la position de ses mains sur les rênes et lui apprit la rêne d'ouverture à gauche et la rêne d'ouverture à droite. Je remarquai que Pablo donnait ses explications en anglais, probablement parce qu'il comptait parler ainsi au poney, se doutant bien qu'il avait été dressé par l'éleveur dans cette langue.

Le joli visage de María trahit une vive inquiétude quand Pablo, ayant donné l'ordre à Tiger d'avancer, ordre verbal, mais qu'il souligna en traînant dans le sable derrière l'animal la mèche de sa chambrière, le poney se mit à bouger sous elle. Mais son oncle, à qui elle jetait de fréquents regards, marchait à côté d'elle et elle parut se rassurer. Pablo gagna ensuite le centre du manège et lui cria : « Rêne d'ouverture à gauche. » María obéit avec un temps de retard, ce qui permit au poney, qui avait compris l'ordre avant elle, de tourner à gauche avant même qu'elle commençât son mouvement avec sa rêne. « C'est vrai qu'il est dressé ! » dit Pablo en tournant la tête vers moi.

Quand le poney, toujours sur l'ordre de Pablo, se mit au trot, María se trouvant très secouée pâlit un peu et, à un moment donné, parut craindre de perdre l'équilibre et s'appuya sur le pommeau de sa selle, mais elle le lâcha, dès que Pablo lui en donna l'ordre et se tint droite.

La leçon dura une demi-heure, pendant laquelle María se montra tendue et docile.

— Bravo María ! lui criai-je quand, au sortir du manège, elle passa devant moi, toujours sur le poney et, me sembla-t-il, assez contente d'en avoir fini.

Elle inclina la tête gracieusement sur l'épaule et sourit en me regardant. A mon avis, sous le rapport de la coquetterie, on pouvait faire confiance à l'hérédité. Le dressage était inutile.

Juana attendait *su marido* à côté du box pour ramener María au bungalow mais Pablo, avant de la libérer, insista pour que María montât sur un petit tabouret de bois qu'il avait bricolé et bouchonnât sa monture.

J'échangeai quelques mots avec Pablo avant de le quitter. Il paraissait très content et du poney, et de la cavalière. « Voyez-vous, Señor, dit-il, elle est si appliquée qu'elle a oublié d'avoir peur. » Remarque qui me frappa par sa justesse.

Le dimanche suivant, Chloé se trouvant guérie, tous les Dale étaient debout, appuyés sur la clôture en rondins du manège et dans l'arène, le poney bridé et sellé sous ma garde. On n'attendait plus que Chloé qu'Emma devait amener de la maison sur le coup de 3 heures.

Emma apparut enfin, portant Chloé qui, à quatre pattes, aurait marché à coup sûr plus vite, mais elle n'aimait pas donner la main à une seule personne, sa bipédie étant alors si peu équilibrée qu'elle l'amenait, par intervalles, à prendre appui sur le sol de sa main libre. J'augurai, à les voir, qu'Emma avait préféré la porter pour que sa pupille ne lui échappât pas, une fois arrivée à l'étang, afin de grimper en un clin d'œil jusqu'en haut d'un bouleau qu'elle affectionnait. Son sommet était, en effet, si flexible qu'elle pouvait s'y balancer à sa guise et sa guise durait longtemps. Ni prière ni menace proférées du sol ne pouvaient y mettre un terme.

Dès que Chloé, de loin, aperçut notre groupe, elle quitta les bras d'Emma, se laissa couler à terre, contourna le court de tennis et entama sur ses quatre pattes un galop rapide pour nous rejoindre.

En apercevant Tiger, elle s'arrêta net. On avait préparé son esprit au don qu'on allait lui faire en décrivant le poney comme un très petit cheval sur le dos duquel elle pouvait monter, alors que Roderick, dans cette position, ne la tolérait pas en raison de son poids.

Malgré cela, à la vue de Tiger, sa prudence génétique reprit le dessus. Dans la forêt tropicale, tout animal plus grand que vous est un danger potentiel, puisqu'il peut se changer en prédateur. Tiger avait beau être petit comme cheval, il la dépassait néanmoins beaucoup en hauteur et en largeur.

Je hélai Chloé. Elle reprit sa marche, mais avec lenteur et circonspection. Et quand elle fut à quelques pas du poney, elle se mit en bipédie et se redressa de toute sa taille, comme si elle eût voulu se grandir pour faire impression sur Tiger. En même temps, son poil se hérissa, ses yeux brillèrent et elle renifla l'air avec force à deux reprises, essayant de capter l'odeur de Tiger.

Elle dut y réussir et cette odeur — qui, pour sa mémoire atavique n'avait rien d'inquiétant — dut la rassurer, car son poil se remit en place et elle replaça sa lèvre supérieure sur ses dents du haut que déjà elle commençait à découvrir.

Tiger de son côté tourna placidement la tête, la regarda et la huma. Il ne fut pas sans discerner qu'elle avait une apparence et un fumet quelque peu différents des nôtres. Mais il ne s'en inquiéta pas. Puisque cela marchait sur deux pattes, et le regardait avec des yeux fixes, c'était une sorte d'homme, après tout. D'ailleurs, comme souvent les poneys (qui pour cette raison, à mon avis, vivent plus vieux que les chevaux), Tiger avait un caractère flegmatique, à la limite de l'insouciance.

J'attirai Chloé à part, je mis un sucre dans sa main et je lui dis de le présenter à Tiger, la paume de la main bien à plat. Chloé regarda le sucre et je crus un moment qu'elle allait le mettre dans sa propre bouche. Mais, pour une fois, elle sut résister à sa gourmandise. Elle me tendit l'autre main, je la pris et ainsi protégée par moi, elle osa s'approcher de Tiger et au bout de son long bras, la paume bien ouverte, elle lui tendit le sucre.

Dans son élevage natal, Tiger n'avait pas dû souvent être à pareille fête. Il flaira l'offrande, la cueillit de ses lèvres agiles (qui sous le rapport de la mobilité n'avaient rien à envier à celles de Chloé) et à peine gêné par son mors, la broya avec délices entre les meules de ses mâchoires.

— *Petit cheval aimer sucre,* dit Chloé en se tournant vers moi.

Elle fit ces signes d'une façon joyeuse, comme si le fait d'aimer le sucre témoignait chez Tiger de bons instincts, et par conséquent, la rassurait.

Le moment était venu de passer aux actes. Je pris Tiger par la bride, je lui fis faire un tour de manège au pas, Chloé marchant entre Tiger et moi, la main appuyée sur l'épaule du poney. Ma première idée avait été de prendre Chloé dans mes bras et de l'asseoir d'autorité sur la selle texane, mais à la réflexion, je craignis de la dégoûter à jamais en brusquant les choses. Chloé me donna raison car, ayant fait deux tours de plus sur le sol mou du manège qui lui rendait la bipédie pénible, elle tira sur mon pantalon pour m'arrêter et dit :

— *Chloé monter petit cheval.*

C'était le bon sens même et il ne m'étonnait pas de la part de quelqu'un qui avait inventé le cabriolet à traction canine. Je tendis les bras à Chloé, elle m'escalada et je l'installai sur la selle. Je me fis la réflexion que ses jambes étaient bien courtes comparées à celles de María et je raccourcis de beaucoup les étriers. Quand ce fut fini, je posai son pied droit sur l'étrier droit et, faisant le tour de Tiger, je posai son pied gauche sur l'étrier gauche. Puis, revenant à mon point de départ, je resserrai la sangle de la selle. A ce moment, les spectateurs accoudés sur les rondins de la clôture se mirent à rire. Je levai la tête. Chloé avait remis les pieds sur sa selle et était occupée à délacer ses chaussures et à enlever ses chaussettes. Je la laissai faire, pensant que ses pieds nus seraient peut-être plus à l'aise dans les étriers. Mais telle n'était pas son idée. Car, dès que ses pieds furent retournés à l'état naturel, elle les étendit devant elle, et ayant atteint l'avant de la selle, elle les arrima fortement l'un au pommeau et l'autre au champignon qui surmonte le pommeau : arrimage d'autant plus solide que ses pieds étaient préhensiles. Il y eut des rires de nouveau.

— Et maintenant, dis-je, qu'est-ce que je fais ?

— Ce n'est pas très cavalier comme attitude, dit Elsie, toujours un peu puriste. Tu sais à quoi elle ressemble ? A un touareg sur son chameau.

— Pas du tout, elle est géniale ! dit Jonathan. De toute façon, avec le peu de pince qu'elle a, je me demande bien quelle assiette elle pourrait avoir avec les pieds dans les étriers.

— Qu'en penses-tu, Suzy ? dis-je.

— Laisse-la comme elle est. Elle a trouvé la posture qui convenait le mieux à sa conformation.

Quinze jours auparavant, dans le box de Daisy, la petite jument d'Elsie, j'avais appris à Chloé le maniement des rênes. Je le lui rappelai et en faisant quelques pas avec elle, je constatai qu'elle obéissait parfaitement aux ordres en anglais que je lui donnais.

— On y va, Chloé ?

Elle fit oui de la tête, tenant parfaitement les rênes entre le pouce et la première phalange de l'index. Je donnai une petite tape sur la croupe de Tiger et il se mit en marche, mais à petits pas et sans se fatiguer beaucoup, ayant appris dans le monde des hommes à ménager ses forces. Au bout d'un tour, ne trouvant pas suffisant le branle de sa monture, Chloé lui donna elle-même une tape sur la fesse, assurément plus forte que la mienne. Tiger se mit au petit trot, mais Chloé, de toute évidence, n'était pas encore satisfaite. Elle ne devait pas trouver le balancement sous elle de ce large dos aussi grisant que sur son bouleau le balancement de la branche faîtière qu'elle aimait tant chevaucher. Elle se retourna à demi et assena à Tiger deux formidables claques sur son arrière-train. Pour le coup, il comprit. Il n'avait pas affaire à María de los Ángeles ! C'était un autre genre de cavalier ! Il partit pour de bon au galop. Chloé découvrit ses dents du bas et se mit à rire de son rire haletant. Plus elle était secouée, plus elle riait.

Je commençai par admirer son assiette. Par malheur, c'est au moment où je l'admirais le plus qu'elle commença à se livrer à de damnables excentricités.

D'abord, elle rassembla les rênes dans sa main droite et leva en l'air son bras gauche, attitude qu'elle adoptait souvent quand elle était étendue, peut-être pour se délasser. Ensuite, se tenant au pommeau par un seul pied, elle posa l'autre pied sur sa poitrine. Et enfin, elle se renversa complètement en arrière, sa tête passant par-dessus le troussequin et ses yeux fixés sur les nuages, n'ayant plus aucun contrôle, par conséquent, sur son chemin. Enfin, elle se désintéressa complètement de ses rênes et les laissa glisser à terre. Heureusement, elles étaient trop courtes pour que Tiger pût se prendre les pieds dedans. D'ailleurs le poney, sentant bien qu'il se passait sur son dos des choses anormales, passa lui-même du galop au petit trot. Je me portai devant lui, il se mit au pas, je le saisis par la bride sans un mot, je le ramenai au box, Chloé sur son dos faisant des signes véhéments que je feignais de ne pas voir.

Dans le box, cela ne se passa pas très bien. Je fis des reproches à Chloé, j'énumérai en anglais et en ameslan toutes les fautes qu'elle avait commises. Elle pleura. Quand je l'enlevai du dos de Tiger, elle hurla. Et quand ayant désellé et débridé le poney, je lui demandai de le bouchonner, elle me tourna le dos.

Emma et Suzy l'emmenèrent, les enfants suivirent, silencieux, et je restai seul à bouchonner le poney qui était couvert de sueur.

Au bout d'un moment, quelqu'un vint s'accouder à la demi-porte du box. C'était Pablo. Il avait tout vu de son bungalow et il s'offrit à bouchonner le poney à ma place. Cela me toucha, surtout de la part de Pablo. Je compris qu'à sa manière, il essayait de me consoler de ma déception. Néanmoins, comme c'était son jour de repos, je refusai son aide. Et il resta là, à me regarder. Je finis mon ouvrage, je donnai à boire à Tiger, lui mis sous les naseaux un sucre qu'il happa promptement et je sortis du box. Pablo se tenait devant moi, son chapeau cabossé en arrière de la tête, en train de lisser sa moustache.

— Señor, dit-il, je vais vous dire. Chloé, c'est une véritable athlète. Elle était aussi à l'aise sur ce poney au galop que moi dans mon fauteuil devant la télé. Mais elle a un gros défaut. Elle fait les choses *por la libre*[1].

Les enfants ayant téléphoné à Evelyn de les rejoindre au tennis pour faire un double, je fis une promenade avec Suzy sur la route et Suzy, pour rompre le silence, me demanda comment les choses s'étaient passées le dimanche d'avant avec María de los Ángeles et le poney.

— Tout le contraire de Chloé. María appartient à une espèce qui entretient un rapport de supériorité et de domination avec tous les animaux : elle n'a donc pas eu peur de s'approcher du poney. Mais en revanche, elle n'a éprouvé aucun plaisir à se trouver juchée sur son dos. Et elle s'est paniquée, dès qu'il a

1. Anarchiquement.

bougé. Cependant, à force d'application, elle a dominé sa peur, en grande partie pour plaire à son oncle. Exactement comme Elsie sur son premier cheval a dominé la sienne pour que son Papa soit content d'elle. Quant à Chloé, elle a eu peur avant, mais non après. Après, dès qu'elle a reconnu que l'animal était inoffensif, tu l'as vue de tes yeux, ce fut le comble des délices et des délires. Et partant, plus d'application, plus de discipline ! elle a fait n'importe quoi ! Nous qui avons donné Tiger à Chloé pour la discipliner et la responsabiliser, le moins qu'on puisse dire, c'est que, jusqu'ici, ce n'est guère un succès.

— Jusqu'ici, dit Suzy, mais après tout, c'est sa première leçon.

Il est exact que le comportement de Chloé s'améliora quelque peu au cours des leçons de manège qui suivirent. En revanche, il fallut sans cesse lui rappeler que les jours où elle ne montait pas Tiger, il continuait à boire, à manger, à avoir besoin d'un morceau de sucre, d'un coup de brosse ou tout simplement d'un peu de compagnie. Le plus surprenant dans ses oublis répétés, c'est qu'elle l'aimait bien, quoiqu'elle n'eût pas noué avec lui des liens aussi profonds qu'avec Roderick.

Mais il y eut pire. Un jour d'avril, si j'ai bonne mémoire, je me dirigeai, tenant Chloé par la main, en direction du box de Tiger, afin de l'aider à le seller, quand Suzy me héla par une fenêtre de Yaraville : on m'appelait au téléphone. Je laissai là Chloé en lui disant de gagner seule le box et de brosser Tiger en m'attendant. Quand le coup de fil, qui dura plus longtemps que prévu, fut terminé, je gagnai le box. La demi-porte était ouverte et le box vide. Vide de Tiger et de Chloé, cela s'entend, car la selle et la bride étaient à leur place.

Je courus prendre mes jumelles et grimpai sur le sommet de la colline derrière Yaraville. Elle donnait une bonne vue sur tout le pays à l'entour et je distinguai avec netteté Chloé et sa monture sur la route rouge de mon domaine. Je mis mes jumelles au point et je vis Chloé allongée de tout son long sur le dos de Tiger, les deux pieds accrochés à son épaisse crinière, une main derrière sa propre tête tenant la queue de sa monture et l'autre bras dressé verticalement dans l'attitude qu'elle affectionnait. Je la suivis un assez long moment, focalisant mon attention sur ses pieds et tâchant de voir si elle essayait de guider Tiger à droite et à gauche. Il n'en était rien. D'ailleurs, couchée comme elle l'était, et les yeux au ciel, elle se souciait aussi peu du chemin qu'elle prenait que les petits nuages blancs qu'elle aimait suivre du regard, quand elle était allongée sur le dos.

Quand Suzy vint me rejoindre sur la colline où, de la maison j'étais bien visible, je lui tendis sans un mot les jumelles, pointant mon doigt en direction de la route. Elle regarda et se mit à rire, attendrie.

— Qu'elle est drôle !

— Drôle ! dis-je avec irritation. Elle fait n'importe quoi ! elle ouvre le box de Tiger, elle le monte sans selle ni bride, elle ne sait pas où elle va et elle se balade seule sur la route !

— A cette heure-ci, il ne passe pas d'auto.

— Il suffit d'une fois. Et elle est en train de dédresser Tiger. Il va me falloir une demi-heure de manège pour rattraper cela.

Elle reprit les jumelles.

— Tu sais où ils sont maintenant ? Sur le grand champ après l'épingle à cheveux. Il broute et elle regarde le ciel en bayant aux corneilles.

— Viens, dis-je, cette farce a assez duré !

Je savais d'avance ce qui allait se passer. Et j'étais fatigué d'avance de ces gronderies, de ces postures de soumission, de ces baisers de paix, et des effusions sans fin qui les suivaient. Ah ! Certes ! Une fois de plus, j'allais, comme Suzy, me laisser attendrir par les beaux yeux marron clair qui brillaient en se fichant dans les nôtres de tous les feux d'une ardente affection. Je dis « ardente », je devrais peut-être dire « brûlante » ou « éperdue », pour rendre l'intensité de ses transports et le sentiment qu'elle avait de regagner notre amour après avoir failli le perdre.

Tout rentra dans l'ordre. Je sellai et bridai Tiger, je juchai Chloé dessus et je leur infligeai à tous deux et à moi-même par conséquent, une demi-heure de manège. Après cette morne routine, je rendis Tiger à son box (non sans l'avoir fait bouchonner par la pénitente) et Chloé à Emma. Et j'allai faire un petit tour avec Suzy sur la route. Elle glissa son bras sous le mien « pour m'adoucir », dit-elle.

— J'en ai bien besoin. Samedi dernier, j'ai autorisé Pablo à prendre le poney et tu sais ce que j'ai vu ? Pablo suivait la route sur son grand cheval et derrière lui, María sur le poney ! Sur la route ! Faut-il qu'il soit sûr d'elle ! Je n'oserais jamais faire une chose pareille avec Chloé. Dieu sait à quelles excentricités elle se livrerait derrière mon dos !

— On ne peut pas les comparer, dit Suzy, María est plus âgée.

— Non, non, ma chérie, María n'est pas plus âgée. Elle a un an de plus, c'est différent. En fait, elle est moins mûre, pour la raison que le développement inscrit dans les gènes de Chloé est beaucoup plus rapide. Chloé, à cinq ans, perd déjà ses dents de lait, María pas encore. A sept ans, Chloé sera pubère. María, pas avant dix douze ans. Chloé a une espérance de vie de quarante-cinq ans. Et María de soixante-quinze ans.

— Pourtant, dit Suzy, ce n'est pas parce que je suis sa mère...

Elle s'interrompit et se mit à rire.

— Pourtant ? dis-je.

— Pourtant, il me semble que Chloé, individuellement, est bien supérieure à María.

— Comment ?

— En vivacité d'esprit et en inventivité

— Admettons-le, dis-je. Mais quand María aura maîtrisé le langage articulé et, par voie de conséquence, la lecture, l'écriture et le calcul, sa supériorité génétique l'emportera alors de beaucoup sur la supériorité individuelle de Chloé.

— C'est injuste, dit Suzy, les sourcils froncés, tu ne trouves pas ?

— Injuste ? Oui, mais qu'y pouvons-nous ? Est-ce notre faute si notre espèce a divergé de la sienne il y a trois millions d'années ?

Suzy se rembrunit.

— N'empêche, je trouve cela triste.

— Je sens, dis-je, que cela va être à mon tour de te consoler.

— Non, non, non, tu n'y arriveras pas ! Pauvre Chloé ! Condamnée à être la parente pauvre dans une famille trop riche.

***

Deux ou trois semaines plus tard, un incident survint qui me donna une bien meilleure opinion de Chloé.

Pour commencer, Juana tomba malade. Cela ne lui arrivait pas souvent et c'était heureux, car elle avait une façon bien irritante d'être souffrante. Elle refusait de se coucher, de se soigner et même de prendre sa température. En fait, elle niait son état dans l'espoir plus ou moins conscient que cette négation suffirait à le faire disparaître. Suzy, dès qu'elle remarqua sa pâleur, son essoufflement et le ralentissement de ses gestes, la pria instamment de regagner son bungalow, de se reposer et d'appeler un médecin. Pablo, qui se trouvait présent, appuya avec force cette suggestion.

— Je ne vais pas, dit Juana d'une voix faible, me mettre au lit pour un petit malaise de rien du tout. D'ailleurs, je me sens déjà mieux…

Ayant dit, elle se donna à elle-même le démenti en s'écroulant, évanouie, sur le carreau de la cuisine, la casserole pleine d'eau qu'elle tenait à la main tombant sur elle. Fort heureusement, elle n'avait pas eu le temps de la mettre sur le feu. Elle se mouilla, mais sans s'ébouillanter.

On releva Juana, on la porta dans sa maison. Pablo et Suzy la mirent au lit et d'autorité, ils appelèrent un médecin. Il diagnostiqua une forte grippe. Et remarquant des jouets çà et là dans la maison, il dit à la malade :

— S'il y a un enfant ici, il vaudrait mieux qu'il ne vous approche pas.

Et c'est ainsi que Suzy dut s'occuper à Yaraville d'un enfant de plus, non sans que Juana lui demandât, les larmes aux yeux, de ne pas laisser María seule « une seconde » avec Chloé.

— A l'entendre, dit Suzy, on eût dit que Chloé lui paraissait plus redoutable que le virus de la grippe.

Toutefois, le danger ne vint pas de Chloé, ni de la grippe, mais du chien berger de Pablo, lequel, non sans intention maligne — le nom en Amérique latine désignant un « yankee » —, Pablo avait appelé « Gringo ».

Ce chien était excellent pour les moutons, mais c'était bien sa seule vertu. De Yaraville à Beaulieu, on aurait trouvé difficilement un corniaud plus affreux et plus hargneux que ce Gringo. Son agressivité était sans limite et sa haine s'étendait à tous les animaux, y compris aux bipèdes et en particulier aux femmes et aux enfants.

Bref, ce Gringo, aussi difficile à vivre que laid à voir, s'était rendu si insupportable à tous que je suggérai à Pablo, quand ce monstre eut un an, de le faire couper dans l'espoir de diminuer son agressivité. Mais Pablo, grand admirateur du principe mâle dans la création divine, prit très mal la suggestion.

— Señor, dit-il noblement, mon chien a autant droit que moi à ses *cojones*.

A Yaraville, ce Gringo n'avait pas la permission de mettre, fût-ce le bout d'une patte dans la maison, mais suivant Pablo comme son ombre, il avait le droit de l'attendre sur notre terrasse. Et c'est là qu'un jour, Pablo ayant à faire avec moi dans la maison, il se trouva nez à nez avec María qui, jouant dans le living-room, mais apercevant Gringo, sortit par la porte-fenêtre vitrée pour le voir de plus près. Dans son innocence, elle croyait le bien connaître, ayant obtenu deux jours plus tôt l'autorisation de passer une petite heure avec son oncle au milieu de son troupeau.

Par malheur, Gringo avait l'esprit rigide d'un vieux militaire. Il considérait comme son territoire tout endroit où son maître l'avait posté : le champ où il gardait les moutons, la bergerie où il dormait la nuit ; cette terrasse où son maître lui avait dit de se coucher.

Dès qu'il vit María surgir, il se leva, son poil se hérissa, il découvrit les dents et se mit à gronder en la regardant, avec des yeux étincelants. La pauvre María fut stupéfaite. Deux jours plus tôt elle avait obtenu, il est vrai en présence de Pablo, de le caresser, et maintenant, ce monstre menaçait de la dévorer. Pablo dit par la suite qu'il aurait suffi à María de repasser la porte-fenêtre et de rentrer dans la maison, Gringo se serait aussitôt calmé. Mais María était incapable de bouger. Clouée au sol par la terreur, elle porta ses deux mains à ses joues et se mit à hurler. Ses cris attirèrent Elsie à la fenêtre du premier étage : elle se mit à hurler à son tour et à lancer à Gringo des ordres frénétiques qui n'eurent aucun effet sur lui. Il ne connaissait que Pablo.

C'est alors que Chloé intervint, elle bondit sur la terrasse et aboyant, montrant les dents, tapant le sol d'une main, se dressant sur ses pattes de derrière, trépignant, battant sa poitrine, elle fit une telle démonstration de force et de détermination que Gringo, sans cesser de montrer les dents et de gronder, esquissa un mouvement de recul. Chloé vit son avantage et n'eut garde d'en abuser. Elle saisit María par le bras, la tira vivement à sa suite dans le living et referma la porte-fenêtre derrière elle. Gringo gronda encore quelques secondes par l'effet de la vitesse acquise, alla pour le principe donner à travers la vitre de la porte-fenêtre deux ou trois coups de gueule, puis revint se coucher au centre de la terrasse.

Quand Suzy raconta cette histoire à Juana toujours alitée, sa réaction la déçut. « Évidemment, dit Juana, je n'étais pas là ! »

— Tu imagines, Ed, pas un mot d'éloge pour Chloé ! Son préjugé anti-simiesque plus fort que sa gratitude ! Pourtant, Chloé a montré là beaucoup d'altruisme et un grand courage.

— Surtout, dis-je, si l'on considère le grand nombre de gens, de choses et d'animaux dont elle a la frousse dans la vie courante. Cette fois, pour protéger María, elle a fait fi de toute prudence.

— A ton avis, elle n'avait aucune chance contre Gringo ?

— Pour le moment, pas la moindre ! Et elle le savait. Elle a bluffé.

— Comme un chimpanzé mâle qui fait une charge ?

— Et aussi comme un homme. Tout l'art du dompteur consiste à convaincre le tigre que le plus fort des deux, ce n'est pas le tigre, c'est lui.

CHAPITRE VI

Dans notre grand lit, acheté avant ma naissance sur l'instigation de ma mère pour qui des lits jumeaux constituaient, à ce que j'ai ouï dire, « une offense à sa beauté », il nous arrive, Suzy et moi, de bavarder longuement quand le sommeil nous fuit. Suzy aime fort ces entretiens si proches et elle les appelle nos « parlottes », quoiqu'elles soient très sérieuses la plupart du temps. Si j'en crois ce que disait mon père, ma mère avait la même habitude et, dans le silence de la nuit, elle se livrait, en chuchotant, à ce que mon père nommait, par plaisanterie, des « *curtain lectures* » : des conférences de derrière le rideau : allusion au fait que les lits des siècles passés étaient entourés de courtines.

C'est en général Suzy qui prend l'initiative des « parlottes » et il y en a une dont je me souviens tout particulièrement parce qu'elle eut trait à deux sujets (à vrai dire non sans lien l'un avec l'autre) qu'elle n'avait jamais abordés jusque-là avec moi et qui, à en juger par son ton, devaient lui tenir à cœur. Je pense, sans en être sûr, que cet entretien eut lieu environ deux semaines après l'escapade de Chloé et de Tiger, car l'incident était encore tout frais dans nos mémoires et nous y fîmes tous deux allusion.

— Ed, dit Suzy, d'une voix curieusement hésitante, est-ce que tu regrettes de ne pas avoir eu d'enfant avec moi ?

Ma lampe de chevet n'était pas éteinte, mais je me soulevai

sur mon coude pour voir ses yeux, tant sa question m'étonnait.

— Mais voyons, ma chérie, pas du tout ! dis-je vivement, pas un seul instant ! Si tu te souviens, nous avons évoqué le problème dès notre troisième rencontre à Paris, rue Dupetit-Thouars. J'ai trouvé tes raisons tout à fait légitimes et dès lors, la cause était entendue.

— Mais, Ed, est-ce que tu n'aurais pas un moment considéré l'adoption de Chloé comme une façon de satisfaire mon instinct maternel ?

— Mais non, je n'ai jamais pensé cela.

— Et à l'heure actuelle, est-ce que tu ne regrettes pas de t'être lancé dans le projet Chloé ?

— En aucune façon ! Tu me surprends beaucoup ! Pourquoi dis-tu cela ?

— C'est que par moments tu as l'air si déçu par Chloé.

— Je le suis, mais c'est une réaction de père. Cela n'a rien à voir avec le projet lui-même. Du point de vue scientifique, les échecs, comme les succès, sont partie intégrante de l'entreprise. Des uns comme des autres on peut tirer un enseignement.

— Est-ce qu'à ton avis les succès l'emportent sur les échecs ?

— Assurément. Côté succès, Chloé continue à apprendre des signes nouveaux, elle continue à utiliser l'ameslan de façon créatrice et elle fait maintenant des phrases de quatre mots. Côté échec, sa déplorable tendance à faire n'importe quoi.

— Elle va peut-être réussir à s'en corriger.

— Je me pose justement la question. Le fait qu'elle arrive de mieux en mieux à s'exprimer va-t-il lui permettre, dans un avenir plus ou moins proche, de mieux se contrôler ?

Il y eut un silence et Suzy reprit :

— Ed, es-tu heureux que je sois avec toi dans ce projet ?

— Si je suis heureux ! dis-je avec feu. Voyons ! mais sans toi le projet n'aurait même pas vu le jour ! Seul ton assentiment...

— Mon chaleureux assentiment ! dit Suzy et, me jetant les bras autour du cou, elle me serra contre elle avec force.

— Attends ! dis-je en desserrant avec un rire son étreinte, laisse-moi finir. Sans ton assentiment et sans ton aide, je n'aurais même pas essayé. Il faut être deux pour élever un chimpanzé, à la fois comme un enfant humain et comme un sujet d'expérience. D'ailleurs, l'histoire le prouve. Tous les chercheurs américains qui ont mené à bien un projet de ce genre étaient mari et femme : les Kellog, les Hayes, les Gardner, les Premack, les Rumbaugh...

— Cela me fait plaisir de t'entendre parler ainsi, dit Suzy avec émotion, j'avais l'impression qu'à cause des frasques de Chloé, tu te détachais d'elle.

— Non, j'étais seulement irrité, inquiet. Mais en réalité, je suis toujours aussi fasciné par notre entreprise. Pour moi, Chloé est un miroir où je vois notre vieil ancêtre commun venir à nous du fond des âges.

Suzy me regarda, puis son visage devint rieur et, brusquement, elle passa du coq à l'âne et du sérieux au badin.

— A propos de miroir, dit-elle, Madame ta deuxième épouse ne devait pas être bien coquette. Je n'ai pas vu à Yaraville un seul grand miroir.

— Il y en avait un dans cette chambre, monté sur pied, et ancien, qui me venait de mon grand-père, mais elle m'a prié de le faire disparaître.

— Pourquoi ?

— Cela l'agaçait, quand je me regardais dedans en faisant mes exercices avec mes haltères.

— Et tu as accepté ?

— Le sacrifice était léger. Je l'ai fait monter au grenier par Pablo.

— Comment ça, léger ? dit Suzy en riant. Le narcissisme chez un conjoint est un signe de bonne santé morale. Loin de le contrarier, il faut, au contraire, l'encourager. Ed, pourrais-tu prier Pablo de redescendre le miroir ? Moi aussi j'aime bien me regarder en pied.

***

Au même titre que la cuisine et mon bureau, notre chambre était, pour Chloé, un lieu tabou, car elle abritait un grand nombre d'objets susceptibles d'être réduits en miettes. Mais comme il n'y a rien de tel qu'une défense pour stimuler le désir, Chloé, dès que notre attention se relâchait, se faufilait dans le temple interdit, d'où il fallait alors la chasser avec grands accompagnements de cris, de pleurs et grincements de dents, sans compter toutes les insultes de son vocabulaire gestuel. Je remarquerais ici qu'un chien, si on lui avait opposé la même interdiction, l'aurait lui aussi violée, mais, à la différence de Chloé, se serait laissé reconduire à la porte sans résistance, l'oreille basse, la queue entre les jambes, l'air humble et repentant. Chloé connaissait mais, de toute évidence, n'intégrait pas tout à fait ce que Phyllis eût appelé « la différence entre le bien et le mal » et guère plus le sentiment de culpabilité ou le repentir. « C'est vraiment bien difficile, disait Suzy, d'essayer de lui inculquer notre morale judéo-chrétienne. »

Deux ou trois jours après la « parlotte » racontée plus haut, Suzy et moi étions en fin de matinée en train de deviser dans notre chambre quand la poignée de la porte qui nous séparait de la nursery tourna sur elle-même. La porte s'ouvrit doucement et le visage innocent de Chloé parut dans l'entrebâillement. Elle nous vit et aussitôt mit ses mains devant ses grands yeux ronds afin de devenir invisible. Rien ne nous amusait davantage que ce comportement et Suzy me fit signe d'entrer dans le jeu. J'acquiesçai et nous continuâmes à parler comme si de rien n'était.

Il est possible que Chloé trichât un peu et n'appliquât pas strictement ses paumes sur ses orbites. Elle entra dans la pièce d'un pas assuré, quoique maladroit, car pour une raison évidente, elle ne pouvait pratiquer que la bipédie, ses deux mains étant occupées. Elle fit un large crochet pour nous éviter et se dirigea sans hésitation vers la coiffeuse. Son objectif nous devint alors tout à fait clair : elle voulait s'emparer du coffret à bijoux.

Il ne contenait que des bijoux fantaisie, mais pour Chloé à qui la différence entre l'or et le toc échappait, ceux dont elle allait s'emparer faisaient figure d'inestimables trésors. En imitation de Suzy, elle allait en orner son cou, ses oreilles, ses doigts, ses poignets, sans compter tout le plaisir qu'elle aurait à les mettre dans sa bouche et à les sucer, peut-être même à les mâcher, si on lui en laissait le temps.

Suzy allait donc intervenir avant que les longues et fortes mains de Chloé se fussent refermées sur le coffret, quand Chloé, passant devant le grand miroir, y aperçut son reflet. Elle oublia aussitôt son but initial et s'arrêta, stupéfaite. Puis son œil pétilla, elle sourit et tendit la main pour toucher son semblable. Celle-ci avança aussitôt ses doigts, mais au moment où Chloé aurait dû les atteindre, elle sentit une surface dure et froide s'interposer entre elle et l'inconnue. Elle en fut toute décontenancée, mais comme l'inconnue, elle aussi, paraissait déconfite, elle reprit courage et se décida à une ouverture plus affectueuse. Elle approcha sa tête de celle de son vis-à-vis pour lui donner un baiser. L'inconnue approcha aussi la sienne, mais au moment où leurs lèvres allaient se joindre, la même surface dure, sans chaleur et sans odeur, surgit entre elles. Chloé recula aussitôt son visage en faisant entendre un « Hou ! Hou ! » à la fois rageur et plaintif. Après quoi, se souvenant sans doute que la grande vitre qui séparait, à Yaraville, la salle à manger de la salle de séjour lui opposait le même obstacle, elle tourna autour du miroir pour surprendre, derrière lui, la petite espiègle qui, par deux fois, avait trompé son attente. Ne trouvant rien, elle revint devant le miroir où, comme pour la narguer, l'autre surgit aussitôt. C'en était trop ! Chloé trépigna, se battit la poitrine de ses mains et découvrit ses dents du haut dans un rictus de colère. L'inconnue, nullement intimidée, en fit autant.

Chloé dévida alors, avec une rapidité manuelle stupéfiante, son chapelet d'insultes gestuelles : « *Sale, mauvais, diable, W.-C.* » Mais aussi vite qu'elle exécutât les signes, la diablesse qui la confrontait les faisait en même temps qu'elle. La guerre devenait inévitable : Chloé leva la main avec force et frappa l'inconnue au visage. A mi-chemin, la main de l'inconnue vint à la rencontre de la sienne, mais pas plus dans la haine que dans l'amour, elles ne purent se toucher vraiment.

Les petites jambes de Chloé fléchirent sous elle, elle se laissa tomber sur son séant et se recroquevillant sur elle-même, elle posa le front sur ses genoux, et le visage ainsi caché et protégé, elle se mit à pleurer.

Dans les pleurs de Chloé, le registre différait selon qu'elle s'était fait mal ou avait peur, ou se trouvait contrariée par un interdit, ou essayait de nous attendrir, ou éprouvait, comme à l'instant, un vrai chagrin.

Je ne m'y trompai pas et pas davantage Suzy. Elle me quitta et allant se placer derrière Chloé, elle se pencha et posa ses deux mains sur ses épaules. Chloé reconnut aussitôt son contact et son odeur. Elle cessa de gémir. Mais alors qu'elle levait la tête pour regarder derrière elle, quelle ne fut pas son horreur quand elle s'aperçut que son vis-à-vis se faisait câliner par *Jolie !* La jalousie la plus folle lui monta à la tête. Non contente de la tromper, cette mauvaise diablesse lui volait sa mère ! Elle se jeta de nouveau sur le miroir et le battit.

Chloé n'était pas encore assez forte pour briser un miroir d'un coup porté du plat de la main. Mais sa rage pouvait se porter vers d'autres objets. Je décidai d'intervenir. Et comme Emma et Elsie entraient dans la pièce, attirées par les cris et les sanglots de Chloé, je priai l'une d'elles d'aller me chercher une pomme dans la cuisine et l'autre, le sac à images dans la nursery.

Dans celle-ci, je pris une image représentant une pomme, la montrai à Chloé qui était passée dans les bras de Suzy et lui demandai ce que c'était.

— *Pomme,* dit-elle en ameslan d'un air dégoûté. Et elle ajouta aussitôt, craignant sans doute d'avoir à recommencer sa classe du matin : *travail W.-C.*

— *Vraie pomme ?* dis-je.

Cette question faisait partie d'une routine que Chloé connaissait parfaitement. Elle devait répondre : *fausse pomme.* Et à la question suivante : *pourquoi fausse ?* elle devait répondre : *image pomme.* Mais comme elle était d'humeur exécrable tant à la suite des émotions qui l'avaient agitée qu'en raison du travail scandaleusement supplémentaire que je lui infligeais, elle décida de faire la mauvaise tête et après avoir regardé fixement l'image, elle répondit :

— *Vraie pomme.*

— *Alors,* dis-je, *moi manger.*

Et me mettant de profil par rapport à elle, j'ouvris une large bouche et je fis semblant d'y enfourner l'image que bien sûr, je fis passer de l'autre côté de la joue. J'empruntai ce tour à Roger Fouts qui le faisait avec ses lunettes pour amuser sa chimpanzée.

Chloé rit follement et comme elle faisait toujours en pareil cas, elle demanda l'image pour refaire elle-même le tour. A quoi je ris et les trois « mères » aussi, ce succès rendant à Chloé toute sa bonne humeur.

Là-dessus, Emma me glissa dans la main la pomme qu'elle était allée chercher pour moi dans la cuisine. Je mis derrière mon dos la main tenant l'image, et la main tenant la pomme, puis brusquement je les présentai simultanément à Chloé et je demandai :

— *Où vraie pomme ? Où fausse pomme ?*

— *Vraie pomme,* dit Chloé en désignant le fruit.

Et elle ajouta aussitôt, ses mains s'agitant frénétiquement devant elle :

— *Grand donner pomme manger.*

Je mis la pomme hors d'atteinte et je dis :

— *Chloé répondre. Grand donner pomme.*

Je pris alors Suzy par la taille et l'amenai devant le miroir. Chloé se cramponna à son cou et se cacha la tête dans le creux de son épaule. Mais Suzy lui glissant dans l'oreille des mots caressants et l'embrassant, elle consentit à faire face. Je lui montrai alors le reflet de Suzy dans le miroir mon index toquant d'un coup sec la glace, puis je posai délicatement le doigt sur la joue de Suzy et je dis :

— *Où fausse Jolie ? Où vraie Jolie ?*

— *Vraie Jolie là,* dit Chloé en embrassant passionnément la joue que je venais de toucher.

Puis pointant un doigt vengeur vers l'image de Suzy dans le miroir, elle dit :

— *Fausse Jolie là.*

J'enchaînai aussitôt :

— *Pourquoi fausse ?*

— *Image Jolie.*

Toutefois, à ce stade, je ne m'estimai pas tout à fait satisfait. J'avais l'impression, qu'en partie du moins, j'avais dicté à Chloé ses réponses. Je poursuivis donc l'expérience avec *Nœud*, avec *Tresses* et avec moi-même. Les réponses furent justes. Restait l'expérience cruciale, celle qui allait, de mon point de vue, valider ou invalider les tests que Chloé venait de passer.

Je toquai de l'index sur le reflet de Chloé dans le miroir puis du même doigt, je lui caressai la joue et je lui dis :

— *Où fausse Chloé ? Où vraie Chloé ?*

Chose bizarre, elle balança. Ce n'est que plus tard que je compris les raisons de sa perplexité. Elle avait investi tant d'émotions violentes dans cette image — tant de plaisir, tant de déception, tant de colère, de ressentiment et de jalousie — qu'elle hésitait à croire qu'elle ne fût pas réelle. Toutefois, la logique l'emporta et elle dit :

— *Fausse Chloé.*

Elle ajouta aussi avec une frénésie de gestes :

— *Mauvais, sale, diable, W.-C.*

Après quoi, elle lui cracha au visage. Elle avait visé la face de la diablesse et elle avait visé juste. Le crachat macula la glace à cet endroit précis. Je laissai s'écouler quelques secondes, puis je fis faire deux pas sur le côté à Suzy, afin de montrer à Chloé que le reflet n'était pas atteint. Et je dis :

— *Pourquoi fausse ?*

Elle regarda le crachat et elle regarda la face intacte du reflet et dit :

— *Image Chloé.*

Je l'embrassai, Suzy l'embrassa, je lui donnai la pomme et Suzy demanda à Emma d'aller la changer. Mais Chloé comprit et, retirant la pomme de sa bouche, se mit à hurler. Elle voulait que ce soit Suzy ! D'ordinaire, on n'eût pas cédé à ses caprices, mais après l'épreuve qu'elle venait de subir et le travail hors leçons qu'on lui avait imposé, on sentit — et elle sentit aussi — qu'on lui devait bien une petite compensation.

Mais bien sûr, après cette petite compensation, dès qu'elle fut changée, elle en demanda une autre : aller jouer au billard dans la salle de jeux avec Nœud. Ce « avec Nœud » avait un sens bien spécial pour Chloé, vu que les règles établies par elle pour le billard interdisaient à sa partenaire de prendre une queue et de toucher une boule. Toutes les queues et toutes les boules appartenaient à Chloé. Et tout ce que la partenaire avait à faire, c'était, après chaque coup, de crier : « Bravo, Chloé ! » même quand aucune boule n'était tombée dans une poche.

Tandis qu'Emma et Chloé étaient ainsi occupées, Suzy me rejoignit dans mon bureau et me demanda s'il y avait un précédent à cette rencontre entre Chloé et le miroir.

— Bien sûr, un chercheur appelé G. G. Gallup a eu l'idée de laisser en permanence un miroir à pied dans la cage d'un chimpanzé. Et au bout d'une vingtaine d'heures, le chimpanzé a su faire la différence entre lui-même et son reflet.

— Comment l'a-t-on prouvé ?

— Bien simplement. On lui a maculé le front de peinture à son insu. Il a aperçu la tache dans le miroir et il l'a aussitôt frottée sur son propre front en se regardant dans le miroir.

— Qu'aurait-il pu faire d'autre ?

— Essayer d'effacer la tache sur le miroir, comme le fait l'enfant humain en bas âge.

— Et combien de temps, dis-tu, il lui a fallu pour distinguer entre son reflet et lui-même ?

— Une vingtaine d'heures.

— A Chloé, il a fallu une dizaine de minutes !

— Elle a seulement tiré profit de notre enseignement. Nous avions dès le début, souviens-toi, appris à Chloé à faire la différence entre une pomme et l'image d'une pomme.

— N'empêche, dit Suzy, ce n'est pas rien que d'être arrivée si vite au sentiment de sa propre identité.

— C'est beaucoup dire. A mon avis, elle n'en est pas encore là.

***

Quelque huit jours plus tard, mais je suppose que c'était au cours d'un week-end, car c'était Elsie qui lui avait donné son bain, Chloé fit par signes la demande suivante :

— *Chloé voir image Chloé.*

Je ne répondis pas tout de suite. Cette exigence m'étonna. Elle paraissait indiquer que Chloé, après huit jours de réflexion, avait dépassé son hostilité, puis son indifférence à l'égard de son reflet et était maintenant animée d'une certaine curiosité à son égard. En outre, le moment choisi pour formuler cette prière était inattendu. Le bain, en effet, apportait à Chloé un bon moment de liesse et de jubilation, en particulier le séchage avec la serviette éponge.

Comme je ne répondais pas, Chloé reprit d'un ton péremptoire, lequel en l'occurrence consistait en une répétition énergique des signes :

— *Chloé voir image Chloé !*

Je finis toutefois par comprendre pourquoi elle me faisait une telle demande dans un moment pour elle si épanouissant. Pour la sécher, Elsie et moi, nous l'avions mise debout sur le tabouret de la salle de bains et ainsi placée, elle pouvait tout juste apercevoir le haut de son crâne dans le petit miroir rond au-dessus du lavabo. Toutefois, ce n'était pas là, de toute évidence, où elle voulait voir son image, mais dans le grand miroir à pied de notre chambre.

— *Grand*, dis-je, *demander Jolie.*

Je passai dans l'autre chambre. En réalité, je voulais avoir le temps de prévenir Suzy et aussi de faire disparaître les objets les plus fragiles ou les plus susceptibles de susciter la convoitise de notre élève.

— Voilà une demande très intéressante ! dit Suzy.

Et prenant le coffret à bijoux des deux mains, elle se haussa sur la pointe des pieds et le plaça sur l'étagère la plus haute de l'armoire. A mon avis, rien n'est plus joli qu'une petite femme qui se hausse sur la pointe des pieds, surtout quand elle est bien faite. Je m'aperçois, en écrivant cette phrase, combien elle est absurde, puisqu'on peut en dire autant d'une femme grande, dès lors qu'elle remplit la même condition.

J'en étais là de ces réflexions quand Suzy se retourna et me dit :

— Je te plais ?

Avant de répondre, je pris le temps de la regarder de face. Elle était toujours si fraîche et si odorante, la peau bien tendue sur les os du visage, le regard pétillant, les petites boucles noires sur le front toujours aussi impeccables, alors que sur la nuque des mèches folles s'échappaient. Contraste qui me donnait un double plaisir : celui de l'ordre et celui du désordre. L'ordre satisfaisait mon côté anglo-saxon et le désordre, mes sympathies latines.

— Beaucoup, oui.

— Toi aussi, Ed. Je te trouve plutôt pas mal, avec ou sans moustache.

— Décidément sans moustache ! Suzy, tu défends ton territoire avant qu'il soit envahi.

— Envahi, non. Attaqué, oui.

— Je ne distingue pas l'attaquant.

— Je ne sais pas ce qu'il te faut ! La dame n'arrête pas de t'offrir son verger d'arrière-saison.

— Suzy ! Une scène ! A cette heure-ci ! Et tout cela, parce que je t'ai admirée, quand tu te haussais sur la pointe des pieds.

— Je veux être la seule admirable et je ne veux pas non plus que tu deviennes doux comme un agneau avec Concepción, alors que tu étais si bien parti pour la réprimander.

— Tu vides ton sac, on dirait.

— Voilà, il est vide. Et maintenant, tu jures que je suis la seule admirable et la seule aimée.

Je dis moitié riant et moitié ému :

— Tu es la seule admirable et la seule aimée.

— Quoi ? Froidement ? Sans un bisou ?

Les bisous suivirent et seraient allés bien plus loin, si Chloé n'avait pas tambouriné comme une folle à la porte de la nursery. J'allai lui ouvrir.

— *Chloé venir.*

Elle ne se le fit pas répéter. Renonçant dans sa hâte à toute dignité humaine, elle se mit à quatre pattes et au grand galop, passa la porte et parvint jusqu'au milieu de notre chambre. Arrivée là, elle revint à la bipédie et comme toujours en pareil cas, elle marcha plutôt gauchement jusqu'au miroir, le poids du corps appuyé sur le côté externe du pied, et les jambes aussi arquées que celles d'un homme qui aurait passé sur le dos d'un cheval la majeure partie de sa vie. Suzy et moi étions, à dessein, restés sur le seuil de la chambre, dans un angle où il n'était pas possible que Chloé nous aperçût dans le miroir et nous ne fûmes pas surpris quand nous la vîmes se dire à elle-même, alors qu'elle regardait son image :

— *Chloé voir image Chloé.*

Ayant dit, elle commença à se faire des grimaces, domaine dans lequel elle surpassait de beaucoup María, son visage étant si mobile. Elle rit, haussa les sourcils, avança les lèvres démesurément, les retroussa pour montrer sa denture, puis elle tendit le bras gauche à l'horizontale, ensuite le bras droit, passa sa dextre derrière la nuque pour se gratter l'oreille gauche, croisa ses doigts sur le sommet de son crâne, fit un moulinet avec un bras, puis avec les deux bras, se mit de trois quarts, puis de profil, tourna le dos au miroir et, se regardant par-dessus son épaule, put voir son dos et son derrière — ce qui la fit rire. Se mettant de face, elle prit un air menaçant, découvrit les dents du haut, aboya, battit sa poitrine de ses deux mains, et sautilla sur ses jambes comme si elle allait charger — après quoi, satisfaite, elle s'adressa un sourire.

Apercevant sur une chaise, près du lit, le peignoir de bain de Suzy, elle s'en saisit d'un geste prompt et s'en enveloppa les épaules. Prenant un peu de recul, et s'avançant vers le miroir, elle se pavana avec majesté. Mais, s'apercevant que le bas du peignoir balayait derrière elle le tapis comme une traîne, elle le ramassa et le tint dans le creux de son bras, à la romaine avec un air de dignité ; du même air, elle tendit la main à son double, et faisant semblant de la sentir dans la sienne, elle la secoua, je ne dirais pas en minaudant, mais presque. Après quoi, elle s'assit, dénoua les lacets de ses chaussures, et les renoua : exercice qu'elle avait eu beaucoup de mal à apprendre et dont elle tirait une grande fierté. Puis elle se débarrassa du peignoir en le jetant sur le lit et, se laissant tomber à quatre pattes, elle posa le sommet de son crâne sur le tapis, fit une culbute, puis une deuxième : exploit qui faisait l'admiration de María de los Ángeles, bien incapable de l'imiter. Après la troisième culbute, elle se dressa sur ses pattes de derrière et s'applaudit avec vigueur, étant tout à la fois, grâce à son double, l'acteur et le public.

Je pensais que la parade touchait à sa fin mais pas du tout. Chloé, les yeux fixés sur son image, entama, en ameslan, son propre éloge.

— *Chloé bonne gentille polie.*

Mais trouvant sans doute que, faute de vocabulaire, le panégyrique était un peu court, elle entreprit de l'étoffer par des formes négatives.

— *Chloé pas mauvaise pas W.-C. pas sale.*

Discours qu'en raison peut-être de la vitesse acquise, elle compléta avec d'autres négations tout à fait contraires, elles, à la vérité.

— *Chloé pas casser. Chloé pas mordre.*

Et elle conclut, ce qui était vraiment un comble, après ce qu'elle venait d'affirmer :

— *Chloé pas mentir.*

Soit qu'elle ait été la première surprise par l'énormité de cette affirmation, soit qu'elle fût lassée du jeu qu'elle venait d'inventer, ou peut-être simplement parce qu'elle avait faim, Chloé mit un terme brusquement à sa parade et regagna à quatre pattes et au galop la nursery où Emma l'attendait pour l'emmener au rez-de-chaussée prendre son petit déjeuner.

Dès qu'elle eut disparu, Suzy se mit à rire.

— Mais c'est une véritable représentation qu'elle nous a donnée là : les grimaces, les contorsions, la pseudo-charge, le défilé de mannequin, les lacets dénoués et renoués, les culbutes : tout son répertoire y a passé.

— Avec une nouveauté pourtant : l'auto-éloge.

— Oui, c'est étonnant ! Comment l'interprètes-tu ?

— Comme une référence à la Chloé exemplaire qu'elle n'est pas.

— Mais c'est cela qui est étonnant ! reprit Suzy avec vivacité. La première partie de son show — la partie pantomime — est présentée comme un faire-valoir de ses talents réels. Mais dès qu'elle a employé les signes, son faire-valoir est devenu mensonger et s'est rapporté à une Chloé idéale.

— Justement parce qu'en employant nos signes, elle s'est référée à nos valeurs. Cette Chloé-là est celle que nous voudrions qu'elle soit.

— Alors, dit Suzy, est-ce qu'elle n'est pas tout de même en train de se rapprocher du sentiment de sa propre identité ?

— En un sens, oui, dans la mesure où elle sait ce qu'elle n'est pas : la Chloé exemplaire, celle qui est bonne, polie, gentille, ne casse rien, ne mord pas et ne ment jamais.

***

Au cours des jours qui suivirent, Chloé poursuivit quotidiennement ses séances devant le miroir. A vrai dire, elle les abrégea sensiblement, mais sans jamais omettre son auto-éloge en langage gestuel.

Cette habitude était déjà bien ancrée dans sa vie, quand nous reçûmes un coup de téléphone étonnant de Mr. Sleet, l'assistant du zoo qui, le jour de la naissance de Chloé, nous avait montré les amours des chimpanzés pygmées. Il avait, disait-il, l'occasion, le samedi suivant, au début de l'après-midi, de passer à proximité de Beaulieu et, avec notre permission, il aimerait faire le détour pour nous saluer, voir ce que Chloé était devenue et nous remettre un document dont il pensait qu'il nous intéresserait.

On l'invita pour le thé, à l'heure qui lui serait le plus commode, entre quatre et cinq heures.

— Voir Chloé ! dis-je, quand Suzy eut raccroché, c'est plutôt toi qu'il voudrait voir !

— Cela m'étonnerait, dit Suzy en riant. On ne peut pas dire qu'il m'ait, depuis cinq ans, beaucoup poursuivie de ses assiduités. Je serais curieuse de savoir de quel document il s'agit.

— Oh ! Probablement de sa thèse dont il veut nous offrir un exemplaire.

— Tu te souviens de son intitulé ?

— Parfaitement. Le rôle du langage gestuel des chimpanzés pygmées au cours des différentes étapes de l'accouplement.

Elle rit.

— Je pense à une très intéressante étude que l'on pourrait écrire sur le rôle du langage gestuel de Mr. et Mrs. Dale au cours des différentes étapes...

— Oui, dis-je en riant à mon tour, mais qui l'écrirait ? On ne peut être à la fois l'observé et l'observateur.

La Chevrolet de Mr. Sleet se présente sur notre parking à 16 heures précises avec un bruit de ferraille inquiétant mais qui ne paraît pas inquiéter son propriétaire, car il sort, tout sourire, de son habitacle rouillé, un attaché-case au bout du bras et s'avance vers nous, penché et le dos voûté, comme si le poids de son long bec l'entraînait en avant. Son allure est celle d'un jeune vieux, alors que son comportement était, si j'ai bonne mémoire, si juvénile. J'observe cependant que ses coups d'œil à Suzy sont maintenant tout à fait discrets.

Nous le faisons asseoir sur la terrasse. Suzy lui met aussitôt une tasse de thé dans les mains et il annonce qu'à son grand regret, il ne pourra rester que peu de temps : préambule qui me fait craindre le pire, mais ces craintes se révéleront injustifiées : il tiendra parole.

Il aimerait voir Chloé, dit-il, au sujet de laquelle il a lu mon intéressant article dans le *New Scientist*. Quant à lui, enchaîne-t-il aussitôt, il a fini, soutenu et publié sa thèse, oui, oui, cela s'est très bien passé, le jury a été vivement intéressé, en particulier par les photos (Suzy sourit), il est pour l'instant co-directeur du zoo, mais dans un avenir proche, très proche, il espère mieux, beaucoup mieux. Chloé ! mais c'est Chloé ! bonjour Chloé !

Il se lève, sa tasse de thé à la main.

— *Qui ça ?* dit Chloé en ameslan, en désignant Mr. Sleet du doigt.

— *Ami,* dit Suzy.

— *Long nez,* dit Chloé. *Pourquoi long nez ?*

— *Sais pas,* dit Suzy.

— Mr. Sleet, dis-je, vous comprenez l'ameslan ?

— Pas du tout.

— *Long nez gentil ?* demande Chloé.

— *Très gentil,* dit Suzy.

Suzy ajoute, tournée vers Sleet :

— Elle demande si vous êtes gentil.

— Elle est charmante, dit Sleet.

— Et je vous présente Emma Mathers, notre assistante, elle est muette.

— Elle est charmante aussi, dit Sleet.

Emma rougit.

— Mr. Sleet, dit Suzy, je ne crois pas que vous m'ayez bien saisie. Emma est muette, mais elle n'est pas sourde. Elle vous a entendu.

— Oh, pardon, Miss...

— Mathers, dit Suzy.

— Pardon, Miss Mathers, dit Sleet.

— *Ce n'est rien,* dit Emma en ameslan.

— Ah ! Oui ! Bien sûr ! dit Sleet, elle est muette, c'est pourquoi elle parle par signes.

Emma rougit de nouveau.

— Excusez-moi, reprend Sleet, j'étais un peu perdu.

— *Long nez gentil,* dit Chloé qui depuis le début de l'entretien le regardait avec attention.

Elle reprend :

— *Chloé serrer main Long nez.*

— Mr. Sleet, dit Suzy, confiez-moi votre tasse de thé, Chloé aimerait vous donner un shake-hand.

Sleet, les mains libres, se lève, et tend à Chloé la main, elle s'en saisit et la secoue avec vigueur.

— Eh bien ! dit Sleet, je ne m'attendais pas à cela ! Quelle force ! Pour elle, un shake-hand, c'est vraiment un shake-hand !

— Plus elle vous secoue, plus elle vous aime, dis-je

— Je vous en prie, asseyez-vous, Mr. Sleet, dit Suzy, voici votre tasse de thé. Voudriez-vous un petit gâteau ? poursuit-elle en lui tendant une assiette.

— Non, merci, jamais entre les repas.

Il s'assoit, boit son thé d'un trait et prend une initiative que je n'attendais plus de lui : il pose de lui-même sa tasse devant la petite table basse devant lui.

— J'ai un document à vous remettre, reprend-il en prenant son attaché-case qu'il avait posé à ses pieds.

— Votre thèse, peut-être ? dit Suzy.

— Non, dit-il en ouvrant son attaché-case. C'est une photo que j'ai prise, une photo qui, je crois, va vous passionner. Je vous la donnerai, bien sûr : il s'agit de la mère de...

Avec une promptitude admirable, Suzy le coupe :

— Ah ! dit-elle, la photo que vous m'aviez promise ! Comme c'est intéressant !

Elle se lève, met la main sur l'épaule de Sleet et lui dit impérieusement à l'oreille : « Ne la montrez pas. »

— Bien ! bien ! dit Sleet en refermant son attaché-case, l'air embarrassé.

— Emma, dis-je en anglais, voulez-vous emmener Chloé faire un billard dans la salle de jeux et si Chloé parvient à mettre toutes les boules dans les poches, vous lui donnerez du chocolat.

Chloé bondit sur ses pieds, agrippe Emma par la main et, la tirant derrière elle, rentre en courant dans la maison.

— Mais, comment ? Chloé comprend aussi l'anglais ! dit Sleet, stupéfait. Elle a compris cette longue phrase !

— Elle n'a pas compris la phrase. Elle a compris les mots qu'elle connaît : *billard, boule, poche* et *chocolat.* Et à partir de ces mots, elle a reconstitué toute la phrase. Il y a des linguistes qui ne jurent que par la syntaxe. Vous voyez comme ils se trompent !

— Pardon de vous avoir brusqué à l'instant, Mr. Sleet, dit Suzy, mais Chloé croit que je suis sa mère.

— Bien sûr ! bien sûr ! dit Sleet avec embarras, comment en serait-il autrement ! Vous êtes la première personne qui l'ait prise dans ses bras quand elle est née.

Il reprend :

— Vous l'avez deviné, il s'agit de la mère de Chloé.

Tout en parlant, il sort la photo de son attaché-case et la tend à Suzy. Je me lève et vais la regarder par-dessus son épaule.

— C'est un superbe animal, dis-je, combien pèse-t-elle ?

— Cinquante kilos et tout muscles. Je n'aimerais pas me disputer avec elle.

Suzy lui offre une deuxième tasse de thé, mais il refuse, se lève et prend congé. On le raccompagne au parking. Il semble soulagé d'en avoir fini avec la mission qu'il s'est imposée. Toutefois, avant de s'en aller, il laisse paraître une certaine émotion.

— Mr. Dale, dit-il, cela m'a fait très plaisir que vous ayez mentionné, dans votre article du *New Scientist,* mes recherches sur les chimpanzés pygmées.

— Mais elles méritaient cette mention, Mr. Sleet. Si les chimpanzés n'employaient pas spontanément un langage gestuel de leur cru, comment auraient-ils pu apprendre un langage humain ?

Dès que son auto ferraillante s'éloigne, Suzy pousse un soupir de soulagement et dit :

— C'est un très gentil garçon, finalement. Il a été touché par la mention que tu as faite de lui dans ton article, alors il a pris cette photo de la mère de Chloé et est venu nous l'apporter. Mais on ne peut pas dire qu'il soit rompu à l'art des relations sociales : c'est tout juste s'il n'a pas montré à Chloé la photo de sa mère !

Suzy me prend par le bras. Machinalement, nous faisons quelques pas sur notre chemin de terre, comme si nous partions pour notre promenade habituelle.

— Je suis néanmoins d'avis, dis-je, de montrer la photo à Chloé. Mais sans lui dire, bien entendu, qu'il s'agit de sa mère.

Suzy s'arrête, me lâche le bras et me regarde, stupéfaite :

— Mais pourquoi ferions-nous cela ?

— Pour savoir si elle sait vraiment qui elle est.

— N'est-ce pas dangereux qu'elle s'aperçoive qu'elle n'est pas humaine ? dit Suzy, en me regardant avec appréhension.

— On pourrait retourner la question : n'est-ce pas dangereux qu'elle ne le sache pas ?

Suzy reste silencieuse si longtemps et elle a l'air si troublée, que je pose mes bras sur ses épaules et l'attire à moi.

— Nous ne le ferons pas, si tu t'y opposes. Réfléchis pourtant. Creuse toute seule la question. Et tu me diras demain ce que tu auras décidé.

— Merci, Ed, dit-elle au bout d'un moment.

Elle reprend :

— Tu trouves que je surprotège Chloé.

— Pas nécessairement. C'est difficile de savoir quand on protège trop un enfant. En général, c'est seulement après coup que l'on peut en juger. Et puis, il n'y a pas que la personne de Chloé. Il y a aussi l'intérêt scientifique. Bien sûr, je ne sacrifierai jamais l'une à l'autre, mais les deux sont à envisager.

Le reste de la journée se passe sans que nous en reparlions, mais le lendemain, comme nous prenons notre petit déjeuner sur la terrasse, Suzy dit :

— J'ai bien réfléchi. Voici ce que je te propose. Nous mettons la photo de la mère de Chloé dans le sac à images en même temps qu'un certain nombre d'autres photos de personnes, d'animaux et de choses qu'elle connaît : toi, moi, Juana, Emma, María, Tiger, Roderick, Random, Chloé elle-même et nous lui demandons de mettre à droite les êtres ou les choses qu'elle aime et de classer à gauche ceux qu'elle n'aime pas. Bien sûr, on lui demandera un commentaire pour justifier ses choix. Mais, de toute façon, on peut être certain, telle qu'on la connaît, qu'elle le fera spontanément.

C'est une excellente idée et qui a l'avantage, en perdant la photo de la chimpanzée au milieu d'une trentaine d'autres, de dédramatiser sa présentation.

L'heure de la leçon venue, Chloé comprit très vite de quoi il s'agissait, s'en amusa comme d'un jeu et pour nous son classement, sauf bien sûr en ce qui concernait la photo de sa mère, fut sans surprise.

Tous les félins furent classés à gauche ainsi que le chat *(sale puant W.-C.)* et de même, les serpents et les crocodiles. Le chien, le cheval, le mouton et même la vache dont elle avait peur au début furent classés à droite ainsi que *Chapeau* (Pablo) et *Doc* (Donald). *Cuisine* (Juana) fut classée à gauche avec un *mauvais* des plus secs. De même, *Pain* (la boulangère) et *Lettres* (le facteur). *Grand, Tresses, les Deux diables, Nœud* furent classés à droite avec des commentaires très favorables. Ceux qui accueillirent l'image de *Bébé Amour* et de *Jolie*, furent délirants. Elle embrassa à plusieurs reprises la photo de *Jolie*. Parmi les objets qu'à la dernière minute on ajouta pour faire nombre, deux seulement furent classés à gauche : *serrure*, car elle l'empêchait d'ouvrir une porte et *balai*, car elle se souvenait qu'il l'avait, par mes soins, délogée du haut de l'armoire d'où elle narguait les garçons, une pièce d'échecs dans la bouche. Parmi les légumes, seul *champignon* fut classé à gauche. A son propre portrait elle fit autant d'éloges qu'à son image dans le miroir et le mit soigneusement à la droite de la pile de droite. Quand surgit le portrait de sa propre mère (que j'ai réservé pour la fin mais qui, en réalité, apparut aux deux tiers du jeu), elle demanda :

— *Quoi ça ?*

— *Singe*, dit Suzy.

Suzy lui répéta le signe mais Chloé se refusa à l'exécuter. Et tenant la photo dans ses mains et la regardant avec dégoût, elle dit :

— *Ça sale mauvais puant vilain W.-C.*

Après quoi, elle la posa sur la file de gauche.

⁂

Dès que nous fûmes seuls, Suzy eut du mal à cacher sa satisfaction, ce qui confirma mon impression : ses émotions étaient fortement engagées dans cette expérience qui, pour elle aussi et pas seulement pour Chloé, était un test.

— Eh bien maintenant ! dit-elle, c'est clair ! Chloé se considère comme faisant partie de l'espèce humaine !

J'ai le plus grand respect pour l'intelligence de Suzy mais en l'occurrence, j'ai l'impression que son jugement était obscurci par son sentiment maternel.

— C'est une interprétation, dis-je. Il y en a d'autres. La réponse de Chloé au test est ambiguë. Elle a regardé assez longuement sa mère avant de la reléguer avec violence au rang des êtres et des choses antipathiques. Mais, ce jugement négatif n'est peut-être pas plus sincère que l'auto-éloge mensonger qu'elle prononce devant son miroir. Si sa mère avait été habillée comme elle de vêtements humains, Chloé l'aurait-elle condamnée aussi brutalement ? Est-ce que cette condamnation veut dire que Chloé a vraiment le sentiment d'appartenir à l'espèce humaine ou trahit-elle seulement le désir de lui être intégrée ?

— Tu compliques tout ! dit Suzy, avec ce qui ressemblait à de la mauvaise humeur.

— Je ne complique pas, dis-je à peine sèchement, ce sont les choses qui ne sont pas simples.

Mais sentant que la contestation lui était pénible, je la quittai sur un mot gentil et je partis m'enfermer dans mon bureau.

Une heure plus tard, on frappa à ma porte et sa voix me pria, à travers le panneau de bois, de lui ouvrir. Elle apparut, un plateau à la main.

— J'ai pensé, dit-elle avec un sourire enchanteur, que tu aimerais prendre un petit thé avec moi pour couper ta matinée de travail.

Le lendemain, Juana tomba de nouveau malade avec une bronchite compliquée d'une crise d'asthme et María de los Ángeles nous fut confiée. On plaça d'abord son petit lit dans la chambre d'Emma, mais le premier soir, María, dans ladite chambre et Chloé dans la nursery, nous firent un tel concert de pleurs et de hurlements, aux seules fins d'être ensemble la nuit, comme elles l'étaient le jour, qu'on finit, pour avoir un peu de calme, par placer le petit lit de María dans la nursery.

Cela se passa mieux que prévu. Le lendemain matin, Emma les trouva dans le nid de Chloé — je dis le nid et non le lit — profondément endormies dans les bras l'une de l'autre.

De toute façon, ce réveil tardif était l'exception, et depuis longtemps nous avions édicté une loi pour assurer notre tranquillité matinale. Chloé ne devait en aucun cas pénétrer dans notre chambre avant que nous fussions lavés et habillés, c'est-à-dire avant huit heures. La loi s'étendit tout naturellement à María quand elle partagea la chambre de Chloé.

Chloé attendait toujours ce « Sésame-ouvre-toi » avec la dernière impatience. D'abord pour s'assurer que nous étions toujours là et qu'elle n'avait pas perdu ses parents pendant la nuit. Ensuite, pour se regarder dans le miroir : occupation qui prenait un certain temps et qu'elle s'annonçait toujours à elle-même en disant :

— *Chloé voir image Chloé.*

C'est ainsi que María, qui la suivait partout et l'imitait en tout, découvrit ce matin-là un plaisir dont, faute de miroir à pied, elle avait dû être privée jusque-là chez sa tante : celui de se contempler.

La première réaction de Chloé fut de lui interdire l'accès à une joie qu'elle voulait savourer seule. Dès qu'elle vit María s'approcher du miroir, elle la prit par le bras assez rudement et la reconduisit à la porte de la chambre. María se mit à pleurer et Suzy me souffla à l'oreille : « Laissons-les se débrouiller seules. »

Elle fut bien avisée car, après s'être regardée tout son saoul avec ravissement dans son numéro de grimaces, Chloé revint vers María qui pleurnichait toujours contre la porte et, la prenant dans ses bras, elle la consola avec des baisers, de tendres « Hou ! Hou ! » et des chatouillements. Après quoi, s'écartant d'elle, elle déclara :

— *Chloé aimer Bébé Amour.*

Ayant ainsi déclaré une fois de plus ses sentiments, Chloé prit Bébé Amour par le bras et l'amena devant le miroir à pied. A ce moment-là, Suzy et moi étions assis, elle sur le lit et moi près d'elle sur un petit fauteuil crapaud et nous observions la scène en silence, très soucieux de ne pas attirer l'attention. Les deux fillettes nous tournaient le dos mais grâce à leur reflet dans la glace, nous pouvions les voir de face.

María avait déjà contemplé son gracieux visage dans un miroir, ne serait-ce qu'au-dessus d'un lavabo dans la maison de sa tante. Mais le fait de se voir en pied parut la fasciner. Ah ! Certes ! Elle ne se livra à aucune des facéties, parades, comédies et acrobaties de Chloé lors de sa deuxième rencontre avec le miroir. Mais elle ne manqua pas, comme elle, de se mettre de profil et de trois quarts et même de dos (la tête penchée sur une épaule) pour se regarder sous toutes ses faces.

Ce fut le seul point commun entre les deux amies, car après s'être ainsi étudiée afin de faire, pour ainsi dire, le recensement de ses charmes, María se mit à onduler et à faire des grâces en les accompagnant d'une quantité de petites mines ravissantes, montrant par là que, si sous le rapport de la motricité et de l'invention elle était très en retard sur Chloé, en revanche, elle l'emportait de beaucoup sur elle quant aux conduites de séduction.

La plus fascinée des deux n'était pourtant par María, mais Chloé qui, pour une fois, oublia de se regarder elle-même pour suivre, dans le miroir, d'un œil pensif, les coquetteries de Bébé Amour. Je crus un instant que, saisie par un mouvement d'émulation, toujours si fort chez elle, elle allait singer María en poussant l'imitation jusqu'à la farce, comme elle faisait souvent. Il n'en fut rien. Et ce qui se passa la seconde d'après nous stupéfia. L'œil de Chloé, de songeur qu'il était, s'obscurcit et tout d'un coup, s'affaissant sur le sol, elle se ramassa sur elle-même et, se bouchant les yeux de ses deux mains, elle se mit à pleurer.

Suzy alla s'asseoir en tailleur sur le tapis face à Chloé et dit en anglais :

— Qu'est-ce qu'il y a, Chloé ?

Elle dut répéter la question deux ou trois fois sans recevoir de réponse.

— *Pourquoi Chloé pleurer ?* dit Suzy en ameslan.

Les cris plaintifs redoublèrent, Suzy se pencha et la prit dans ses bras. Chloé se laissa faire, mais sans retirer les mains de ses yeux et sans consentir à répondre.

Le mutisme était si peu dans son caractère que je commençai à éprouver quelque inquiétude. Qu'est-ce donc qui avait pu la blesser à ce point ? Suzy dut s'aviser comme moi que sans l'aide de ses doigts Chloé ne pouvait pas parler, car au bout d'un moment, elle lui ôta doucement les mains de ses yeux. Chloé posa la tête sur l'épaule de Suzy et la regarda. Son visage était empreint d'une tristesse sans bornes.

— *Pourquoi Chloé pleurer ?* dit Suzy en ameslan.

— *Moi triste moi pleurer,* dit enfin Chloé.

— Mais je le vois bien, dit Suzy en anglais.

Et elle reprit en ameslan :

— *Pourquoi toi pleurer ?*

— *Moi pas voir image Bébé Amour.*

Ses signes étaient faits d'une façon rapide et confuse, un peu comme une personne qui parlerait d'une voix entrecoupée. Suzy me regarda d'un air interrogatif.

— Si je comprends bien, dis-je, elle ne veut pas voir l'image de María dans le miroir.

Suzy se tourna vers Chloé et elle dit :

— *Toi pas voir image Bébé Amour ?*

— *Moi pas voir.*

— *Pourquoi ?*

— *Bébé Amour jolie.*

— *Et alors ?*

— *Chloé laide.*

Ayant dit, elle se boucha à nouveau les yeux de ses mains et poussa des petits cris de douleur. Je vis, à l'expression du visage de Suzy, qu'elle était bouleversée et allant la rejoindre je m'assis à côté d'elle sur le tapis et commençai à caresser Chloé. Au bout d'un moment, elle ôta d'elle-même les mains de son visage et me regardant avec des yeux dont l'expression de désolation me serra le cœur, elle dit :

— *Bébé Amour jolie, Chloé laide.*

— *Non,* dis-je, *Chloé différente.*

Je dis cela deux fois ; une fois en ameslan et une fois avec beaucoup de force en anglais. D'habitude, Chloé était très impressionnée quand je m'adressais à elle en anglais sur un ton péremptoire. Mais cette fois-ci, la magie échoua. Et ce n'est même pas à moi qu'elle répondit, car elle regarda Suzy comme si elle ne l'avait jamais vue et, l'œil à la fois chagrin et attentif, passa sa longue main velue délicatement sur son visage, comme si elle détaillait ses traits un par un, puis elle dit :

— *Mère Chloé jolie pourquoi Chloé différente ?*

Nous étions si stupéfaits par cette phrase que nous ne sûmes que répondre. Si Chloé croyait vraiment que Suzy était sa mère, comment avait-elle fait pour ne s'être jamais aperçue à quel point elle lui ressemblait peu ? En fin de compte, je trouvai une réplique qui, à moi-même, me parut peu convaincante.

— *Chloé pas laide mère Chloé différente.*

Ce qui vaut mieux, je la pris dans mes bras, je l'embrassai, je la cajolai, je lui répétai sur tous les tons : *Grand aimer Chloé.* Elle se calma par degrés et pour lui changer les idées, je lui annonçai aussitôt qu'après le petit déjeuner, je ferais une promenade avec elle. A ma grande surprise, elle refusa. Elle préférait faire un billard avec Emma. Là-dessus Suzy me la prit des bras. Elle se laissa faire comme un bébé. Je passai dans la nursery, expliquai à voix basse à Emma ce qui s'était passé. Elle en fut si émue que ses grands yeux noirs se remplirent de larmes.

— Emma, dis-je, ne pleurez pas. Et surtout pas devant elle. Venez prendre les deux filles chez nous dans cinq minutes.

Je revins dans la chambre et je m'aperçus que, dans l'émotion du moment, on avait complètement oublié María. Il est vrai qu'elle avait tout fait pour cela. Je la trouvai assise sur la moquette, le dos appuyé contre le lit, tenant vraiment peu de place et ne soufflant mot. Elle gardait les yeux fixés sur Chloé avec une expression inquiète. Elle ne savait probablement pas assez d'ameslan pour avoir saisi le sens de ce qui s'était passé sous ses yeux, mais elle comprenait que quelque chose clochait du côté de Chloé et elle en était attristée. Je me baissai pour l'embrasser et pour me rendre mon baiser, elle passa les bras autour de mon cou et le serra, ce qu'elle ne faisait jamais d'ordinaire.

Emma apparut enfin et Chloé, avec des « Hou ! Hou ! » désolés insista pour être prise et portée dans ses bras. Elle se bébéifiait pour se faire un petit cocon à l'intérieur de son chagrin. Elle ne regardait pas María et María, qui, d'un coup, se sentit très seule, suivit Emma en la tenant par sa jupe, ce qui était vraiment surprenant de la part d'une grande fille de six ans.

Je refermai la porte et revins vers Suzy. Elle s'était assise sur le lit, les épaules appuyées contre le dosseret capitonné et m'adressa un pâle sourire.

— Moi aussi, dit-elle, j'ai grand besoin que quelqu'un me cajole.

J'allai m'asseoir à côté d'elle sur le lit et passai mon bras autour de son cou.

— Chloé n'est pas laide, dit-elle défensivement, pourquoi faut-il qu'elle adopte les canons de beauté de notre espèce ?

— Parce qu'elle vit avec nous.

— Ed, tu te rappelles le premier jour où nous avons ramené Chloé du zoo, serrée dans la vieille peau de mouton ? Je l'ai plainte d'être la seule de son espèce à Yaraville.

— Oui, je me souviens.

— Et maintenant, à cinq ans et demi, elle vient de s'en apercevoir.

— Ce qui m'étonne, moi, c'est justement le caractère tardif de cette révélation.

— Non, Ed, ce n'est pas étonnant. Nous sommes de trop

grandes personnes pour qu'elle ait songé à se comparer à nous. María, elle, a son âge et sa taille. Et c'est quand elle s'est vue côte à côte avec María dans le miroir que la différence l'a frappée. C'est María et le miroir qui furent les révélateurs.

— Et aussi peut-être la photo de sa mère.

— Oh ! Ed ! dit Suzy, je n'y comprends rien. Tout cela est si confus, si contradictoire ! Comment peut-elle à la fois rejeter sa mère chimpanzée et découvrir, le lendemain, qu'elle est si différente de nous ?

CHAPITRE VII

C'est vrai qu'il y avait là une contradiction : qu'est-ce que la pauvre Chloé avait dans l'esprit quand elle disait qu'elle était « laide » ? Qu'elle ne ressemblait ni à *Bébé Amour*, ni à *Jolie*, ni à *Grand*, ni à aucun d'entre nous, bref, qu'elle n'avait pas l'apparence d'un être humain ?

Et pourtant, la veille, elle avait rejeté injurieusement dans le camp des mal aimés l'image de sa mère chimpanzée dont la ressemblance avec sa propre personne aurait dû la frapper. Plus étonnant encore : le jour même où elle eut devant le miroir la révélation de sa « laideur », on s'arrangea pour lui présenter à nouveau, mêlée à une trentaine d'autres, la photo de sa mère et, de nouveau, Chloé la rejeta.

Nous passâmes cette journée dans la plus vive inquiétude. On craignait que la perte de l'amour de soi que Chloé avait manifestée devant le miroir ne la traumatisât et ne nuisît même au programme dont elle était l'objet dans la mesure où son intégration passionnée à sa famille humaine l'avait jusque-là motivée pour apprendre l'ameslan. Et en effet, ce jour-là, Chloé nous parut déprimée, distante, inattentive pendant sa leçon, prenant peu d'intérêt à ses jeux et même quand il s'agissait de fruits ou de chocolat, répugnant à faire des signes pour les demander.

C'était confondant : Chloé rejetait sa mère en tant qu'animal et se rejetait elle-même en tant qu'être non humain. C'était assurément pour elle une position très pénible que de se trouver à cheval sur deux espèces sans pouvoir décider à laquelle elle appartenait.

La façon dont Chloé, dès le lendemain matin, trouva une issue à ce dilemme m'émerveilla : quand elle entra à 8 heures dans notre chambre pour nous dire bonjour, elle s'arrêta net avant de franchir l'angle à partir duquel elle aurait pu se voir dans le miroir. Ayant remarqué ce manège, je la pris dans mes bras et pivotant sur mes talons, je m'arrangeai pour qu'elle lui fît face. Aussitôt, elle se boucha les yeux des deux poings. Elle se tint énergiquement à cette attitude les jours et les semaines qui suivirent. Je lui tendis des pièges pour qu'elle se regardât de nouveau dans le miroir. Elle les déjoua tous.

Sa décision était évidente : puisque son reflet lui avait dit qu'elle était « laide », c'est-à-dire non humaine, elle supprimait son reflet. Et quand le jour même on lui présenta pour la troisième fois la photo de sa mère, elle prit une décision plus radicale encore : avant que j'aie pu intervenir, elle la déchira. En somme, elle avait résolu son problème en faisant l'autruche : méthode qui n'est pas non plus inconnue de notre espèce et qui fonctionne plutôt bien, du moins tant qu'aucun incident malencontreux ne vient déchirer le voile de l'aveuglement volontaire.

Nous nous sentîmes infiniment soulagés quand, ayant mis en ce jour mémorable le tabou sur le miroir, et après nous avoir embrassés l'un et l'autre plus de dix fois, elle s'échappa de nos bras, descendit, seule et joyeuse, prendre son petit déjeuner sur la terrasse où, retrouvant les enfants, elle commença immédiatement à les harceler par de continuelles demandes en ameslan, s'adressant de préférence à Jonathan qui était son grand favori. Et comme Jonathan, qui se trouvait engagé dans un vif débat oral avec Ariel, ne prêtait aucune attention à ses signes, elle frappa avec force sa timbale sur la table et les répéta avec la dernière énergie :

— *Diable jaune sale mauvais W.-C. donner fruit boisson Chloé s'il te plaît !*

Jonathan obtempéra enfin et elle rit, son sens de l'humour paraissant ce matin particulièrement aiguisé et sa joie de vivre, retrouvée. Voyant l'auto du facteur arrêtée sur le terre-plein, elle sauta de sa chaise avec alacrité et courut à elle. A vrai dire, elle n'aimait pas *Lettres*. Elle le classait parmi les indésirables. Mais elle avait un rôle à remplir. C'était à Chloé que *Lettres* devait remettre missives et paquets, à charge pour elle de me les apporter. Elle s'acquitta une fois de plus de cette tâche avec gravité et, s'asseyant à côté de moi tout le temps que je mis à dépouiller mon courrier, elle garda les sourcils froncés « en lisant » les enveloppes. A cause d'elle, au lieu de les déchirer, je tâchai de les décoller. Et après les avoir lues, je devais les recoller pour les lui passer. Elle faisait alors semblant de les lire.

Tout était en ordre ; j'avais mon courrier, et elle avait le sien. Il fut un temps où « après avoir lu », elle mettait le sien dans sa bouche et le réduisait en bouillie. Mais sur mes pressants avis, elle se corrigea de cette erreur : elle comprit qu'une lettre était faite pour être lue, et non pour être mâchée.

Dans ce courrier, il y eut pourtant une lettre que, métaphoriquement du moins, je mâchai et remâchai tant elle m'étonna et me séduisit. C'était une invitation à participer à Paris à un colloque sur les primates et les recherches dont ils avaient fait l'objet. Les noms des participants qui avaient déjà donné leur accord m'impressionnèrent. Ils figuraient tous en bonne place dans ma bibliothèque.

La lettre lue, je la fis lire à Suzy dont le visage trahit la joie la plus vive.

— Oh, Ed ! dit-elle, passer ensemble une semaine à Paris, et dans mon appartement de la cité Dupetit-Thouars !

— Et, dis-je en riant, assister aussi au colloque qui, lui, ne dure que deux jours...

Je fis part de la bonne nouvelle à Don qui s'en réjouit pour moi et me promit, en notre absence, de passer deux fois par jour à Yaraville pour voir comment Emma se débrouillait seule avec Chloé.

— C'est ton article et tes photos du *New Scientist* qui te valent cette invitation, dit-il. Tu aurais dû l'écrire bien avant. Le projet Chloé n'est pas du tout indigne de ceux qui l'ont précédé, et tu t'es trop longtemps contenté de travailler seul dans ton coin sans rien demander à personne.

— Mais je n'aspire à rien, dis-je, ni à la renommée ni aux subventions.

— Eh bien, pour les subventions, c'est heureux. On a chipoté Premack sur les siennes et supprimé celles des Gardner.

***

Comme aurait dit mon père, le professeur Salomon qui, au Centre National de la Recherche Scientifique, avait organisé le colloque de Paris, « n'avait pas beaucoup à se glorifier dans la chair ». Il était petit, chauve, chenu, bossu et flottait à tel point dans ses vêtements qu'on se demandait comment ses muscles pouvaient lui permettre de se tenir debout, de marcher, de s'asseoir, bref, de faire tous les gestes d'un être vivant. On pouvait aussi nourrir quelques doutes sur son appareil circulatoire, car son visage était blanc comme neige et ses lèvres, exsangues. Pourtant, dans ce visage décoloré, vivaient de magnifiques yeux noirs, vifs, perçants, fureteurs, malicieux. Et quand le professeur prit la parole, il nous surprit par la force, le volume, la profondeur et l'articulation puissante de sa voix, assurément la plus belle voix de basse qui soit jamais sortie d'un corps aussi ténu.

Quand il apparut à la tribune, j'étais déjà assis, Suzy à ma gauche, et à ma droite un Monsieur décoré, d'une cinquantaine d'années, qui me salua aimablement en s'asseyant auprès de moi. Mais la plupart des scientifiques qui se trouvaient là étaient encore debout et le professeur Salomon, fermant et refermant sa montre à boîtier, leur jetait des regards anxieux, personne ne paraissant très pressé de commencer et les gens s'agglutinant çà et là en groupes de trois ou quatre personnes pour conciliabuler. Ces groupes, d'ailleurs, se faisaient et se défaisaient sans arrêt, l'ambition de chaque participant paraissant être de rencontrer le maximum de gens en un minimum de temps. Ce rite me rappela les mœurs des loups du clan de Seeonee, si bien décrits par Kipling et qui, avant de commencer leur conseil, allaient se reniflant les uns les autres pour être sûrs de bien se reconnaître. A notre grand regret, personne ne vint nous humer dans notre coin, Suzy et moi. C'est vrai que, si mon nom se trouvait dans le programme distribué à l'entrée, nul ne me connaissait encore *de visu*.

J'étais pour une fois en train de déplorer l'obscurité de ma personne quand mon voisin de droite, le Monsieur décoré, se tourna vers moi et me dit :

— Je lis dans le programme qu'un certain Dr. Dale doit nous parler de sa chimpanzée. Savez-vous qui c'est ?

— C'est moi.

— Oh pardon ! dit-il, je vous avais pris pour un Français. Vous ne parliez pas français, à l'instant, avec votre voisine ?

— C'est ma femme. Elle est française.

Suzy se pencha et lui sourit. Mon interlocuteur se déclara enchanté et se nomma. Par malheur, comme cela arrive si souvent, son nom m'échappa, je n'osai pas le lui faire répéter, et je ne retins que son prénom et sa fonction. Il se prénommait Pierre et était professeur dans une université parisienne.

Ses yeux noirs perçants parcourant la salle, le professeur Salomon donnait quelques signes d'impatience. Je dis « donnait » et non « trahissait » car, à bien l'observer, ils me parurent volontaires. Je comprenais son problème. Les chercheurs, gens en général ponctuels, étaient arrivés à l'heure. Mais ils étaient si occupés à se renifler que dix minutes après l'heure, ils étaient encore debout et dispersés. Ostensiblement, je dirais même dramatiquement (mais peut-être s'amusait-il lui-même de sa comédie), Salomon étendit au bout de son bras sa montre-boîtier et il la regarda en fronçant les sourcils, comme si la marche rapide des aiguilles l'inquiétait. Cette pantomime resta sans effet. Il toussa, mais sa toux, dans le brouhaha des parlottes et des chuchotements, passa inaperçue. Il tapota de l'index le micro devant lui, ce qui décida trois ou quatre groupes à gagner leurs places. Il balança sa montre au bout de sa chaîne, le cadran tourné vers l'assistance, ce qui déclencha quelques rires et décida une demi-douzaine de repentis à s'asseoir. Mais, tout compte fait, la moitié de l'assistance était encore debout. Salomon alors se leva, ce qui en soi ne fit pas sensation : Son corps occupait un si petit morceau d'espace. Mais ceux qui, comme moi, le regardaient, comprirent à son regard qu'il avait pris une décision. Entre la crainte de paraître caporaliser ses collègues et le désir de respecter l'horaire, il avait choisi. Il empoigna le micro d'une main à peine plus grande que celle d'un enfant de dix ans et dit :

— Mesdames, Messieurs, veuillez vous asseoir, je vous en prie : nous allons commencer.

Le volume et la force de sa belle voix de basse, amplifiée encore par le micro, et émanant paradoxalement de sa fragile silhouette, frappa de stupeur les brebis égarées. Et, se dispersant, elles gagnèrent leurs places avec toute la célérité que leur dignité ou leur poids permettait.

Salomon regarda son savant troupeau d'un air satisfait puis, avec beaucoup de bonhomie, il entreprit, sans prendre lui-même parti, de faire le point sur le délicat problème du langage chez les primates.

— Mesdames, Messieurs, bien que je comprenne et partage le plaisir que vous avez à vous retrouver et à renouer entre vous des liens amicaux, il n'échappe à personne que ce colloque est davantage l'occasion que la finalité de ces retrouvailles (sourires), notre but étant de débattre d'une question délicate qui divise, et qui divisera peut-être durablement, la communauté scientifique. Cette question, la voici : les primates sont-ils, ou ne sont-ils pas, capables de parler un langage ?

« J'espère que vous ne me taxerez pas de chauvinisme, si je rappelle que l'idée d'enseigner un langage gestuel à un primate fut exprimée pour la première fois par un Français : le naturaliste La Mettrie. Mais La Mettrie, ayant eu cette idée brillante, s'en contenta (sourires). Ce furent des scientifiques américains qui tâchèrent, non sans efforts, échecs, larmes, sueurs et grincements de dents, de mettre cette idée à exécution.

« C'est ainsi que les Hayes essayèrent d'apprendre l'anglais à leur guenon Viki. Ils échouèrent, mais cet échec même fut fécond, car il convainquit les chercheurs que les primates étaient et seraient à tout jamais incapables de prononcer les sons d'un langage articulé.

Il y eut ici quelques applaudissements qui parurent surprendre le professeur Salomon car, regardant l'auditoire par-dessus ses lunettes, il dit d'un air à la fois bonhomme et malicieux :

— Si j'ai évoqué l'incapacité des primates à parler un langage articulé, c'est pour la déplorer et non pour m'en féliciter. (Rires et applaudissements.)

Comme ceux-ci se prolongeaient, mon voisin de droite, Pierre, me toucha le coude et me dit à mi-voix :

— Sans avoir l'air d'y toucher, le vieux leur a bien rivé leur clou.

— A qui ?

— Aux obscurantistes.

— Qui appelez-vous ainsi ?

— Les gens qui trouvent vexant pour l'homme qu'un singe puisse parler, même par signes.

— Et cette mentalité existe, même ici ?

— Assurément. Même chez les scientifiques de haut niveau, il y a des esprits qui volent bas.

Pierre avait parlé à mi-voix mais pas assez pour que Suzy ne pût l'entendre. Elle se mit à rire. Le calme étant revenu entre-temps, une vieille dame à la gauche de Suzy se tourna vers elle d'un air désapprobateur et garda cet air même après que Suzy lui eut fait un gracieux sourire. Mais il se peut, bien sûr, que sa physionomie étant peu mobile, les expressions aient eu tendance à se figer quelque peu sur ses traits, même quand ils ne correspondaient plus à ses sentiments.

Salomon reprit :

— Après les Hayes, on assista à la première tentative pour

apprendre l'ameslan à un chimpanzé. Tout le mérite de ce projet revient aux Gardner qui furent les pionniers dans ce domaine. (Applaudissements.) Par malheur, leurs travaux ne furent pas unanimement appréciés et ils durent y mettre un terme du fait qu'on ne renouvela pas leurs subventions. Ce que, pour ma part, eu égard aux résultats obtenus, je regrette infiniment. (Vifs applaudissements.)

« A l'heure actuelle, les chercheurs qui enseignent l'ameslan à des primates, comme Francine Patterson, avec la gorille Koko, ou le Dr. Dale avec la chimpanzée Chloé, assurent eux-mêmes les frais de leur projet. (Pierre se tourna vers moi et me sourit.)

« L'ameslan ne fut pas le seul langage employé avec les primates. D'autres chercheurs, les Premack, avec leur chimpanzée Sarah, et les Rumbaugh avec leur chimpanzée Lana, ont préféré enseigner à leurs primates respectifs un langage artificiel de leur invention.

A ce moment, un brouhaha se produisit à l'entrée de la salle. Salomon s'interrompit et on vit apparaître dans l'allée centrale une chaise roulante dans laquelle était assise une dame dont le visage fabuleusement flétri était couronné par une masse de cheveux d'un rouge éclatant. Le personnage qui poussait la chaise était long et maigre et paraissait gauche et dégingandé comme un adolescent, bien qu'à en juger par ses traits, il n'eût pas moins de soixante-dix ans.

Il poussa la chaise roulante jusqu'au premier rang et ne trouvant pas pour lui-même de chaise libre, s'assit sur le rebord de l'estrade dans une attitude à la fois alerte et résignée.

— Marcel, où êtes-vous ? dit la dame d'une voix claironnante et très articulée.

— A côté de vous, ma chère.

— Et qui est à la tribune ?

— Le professeur Salomon.

— Bonjour, Salomon, dit la dame d'un air royal.

— Bonjour Madame, dit Salomon.

— Continuez, je vous prie, Salomon.

— Je n'attendais que votre permission, dit Salomon.

Il y eut des rires. Je me penchai vers mon voisin de droite.

— Qui est-ce ?

— Mme de Furstemberg, ancienne Rectrice de l'Académie de Paris. Paralysée depuis vingt ans.

— Pourquoi porte-t-elle des lunettes bleues ?

— Elle est aveugle.

— Mon Dieu, est-ce tout ?

— Non, elle est aussi à moitié sourde. Mais vous verrez, elle n'est pas muette. Et possède un moral de fer.

— Je la trouve bien familière avec Salomon, dit Suzy en se penchant.

— Salomon est son ancien élève.

— Pour en revenir aux Premack, dit Salomon, ils inventèrent, comme j'ai dit, un langage artificiel pour communiquer avec leur chimpanzée Sarah. Il consistait en de petites pièces plastiques de formes et de couleurs différentes. Elles portaient au dos un aimant qui permettait de les fixer sur un tableau magnétique. Chaque pièce représentait un mot. Par exemple, un triangle bleu désignait une pomme, un carré rose, une banane.

— Je ne vois pas l'avantage de ce langage artificiel sur l'ameslan, dit tout d'un coup Mme de Furstemberg de sa voix claironnante. D'abord, le chimpanzé ne parle pas vraiment, ne fût-ce qu'avec ses mains. Il écrit. Deuxièmement, il ne peut écrire que dans un laboratoire avec des pièces plastiques sur un tableau aimanté. Troisièmement, il ne pourra être compris que par son instructeur, alors que l'ameslan est compris par plusieurs millions d'Américains. Et enfin, dans les signes de l'ameslan, comme d'ailleurs dans le langage parlé, il y a souvent une sorte de ressemblance entre le signe et le vocable d'une part et d'autre part la chose qu'il désigne. C'est en cela, justement, que ces langages sont humains. Salomon, comment avez-vous dit qu'on désigne le mot « banane » dans la langue artificielle de Mr. Premack ?

— Par un carré rose.

— Un carré rose ! Je vous demande un peu ! Et pourquoi pas

un triangle rose comme les homosexuels dans les camps nazis ? Quand vous prononcez le vocable « banane », en anglais ou en français, vous n'évoquez pas, que je sache, un objet dur avec des angles comme un carré. Vous évoquez un objet long et mou. (Rires.)

— Il va sans dire que le symbole de Mr. Premack est arbitraire, dit Salomon, puisqu'il s'agit d'un langage artificiel.

— C'est justement là où le bât me blesse, dit Mme de Furstemberg avec force. Si un homme veut enseigner un langage à un primate afin de communiquer avec lui, qu'il le fasse au moins dans une langue qui véhicule une forte dose d'humanité comme l'ameslan. Salomon, poursuivit-elle sur le même ton d'autorité et de familiarité qu'elle avait dû employer avec lui quelque quarante ans plus tôt quand il était encore son élève, savez-vous comment on dit « bébé » en ameslan ?

— Oui, Madame, dit Salomon avec un sourire amusé, comme ceci : et il ramena ses deux petits bras contre sa frêle poitrine comme s'il berçait un bébé. (Rires.)

— Vous avouerez, reprit Mme de Furstemberg de sa voix sonore, que ce geste est plus parlant et plus humain qu'un carré rose pour désigner une banane. Est-ce que Mr. Premack peut me répondre là-dessus ?

— Il n'a pu assister à ce colloque, dit Salomon, pas plus d'ailleurs que Mr. et Mrs. Rumbaugh dont je vais maintenant brièvement résumer les travaux, si vous me permettez, Madame, de poursuivre, dit-il en s'adressant à Mme de Furstemberg avec un mélange de respect, d'affection et d'ironie.

— C'est moi qui m'excuse de vous avoir interrompu, mon cher Salomon, dit Mme de Furstemberg : je le fais avec contrition, mais me connaissant comme je me connais, je ne puis vous promettre de ne pas récidiver. (Sourires.)

— Elle est impayable, dit Suzy en se penchant pour regarder mon voisin de droite. Mais pourquoi se teint-elle les cheveux en rouge ?

— Elle dit que ça lui fait plaisir de porter de la couleur sur la tête, maintenant qu'elle ne peut plus rien voir.

— Excusez-moi, Madame, dit la vieille dame à côté de Suzy mais vous me feriez plaisir en observant le silence. Je désire écouter.

— Vous m'étonnez, dit Suzy, vous voulez écouter, avant que Mr. Salomon reprenne la parole ?

Comme elle achevait ces mots, Salomon recommença à parler. Je posai alors la main sur la cuisse de Suzy, non pour la consoler, mais pour scandaliser sa voisine. Cependant, comme en même temps, j'évitai de la regarder, je ne pus savoir si j'avais réussi.

— Les Rumbaugh, dit Salomon, inventèrent un autre langage artificiel et une autre façon de l'enseigner. Les symboles représentant des mots étaient inscrits sur les touches d'une machine à écrire spéciale. Quand la chimpanzée Lana appuyait sur une touche, celle-ci s'éclairait et le symbole s'inscrivait sur un écran devant la chimpanzée et en même temps, sur un autre écran, dans une pièce voisine, où se tenait l'expérimentateur. Toutes les communications entre l'expérimentateur et Lana étaient automatiquement enregistrées par un ordinateur.

Après le mot « ordinateur », Salomon se tut et regarda Mme de Furstemberg. Comme elle ne bronchait pas, il enchaîna avec un respect à la fois sincère et feint :

— Vous alliez dire quelque chose, Madame ?

— Rien du tout, dit-elle d'une voix faussement irritée. Il faut quand même observer une certaine discipline, si on ne veut pas que ce colloque devienne un dialogue ou même un monologue. (Rires.)

— Je me serai donc trompé sur vos intentions, dit Salomon.

— Salomon, reprit-elle sur un ton grondeur, n'essayez pas de jouer au plus fin avec moi ! Vous savez pertinemment ce que je reproche à ce genre d'expérience : c'est que cette pauvre chimpanzée Lana est un animal de laboratoire qui, grâce à un appareillage sophistiqué, s'entretient avec son instructeur en un langage non humain qu'il est le seul à comprendre. La conséquence, vous la connaissez. Vous sortez cette petite malheureuse de son laboratoire, vous l'éloignez de ces appareils encombrants et sophistiqués et elle n'est plus capable de communiquer quoi que ce soit à qui que ce soit.

— Madame, dit Salomon, je me demande si c'est bien fair-play de développer ces critiques en l'absence des Premack et des Rumbaugh.

A ce moment, une grande fille dont le visage était encadré par de longs cheveux blonds, demanda la parole et Salomon dit :

— Miss Francine Patterson, je crois ? Vous avez la parole.

— Je voudrais dire ceci : devant les critiques dont ils ont été l'objet aux États-Unis et qui étaient beaucoup moins légitimes que celles que nous venons d'entendre, les Rumbaugh ont tantôt défendu leurs résultats, tantôt les ont minimisés. Et quant à Premack, il n'a même pas essayé de défendre les siens. Il a dit des capacités linguistiques des primates qu'elles étaient « trivial ».

— Que veut dire « trivial » ? dit Salomon.

— Insignifiantes, dit Mme de Furstemberg. Il est de fait, poursuivit-elle, que Premack a pris maintenant ses distances avec les primates. La dernière fois qu'il est venu à Paris, pour recevoir une distinction scientifique des plus enviées, c'est à peine si le mot « primate » a passé ses lèvres. En revanche, il a prononcé un discours tout à fait remarquable par son obscurité. (Rires.)

Quand les rires furent éteints, une voix forte s'éleva du milieu de l'assemblée mais comme la personne dont elle émanait ne se leva pas, je ne pus pas l'apercevoir.

— Monsieur le Président, dit la voix avec des résonances indignées, est-ce qu'il ne serait pas possible d'introduire un peu d'ordre dans les débats ? La façon dont les choses se déroulent ici ressemble assez peu à l'idée que je me fais d'un colloque.

— Ni à la mienne, dit Salomon avec bonhomie. Mais l'homme ne peut rien contre les forces de la nature…

— Vous auriez dû dire les forces aveugles de la nature, dit Mme de Furstemberg : vous auriez davantage satisfait votre contradicteur.

Il y eut un silence gêné et Salomon dit d'une voix neutre :

— Monsieur, désirez-vous ajouter quelque chose ?

Le quidam dut faire signe que non, car Salomon enchaîna aussitôt pour annoncer qu'il allait appeler successivement à la tribune les Gardner, Francine Patterson et le Dr. Dale, « ces chercheurs ayant en commun d'avoir choisi l'ameslan pour mener à bien leurs projets respectifs ».

Quand les Gardner montèrent à la tribune, vivement applaudis par l'ensemble de l'assemblée, Pierre se pencha vers moi et dit :

— Vous les connaissez ?

— Leurs travaux, oui, mais je les vois comme vous pour la première fois.

— Ils ont de bonnes têtes d'Américains, dit Pierre.

Cette remarque amusa Suzy et, se penchant, elle dit à mi-voix :

— Comment l'entendez-vous ?

— Sérieux, sincères et modestes.

— C'est tout à fait cela, dit Suzy.

Comme le lecteur connaît déjà par le menu le projet Chloé et que ce projet emploie le même médium et les mêmes méthodes que ceux des Gardner et de Francine Patterson, je ne vois pas l'intérêt de reproduire ici nos exposés respectifs. N'étant pas magicien, il n'est malheureusement pas en mon pouvoir de montrer ici les films projetés, en particulier ceux de Francine Patterson où on la voyait aux prises, non pas avec une chimpanzée comme Chloé ou la Washoe des Gardner, mais avec une énorme gorille qui répondait au doux nom de Koko. Je dis « aux prises », c'est une façon de parler : car Miss Patterson et Koko paraissaient s'entendre comme deux sœurs en dépit de la disparité de leurs tailles, de leur poids et de leur apparence physique.

Mme de Furstemberg n'interrompit aucun des trois exposés et ne fit aucune remarque quand ils furent terminés, se contentant de les applaudir chaleureusement. Ce qui ne m'étonna pas, car elle nous avait fait savoir sans ambages que pour communiquer avec les primates, elle était hostile au langage artificiel et très favorable, en revanche, à l'emploi d'un langage humain comme l'ameslan. Suzy opina qu'à la suite du rappel à l'ordre du contradicteur grincheux, elle avait peut-être décidé de modérer ses interventions. Mais Pierre secoua la tête en disant : « Vous ne la connaissez pas ! Elle, se modérer ? Elle n'en rate pas une ! Vous verrez !... »

Je passai en dernier à la tribune et quand j'eus terminé, le professeur Salomon revenant sur les exposés et les films remercia les Gardner, Francine Patterson et moi-même de nos contributions et se félicita de l'intérêt qu'elles avaient suscité dans l'auditoire. Il rappela toutefois que les conclusions du projet Washoe des Gardner et du projet Koko de Francine Patterson, avaient été fortement contestées par le professeur Mulberry. Il n'avait pu contester le projet Chloé, celui-ci n'ayant été connu que très récemment par un article du Dr. Dale dans le *New Scientist.*

— Le professeur Mulberry, poursuivit Salomon, a lui-même dirigé le projet Roy. Roy est un jeune chimpanzé à qui Mr. Mulberry et son équipe essayèrent d'apprendre l'ameslan. Au bout de quatre ans, Roy commença à refuser toute attention à ses instructeurs, et le professeur Mulberry dut mettre fin à son entreprise. La conclusion que Mr. Mulberry tira de son expérience fut négative : bien qu'un primate soit capable d'apprendre des mots, il est impossible d'affirmer qu'il emploie vraiment un langage.

« Mr. Mulberry, dans une série d'articles, étendit ensuite ses critiques au projet Washoe des Gardner, au projet Koko de Francine Patterson, au projet Sarah des Premack et au projet Lana des Rumbaugh. Ses critiques se fondaient sur les textes, les photographies et les films que ces différents chercheurs avaient mis à la disposition de la communauté scientifique. Les Gardner et Francine Patterson défendirent leurs projets respectifs avec une certaine véhémence. Il s'ensuivit une polémique qui a laissé des traces profondes et qui est loin, à l'heure actuelle, d'être éteinte. Je donne la parole au professeur Mulberry.

J'avoue que Suzy et moi considérâmes avec beaucoup de curiosité ce redoutable inquisiteur, tandis qu'il gagnait la tribune d'un pas rapide. Mais à vrai dire, son apparence ne nous apprit rien. C'était un homme de haute taille avec un collier de barbe blonde. Je ne vais pas reproduire ici sa communication pour la raison que ses contradicteurs, afin de réfuter son point de vue, durent la reprendre presque mot pour mot au cours de ce colloque.

Quand Mulberry eut fini de parler, Francine Patterson qui avait déjà montré beaucoup de cran en se colletant quotidiennement avec sa gigantesque gorille, se lança dans la contre-attaque avec une intrépidité totale, quoique dans des termes feutrés et académiques. Elle fit remarquer que le projet Roy de Mr. Mulberry avait duré peu de temps[1], et qu'il avait souffert de « difficultés méthodologiques » si sérieuses qu'elles infirmaient ses résultats. Elle compara à plusieurs reprises ceux de Mr. Mulberry et les siens, en particulier en ce qui concernait le nombre de signes que les deux sujets exécutaient spontanément, c'est-à-dire, sans intervention de l'instructeur. La fréquence de ces signes spontanés n'était que de 12 % pour Roy. Elle était de 41 % pour Koko.

— La différence, dit alors Mme de Furstemberg, est très significative, surtout si l'on considère que pour Mr. Mulberry la plupart des réponses du primate sont « soufflées » par les questions de l'instructeur. Il semblerait, Miss Patterson, que vous attribuez cette différence de spontanéité des deux sujets non pas à une supériorité intellectuelle de Koko sur Roy, mais à ce que vous avez appelé « les difficultés méthodologiques » du projet Roy.

— Oui, dit Miss Patterson, c'est ce que je pense.

Mais elle n'en dit pas davantage, provoquant des mouvements divers et piquant notre curiosité.

Toutefois, celle-ci ne tarda pas à être satisfaite quand Beatrice

1. Le projet Washoe dura huit ans. Le projet Chloé entre dans sa huitième année et le projet Koko dure depuis seize ans.

Gardner, montant à la tribune, mit beaucoup plus rondement les points sur les « i », en particulier en ce qui concernait les méthodes du projet Roy.

— Si la fin, dit-elle, que se proposait Mr. Mulberry était la comparaison entre le chimpanzé Roy avec un enfant du même âge, sa façon de procéder fut singulièrement inadéquate. Le gros de l'apprentissage de Roy fut conduit dans une cellule sans fenêtre de deux mètres cinquante de côté et vide de tout objet qui aurait pu distraire Roy de ses leçons. Ce fut, nota Beatrice Gardner avec une ironie vengeresse, en étudiant les vidéo-cassettes faites dans cette cellule que Mr. Mulberry arriva à la conclusion que les signes d'ameslan de Roy manquaient de spontanéité !...

« Mulberry, par ailleurs, recommanda soigneusement à ses assistants de se rappeler que Roy était un animal de laboratoire et non un enfant. Cette recommandation fut poussée si loin qu'il fut interdit aux assistants de consoler Roy, quand il pleurait la nuit...

— Si je vous comprends bien, Mrs. Gardner, dit Mme de Furstemberg qui, comme avait si bien dit Pierre, « n'en ratait jamais une », vous considérez que lorsqu'on veut apprendre à un chimpanzé une langue humaine, il ne faut pas le traiter inhumainement. Est-ce que vous pensez que c'est en raison du caractère dénudé et inhumain de l'environnement que le projet Roy a duré si peu de temps ?

— J'estime, dit tout à coup la voisine de gauche de Suzy, que Mme de Furstemberg ne devrait pas interrompre la personne qui parle. Je considère, en outre, que ses questions ont un caractère insidieux.

— Ses questions ne sont pas insidieuses, dit Salomon, elles sont polémiques. Et Mr. Mulberry ne saurait s'en plaindre, puisque c'est lui-même qui a soulevé la polémique dont nous débattons. D'autre part, vous avez le droit, Madame, d'interrompre l'interruptrice et c'est, si je ne m'abuse, un droit que vous venez d'exercer. (Rires). Je vois d'ailleurs Mr. Mulberry prendre de nombreuses notes et je suis certain qu'il a l'intention de répondre avec vigueur aux attaques dont ses thèses sont l'objet.

— Assurément, dit Mulberry.

— Comme je l'ai suggéré, reprit Mrs. Gardner, le caractère dénudé et non affectif de l'environnement explique le manque de spontanéité de Roy. Mais l'échec du projet Roy tient à une autre cause. Une bonne soixantaine d'assistants se succédèrent rapidement auprès de Roy et on estima à deux ou trois fois ce chiffre le nombre de personnes qui lui donnèrent deux ou trois leçons. Une poignée seulement de ces personnes parlaient l'ameslan assez couramment pour soutenir une conversation dans la langue qu'ils étaient supposés enseigner. Au bout de quatre ans, Roy supporta de plus en plus mal la rotation accélérée des enseignants et commença à refuser toute attention à ses leçons. Ce fut la fin de l'expérience.

— En somme, dit Mme de Furstemberg, il fit la grève des cours. Roy mit fin lui-même au projet Roy.

Bien que sa formule fût excellente, elle fit à peine sourire. Visiblement, l'assemblée commençait à se lasser de ses interventions. « Ce n'est plus un colloque, me dit Pierre à voix basse, c'est un one-man show. Même Salomon est un peu agacé. »

— Poursuivez, Mrs. Gardner, dit Salomon.

— Il y a un autre point que je voudrais souligner, dit Beatrice Gardner. Mulberry nous confie que lorsqu'il passait les vidéo-cassettes de Roy devant des personnes qui connaissaient bien l'ameslan, elles étaient convaincues que Roy parlait bel et bien l'ameslan, quoique d'une façon enfantine et rudimentaire. Mulberry, poursuivant son analyse, imagina de passer les mêmes vidéo-cassettes au ralenti. Il découvrit alors que plus il les ralentissait, moins les signes faits par Roy ressemblaient au langage humain. Mais la parole humaine, quand on ralentit l'appareil qui la reproduit, devient elle aussi de moins en moins intelligible et de moins en moins humaine...

Beatrice Gardner fut très applaudie et, à mon tour, je demandai la parole.

— On peut se demander, dis-je, pourquoi je désire répondre

au professeur Mulberry, puisqu'il n'a pas mis en cause les résultats de mon expérience avec la chimpanzée Chloé. Mais comme le professeur Mulberry, après avoir critiqué son propre projet, a adressé de très vives critiques au projet Washoe, au projet Koko, au projet Sarah et au projet Lana, il serait très présomptueux de ma part de penser que le projet Chloé échappera seul à ses attaques (rires).

— Dr. Dale, dit aussitôt Mme de Furstemberg, est-ce que vous pensez que c'est parce que le projet Roy a échoué que Mulberry a généralisé son propre échec à tous les autres projets ?

— Non, Madame, dis-je avec fermeté, je ne pense pas cela. Je pense que si Mr. Mulberry en est arrivé à la position négative qui est la sienne sur l'ameslan des primates, c'est en raison de sa conception du langage.

« Des deux éléments qui composent le langage — le mot et la phrase — seule la phrase, parce qu'elle comporte une grammaire, lui paraît spécifiquement humaine. C'est là un a priori évident. Certains linguistes vont encore plus loin. Noam Chomsky n'hésite pas à dire que l'homme est génétiquement équipé d'une structure syntaxique qui existe en lui indépendamment des facultés intellectuelles. On peut se demander sur quels fondements autres que métaphysiques peut bien reposer une idée aussi arbitraire ! Quant au linguiste Brown, il n'hésite pas à affirmer — autre vérité révélée ! — que l'enfant humain possède « un sens inné de l'ordre des mots ». Je ne sais pas si Mr. Mulberry va jusque-là, mais la primauté de la syntaxe en tant qu'élément proprement humain du langage est fortement ancrée dans son esprit. Pour lui, les primates que nous avons éduqués ne parlent pas vraiment. Ils connaissent des mots, mais ne connaissent pas la syntaxe. Madame, est-ce que ma réponse vous satisfait ?

— Elle me satisfait pleinement, dit Mme de Furstemberg de sa voix claironnante. Continuez votre exposé, jeune homme, (rires), sans crainte d'être à nouveau interrompu par moi.

— Merci. Pour moi, les primates que nous avons éduqués

possèdent des rudiments de syntaxe. J'ai vu dans un article rédigé par Beatrice Gardner quatre photographies successives représentant Washoe en compagnie d'une instructrice, laquelle tenait dans ses bras un petit chat : Washoe lui disait en ameslan : « *Me hug cat.* » (Moi embrasser chat.) Tout y est : le sujet, le verbe et le complément. On ne peut pas dire non plus que l'instructrice ait « soufflé » cette phrase au chimpanzé puisqu'en fait elle ne disait rien : elle ne faisait que tenir le chat dans ses bras.

« Tout aussi important me paraît le fait indubitable, mais cependant mis en doute par Mr. Mulberry, que les primates peuvent faire de la langue un usage créateur. Mr. Mulberry s'est attaqué à l'anecdote célèbre de la chimpanzée Washoe et du cygne. Son instructeur, Roger Fouts, se promenant avec elle sur un lac lui montra un cygne en lui demandant ce que c'était. Washoe répondit par deux signes exécutés successivement : *waterbird*. Bel exemple pour les Gardner de création d'un mot composé.

« Mr. Mulberry conteste qu'il y ait eu là création. « Washoe, dit-il, était depuis longtemps habituée à ce qu'on lui demande : " *What's that?* " en désignant un objet. Elle a vu de l'eau, elle a dit : *water*, elle a vu un cygne, elle a dit : *bird*. On ne peut affirmer, conclut Mulberry, qu'elle ait établi une relation entre le mot *water* et le mot *bird*. »

« Mais pour que cette explication soit valable, il faudrait que Roger Fouts ait posé deux questions. Qu'il ait dit : *what's that?* en désignant l'eau, puis *what's that?* en désignant le cygne. Or, il n'a posé qu'une seule question : la seconde.

« Remarquons en passant combien il eût été absurde que Roger Fouts demande à Washoe ce qu'était l'eau. Elle connaissait le mot depuis longtemps. Et elle connaissait la chose qu'il désignait, étant grande buveuse, comme tous les chimpanzés. En fait, l'objet nouveau de la promenade sur l'étang n'était évidemment pas l'eau, mais le cygne, objet aussi de la question. J'insiste, de l'unique question posée. Et l'explication la plus simple à la réponse *waterbird* est que Washoe, voyant un cygne pour la première fois, s'est étonnée de voir un oiseau qui, au lieu de se mouvoir dans les airs, se mouvait dans l'eau. C'est ce qu'elle a exprimé à sa façon en disant : *waterbird*.

« Mr. Mulberry refuse d'établir un lien de relation entre *water* et *bird* à partir de ce qu'il appelle une « anecdote unique ». Mais l'anecdote, justement, n'est pas unique. D'autres exemples existent d'expressions originales créées par les chimpanzés en ameslan ou dans le langage artificiel qu'on leur a enseigné. Elles ont été répertoriées par Duane M. Rumbaugh en 1977 dans un colloque qui célébra le centenaire de la naissance du Dr. Yerkes.

« Washoe, qui avait déjà créé l'expression *waterbird* pour un cygne, a forgé l'expression *cailloubaie* (rockberry) pour une noix du Brésil.

« La chimpanzée Lana, ne sachant comment nommer une orangeade Fanta, l'appela : « *coca qui est orange* », entendez, de couleur orange car elle ne connaissait que la couleur et ne connaissait pas le nom du fruit. Raison pour laquelle elle appela le fruit : « *une pomme qui est orange* ». Un peu plus tard, elle trouva un nom pour une banane trop mûre. Elle l'appela : « *une banane qui est noire* ».

« La chimpanzée Lucy appelle « *odeur fruit* » les oranges et les citrons. Les radis, qu'elle n'aime pas, deviennent « *pleurer faire mal nourriture* », *(cry hurt food)*. Et la pastèque, qu'elle adore : « *boisson fruit* ». Autrement dit, elle qualifie le fruit par son côté le plus frappant.

« Par ailleurs, mais je ne développerai pas ce point, tant les exemples abondent, les primates manifestent une créativité langagière proprement humaine : ils mentent et ils injurient. (Rires).

« En conclusion de son intervention, Mr. Mulberry a dit (j'ai noté sa phrase) que « les primates n'ont pas démontré clairement qu'ils étaient capables de maîtriser les aspects conversationnels, sémantiques et syntaxiques du langage ». « Cependant, avait-il remarqué précédemment, ils parviennent à apprendre un grand nombre de mots isolés, de même que les chiens, les chevaux et autres espèces non animales. »

« Cette comparaison avec les chiens et les chevaux est si minimisante qu'il est difficile de la prendre au sérieux. On ne peut comparer l'efficacité langagière du primate à celle des chiens et des chevaux. Ceux-ci peuvent, en effet, saisir le sens d'une cinquantaine de mots, mais, faut-il le rappeler à un psychologue, il y a une grande différence entre le vocabulaire passif et le vocabulaire actif, entre comprendre ce qu'on vous dit et dire avec des mots ce qu'on veut faire entendre.

« Quand je prononce le mot « promenade » devant mon chien Roderick, il va chercher sa laisse. Mais il ne m'a jamais demandé en ameslan d'aller faire un tour avec moi. Ma jument Vanessa, quant à elle, comprend parfaitement quand je lui dis : « Et maintenant, on rentre à la maison » : elle presse aussitôt le pas. Mais elle ne m'a jamais requis de lui donner à boire en s'asseyant sur son arrière-train et en faisant les signes appropriés avec les sabots de ses pattes de devant. (Rires.)

« Pour conclure cet exposé, je résumerai de la façon suivante ce que je retiens des travaux de mes deux prédécesseurs et des miens :

« Les primates étudiés, chimpanzés et gorilles, ont réussi à acquérir un vocabulaire actif allant de 180 à 400 mots. Ils ont montré qu'ils savaient utiliser des formes interrogatives et des formes négatives et qu'ils étaient capables de faire la différence entre le sujet d'un verbe et son complément ; de créer des expressions nouvelles à partir de mots connus, d'utiliser les mots en les détournant de leur sens pour en faire des insultes ou pour couvrir leurs petits méfaits par des mensonges enfantins ; de recourir spontanément à l'ameslan pour se parler à eux-mêmes, s'adresser à des personnes étrangères à leur entourage, ou à d'autres chimpanzés. En d'autres termes, les primates que nous avons éduqués ont acquis une connaissance élémentaire, mais indubitable, du langage humain.

« Même aussi modestement résumé, cet acquis est considérable. Je dirais, sans vouloir entrer dans des considérations plus longues, que la communication langagière de l'homme avec une autre espèce animale jette une lumière entièrement nouvelle sur les rapports de l'homme avec la nature et sur les rapports de l'homme avec son propre passé.

Je recueillis des applaudissements nourris, sans que je pusse savoir si l'assistance approuvait mon intervention ou me savait gré seulement de la forme vivante que je lui avais donnée. Le professeur Salomon, reprenant la parole après moi, me remercia avec chaleur. Il conclut que, vu l'heure tardive, il jugeait bon d'ajourner au lendemain 9 heures les travaux du colloque, Mr. Mulberry et d'autres participants voulant certainement présenter leur point de vue sur ce débat « aussi passionné que passionnant ».

***

Dès qu'on sortit de la salle plutôt étouffante du colloque, l'air particulier de Paris me frappa, cet air si vif et si stimulant qu'il vous fait toujours honte d'être en retard d'une idée sur vos voisins.

— Suzy, où veux-tu dîner ce soir ?

— Chez nous, dit-elle, plus à titre d'interrogation que de suggestion.

— Aurais-tu une idée de derrière la tête qu'il te plairait de mettre devant ?

— Le raisonnable, dit-elle, c'est de dîner chez nous. « *Thrift, thrift, Horatio*[1] *!* »

— Fi donc ! A Paris ? Où il y a de si bons restaurants !

— Alors, où ? dit-elle, abandonnant tout semblant de résistance.

— A *la Closerie des Lilas ?*

Débarrassée du souci de faire la cuisine, Suzy retrouva sa causticité coutumière.

— A *la Closerie ?* A cause du souvenir de Hemingway ? Ce

1. Économie, économie, Horatio !

n'est pas une référence. Il avait le palais plus sensible au liquide qu'au solide.

— On mange bien à *la Closerie*.

— Mais on y est un peu serré. Difficile de parler dans ces conditions.

— Et tu veux parler ?

— Beaucoup. Je déborde de paroles rentrées.

— Alors, disons le *Bon Aventure*. C'est bon aussi et ils ont un petit jardin délicieux.

Dès qu'on fut dans le taxi, elle se pelotonna contre moi.

— Tu as été excellent et on t'a beaucoup applaudi.

— Oui, mais qu'ont-ils applaudi ? La pièce ou l'acteur ?

— Les deux.

— Je ne sais pas. Je me sens un peu triste.

— Et pour l'instant, tu n'as pas envie de parler ?

— Il y a de cela.

— C'est que tu as faim. C'est curieux : dès que tu as faim, tu deviens très anxieux. On dirait que tu as peur de ne plus trouver de nourriture.

A vrai dire, j'étais surtout un peu gêné, car le chauffeur du taxi ne cessait de nous jeter des coups d'œil par son rétroviseur. Nous voyant si près l'un de l'autre, il s'attendait à des développements. Raison pour laquelle il n'engageait pas la conversation. Le plaisir du voyeur l'emportait chez lui sur celui de la parlotte.

En fin de compte, il ne goûta ni l'un ni l'autre. Pour le consoler, je lui donnai un bon pourboire.

— La moitié eût suffi, dit Suzy avec bon sens en passant le seuil du *Bon Aventure*.

— J'aime bien ce genre de Français. C'est un Français de la vieille génération, petit, trapu, avec une grosse tête et un dos très large. Les Français de la jeune génération ressemblent davantage aux jeunes Américains et ils s'habillent comme eux.

— Et tu le déplores ?

— Ce que je déplore, c'est l'uniformité. Même les Japonais vont finir par devenir grands.

Un maître d'hôtel affable nous trouva une table dans le jardin. Tout était petit : la table et le jardin. Celui-ci avait l'apparence d'un agréable fouillis d'impatiens, de bégonias et de lierre.

Dès que le garçon, avant même de prendre notre commande, eut placé sur la table du pain, du beurre et de la tapenade, je m'en fis une tartine et je la mordis à belles dents.

— Tu te sens mieux ? dit Suzy.

— Bien mieux.

— Alors je peux te demander pourquoi tu t'es senti un peu triste ?

— Je suis déçu. Ce n'est presque pas la peine d'assister à la séance de demain. Tout l'essentiel a été dit. Demain, on ne pourra que répéter ce qui a été dit aujourd'hui. Et tout cela n'aura servi à rien...

— Comment à rien ? La réfutation des thèses de Mulberry m'a paru convaincante.

— Le mal est fait : Mulberry a gagné.

— Il a gagné ? Je n'ai pas eu cette impression en assistant au colloque.

— Il a perdu à Paris devant une poignée de scientifiques. Il a gagné aux États-Unis.

— Pourquoi ?

— Parce que ses conclusions s'appuient sur un préjugé très fort enraciné dans une vieille tradition : l'homme est une sorte de petit dieu. Il n'y a aucune continuité entre lui et l'animal. L'homme est d'une autre nature, d'une autre essence. Tu as vu comme en conclusion Mulberry s'est hâté, contre toute évidence, de faire rentrer le chimpanzé dans le rang : Il comprend des mots, certes, mais pas plus que le chien, le cheval, etc.

Le garçon nous interrompit en nous apportant, sur un grand plat, deux mongolfières en papier d'argent. A vrai dire, elles avaient l'air plutôt de dirigeables, étant, non pas rondes, mais ovales. Il posa le plat sur une petite table à côté de la nôtre et, d'un coup sec de sa fourchette, il creva le sommet d'une des mongolfières. Une fumée odorante s'en échappa. Il acheva son œuvre de destruction, découvrant une assiette sur laquelle des filets de divers poissons apparurent, liés par une sauce aromatisée et quelques petits légumes cuits ensemble à l'étouffée.

La seconde mongolfière subit le même sort. Suzy et moi, nous nous mîmes à l'œuvre et le reste du repas fut perdu pour toute conversation utile.

Je pris un taxi pour revenir à la cité Dupetit-Thouars. C'est un trajet que je connaissais bien et que je n'aurais pas observé avec tant de plaisir si Suzy n'avait été à mes côtés, son épaule contre la mienne. En traversant la place de la Concorde, je fis remarquer à Suzy qu'il était étonnant d'avoir donné ce nom à une place où Louis XVI avait été guillotiné et qui était comme le symbole des guerres civiles dont les Français sont si friands. Cette remarque piqua Suzy et, sans toutefois modifier son attitude abandonnée, elle dit :

— En fait de guerre civile, qui s'y connaît mieux que les États-Unis ?

— Vous êtes américain, Monsieur ? dit le chauffeur en regardant dans le rétroviseur.

— Oui.

— J'aime les Américains, moi ! dit-il plutôt agressivement.

— Mais moi aussi ! dit Suzy en riant.

Nous étions de la meilleure humeur en arrivant chez nous. Mais comme je mettais la clé dans la serrure, un peu essoufflé par les quatre étages, notre voisin de palier, le retraité des chemins de fer, entrouvrit la sienne et, passant sa tête aux cheveux blancs ébouriffés dans l'entrebâillement, il dit en soufflant très fort pour respirer :

— Il est arrivé cet après-midi un télégramme. J'ai cru bon de m'en charger pour vous éviter d'aller le chercher à la poste.

— Et vous avez bien fait ! dit Suzy. Merci mille fois !

— J'ai pensé que c'était un peu pressé, dit le retraité.

Il reprit son souffle :

— Vu, insista-t-il, que c'est un télégramme.

— Oui, oui, bien sûr, dit Suzy. C'est très gentil à vous.

— Attendez, je vais le chercher.

Il rentra chez lui en refermant à clé derrière lui, comme s'il craignait qu'on fît irruption à sa suite dans son logis. J'ouvris la porte de notre appartement et abaissai le commutateur de l'entrée. L'ampoule du palier était très faible.

Le retraité revint après une longue minute, s'avança dans notre entrée, et remit le télégramme à Suzy. Il resta planté là, attendant qu'elle l'ouvrît devant lui. Il devait penser qu'il avait le droit d'en connaître le contenu, puisqu'il nous avait épargné la peine d'aller le lendemain le retirer à la poste. Les doigts de Suzy tremblèrent un peu en le dépliant. Elle jeta un coup d'œil rapide sur le texte puis le lut d'une voix détimbrée :

— « Chloé gravement malade. Vous conseille rentrer immédiatement. Donald. »

— Qui est Chloé ? dit le retraité.

— Une parente, dis-je.

En le poussant doucement dans le dos du plat de la main, je le reconduisis sur le palier en le remerciant. Je fis une phrase très longue pour l'empêcher de reprendre son souffle et de s'inscruster.

Je refermai la porte derrière lui et passai dans le living. Suzy pleurait, assise sur le divan, la tête dans ses mains.

CHAPITRE VIII

A l'arrivée à l'aéroport, dès que j'aperçus Pablo, je scrutai avidement ses traits, mais ils n'annonçaient pas de catastrophe, ce qui, paradoxalement, m'inquiéta. Pourtant, dès que je lui demandai : « Mais comment va Chloé ? », il répondit d'un air fermé : « Je ne saurais dire, Señor, je ne l'ai pas vue. Personne ne la voit sauf Emma et Mr. Hunt. »

Puis il regarda le visage tendu et anxieux de Suzy et, après avoir hésité une demi-seconde, il ajouta de mauvais gré :

— Mr. Hunt dit que c'est la tête, mais il pense qu'elle pourrait aller plus mal.

Il n'en dit pas davantage et, bien convaincu qu'il n'en savait pas plus, on ne lui posa pas d'autres questions. Tout ce long voyage se fit sans échanger une parole. Toutefois, Pablo nous dit spontanément que « les jeunes allaient bien » et que « María de los Ángeles avait beaucoup de peine de la maladie de Chloé ».

Comme on approchait de Yaraville, je demandai à Pablo de s'arrêter d'abord chez les Hunt. Dès qu'elle reconnut la Chevrolet, Mary sortit sur le seuil et, passant la tête par la portière de Suzy, l'embrassa avec effusion et lui dit qu'elle trouverait Donald à Yaraville, au chevet de Chloé. Elle dit « Chloé » et non « votre petit singe » comme elle disait d'habitude.

— Comment va-t-elle ? dit Suzy.

— Plutôt mieux qu'au moment où Donald vous a télégraphié.

A Yaraville où nous arrivons sur le coup de midi, nous sommes accueillis par une Juana qui a une tête de circonstance. La tête seulement. Le cœur ne suit pas. Les « enfants » sont à leurs études à la ville, nous ne les verrons qu'au week-end.

— Mr. Hunt, dit Juana, vous prie de ne pas monter tout de suite à la nursery, il veut vous parler avant.

— Je ne vois pas María de los Ángeles.

— Je l'ai envoyée chez une amie. Mr. Hunt dit qu'il n'y a pas de risque de contagion s'il n'y a pas de contact, mais on ne sait jamais.

Je m'assieds dans le living, Suzy en face de moi, et je me sens, d'un coup, assez las. Nous ne disons rien. Nous attendons. Donald a sûrement entendu l'auto. Que fait-il donc au lieu de descendre ?

Le voilà. Il a l'air, lui aussi, assez fatigué. J'apprendrai plus tard par Emma, que, si occupé qu'il soit par son énorme clientèle, il est venu voir Chloé deux fois par jour.

— Suzy, dit-il, pourriez-vous demander un scotch pour moi à Juana ? Je ne commencerai pas sans vous.

Il se laisse tomber dans un fauteuil et bourre sa pipe. D'habitude, il ne boit jamais avant 8 heures, et assez peu. Dès que Suzy lui met le verre en main, il le serre avec un visible plaisir dans ses doigts et boit une bonne gorgée.

— C'est une encéphalite. Les encéphalites, il y en a autant que des grippes. C'est vous dire. Et contrairement à ce qui a été avancé, les chimpanzés ont les mêmes que nous. Seulement, avec eux, cela se passe moins bien. L'issue est presque toujours fatale.

— Pourquoi ? dit Suzy âprement.

— Parce qu'on ne s'en aperçoit pas à temps. Je parle du chimpanzé en cage. Il est dans son coin, assis, la tête dans ses mains, il mange peu, au dernier stade, il se lève, tourne sur lui-même, tombe, se lève, retombe. A ce moment, on sait ce qu'il a, mais c'est trop tard.

— Et Chloé ? dit Suzy d'une voix étranglée.

— Chloé, elle, sait parler. Elle a pu dire à temps où elle avait mal. Si elle survit, ce sera grâce à l'ameslan. Grâce aussi à Emma, si attentive, si consciencieuse. Elle m'a aussitôt alerté. Le tableau était parlant : mal à la tête, nuque raide, légère loucherie et perte d'équilibre dès que je la mettais en bipédie.

— Et maintenant ? dis-je.

— Maintenant, je la soigne et fort heureusement, c'est une malade en or. Elle accepte tout, elle avale tout. Le hic, c'est le moral, elle ne se défend pas beaucoup.

— Défaitiste ?

— Ni défaitiste ni optimiste : passive, repliée sur elle-même. Je compte beaucoup sur votre présence pour lui redonner du tonus. Elle vous a beaucoup réclamée.

— On peut la voir ? dit Suzy avec une certaine impatience.

— Un instant, Suzy, dit Donald, vous devez savoir que ce n'est pas sans risque. Les maladies des singes sont transmissibles à l'homme. Nous sommes, hélas ! payés pour le savoir ! Il faudra prendre quelques précautions et puis je tiens à vous prévenir, vous allez la trouver changée. Elle a régressé à un stade infantile. Elle ne demande plus son pot. Il a fallu lui remettre des couches. Emma a dû improviser, vu sa taille. Elle fait peu de signes et elle les fait mal. Et il y a des moments où elle ne comprend pas ceux qu'on lui adresse. Emma est une vraie sœur de charité, elle n'a pour ainsi dire pas quitté la malade et elle n'a pas été aidée.

— Juana ?

Donald hausse les épaules :

— On ne peut pas blâmer Juana de ne pas vouloir s'exposer à la contagion.

— C'est pourtant, dis-je, ce qu'elle a fait plus d'une fois pour Elsie et Jonathan, quand ils étaient petits. Pour Chloé elle doit penser que le jeu n'en vaut pas la chandelle : un singe n'est qu'un singe, après tout.

— Il vaudrait mieux, dit Donald, que les jeunes ne viennent pas à Yaraville pour le week-end. Je vous conseillerais, pour soulager Emma, d'engager une infirmière, si du moins on en trouve une pour soigner un chimpanzé.

— C'est inutile, puisque je suis là, dit Suzy avec fermeté. Don, merci un million de fois de ce que vous avez fait.

— Je l'ai fait autant pour Chloé que pour vous, dit Donald d'un air gêné. J'aime bien Chloé, c'est une bonne fille.

Suzy se lève et dit avec décision :

— Maintenant, allons la voir.

— Je vous attends ici, dit Donald, vous vous passerez de moi pour les retrouvailles.

Chloé a bien changé, en effet. Et à sa fenêtre, maintenant, les barreaux sont bien inutiles : elle ne songe pas à se sauver, ni même à se lever du lit.

Elle a un moment de joie en nous voyant, mais c'est une joie sans force. Elle ébauche des signes d'ameslan, mais ils sont si confus et si mal faits que je devine plus que je ne comprends qu'elle désire que je la prenne dans mes bras. Ses longs bras, autrefois si vigoureux, peuvent à peine étreindre mon cou. Leur faiblesse me serre le cœur. Et aussi l'expression de ses yeux, souffrante et égarée.

Suzy la prend à son tour dans ses bras. Et c'est seulement à ce moment que j'aperçois Emma dans le fond de la pièce. Elle a maigri, pâli, mais ses grands yeux noirs ont cette expression sensible et sereine qui m'a toujours frappé chez elle. Comment fait-elle pour être si bonne et sans même en avoir conscience ?

Je m'adresse à elle en ameslan. Ses mains s'agitent. Elle me rappelle, avec un sourire affectueux, qu'elle est muette et non sourde. C'est une précision à laquelle elle tient beaucoup. Elle aime d'autant plus entendre l'anglais qu'elle ne peut pas le parler. Elle se sent ainsi moins exclue du monde des gens normaux.

Je recours alors au langage articulé pour lui poser mes questions et elle me répond par signes. Mais, soit que l'état dans lequel je vois Chloé me bouleverse, soit qu'en huit jours j'aie un peu perdu l'habitude de décoder l'ameslan, ses doigts sont si rapides que je n'arrive pas à les suivre. Je lui demande de ralentir son débit, mais son histoire ne nous apprend rien. Chloé s'est plainte d'abord d'un mal de tête, Emma lui a donné de l'aspirine et voyant que la douleur ne s'apaisait pas, des doses de plus en plus rapprochées. « A ce moment, dit-elle, Chloé était prostrée, mangeait du bout des lèvres et geignait continuellement. » C'est alors qu'elle a appelé Donald.

Chloé pleurniche un peu quand Suzy la remet dans son lit, mais il y a un monde entre ce faible pleurnichement et les gémissements qu'elle poussait, quand elle était valide : Ils étaient toujours coupés de cris vigoureux de protestation. On dirait que pleurer maintenant, c'est déjà trop d'efforts pour elle.

Cependant, elle nous regarde et elle esquisse des signes comme si elle voulait communiquer avec nous.

— Emma, je vous prie, dit Suzy d'une voix pressante, tâchez de comprendre ce qu'elle essaye de nous dire.

Emma se penche sur le lit et fait des signes. Chloé répond de façon désordonnée et pour nous de façon peu intelligible.

— Emma ? dit Suzy.

Emma nous traduit, mais nous sommes si tendus que, même ses signes, nous ne les comprenons pas. A notre prière, elle les répète.

Elle dit :

— *Chloé mal tête. Grand ôter mal.*

Évidemment, elle doit me croire tout-puissant.

— Dites-lui que Don et moi nous lui ôterons le mal.

Pourquoi faut-il que je passe par Emma pour lui dire cela, je ne sais, sinon que ma tête se brouille un peu et que j'ai l'impression de ne plus savoir l'ameslan. Au bout d'un moment, Chloé a l'air plus détendu. On dirait qu'elle sommeille.

— Elle n'a pas l'air de souffrir autant, dit Suzy en regardant Emma.

— Mr. Hunt vient de lui donner un calmant. Il commence à faire son effet.

— Emma, reprend Suzy, il va falloir qu'on organise des tours. Vous ne pouvez pas être seule à vous occuper d'elle. Vous ne tiendrez pas.

— Rien ne presse, dit Emma.

Mais en fait, elle a l'air passablement épuisé.

Nous redescendons et nous retrouvons Donald dans le living. Il est en train de fumer. Il se lève d'un air coupable à notre entrée.

— Suzy, pardon pour la pipe.

— Asseyez-vous, Don, je vous en prie, dit-elle nerveusement. Votre pipe n'a vraiment pas d'importance. Quel est votre pronostic ?

— Réservé.

— Qu'est-ce que cela veut dire « réservé » ? dit-elle presque agressivement.

— Suzy, dis-je à mi-voix.

— Laissez, Ed, dit Don, « réservé » cela veut dire que dans l'état actuel des choses, Chloé peut guérir, mais qu'une issue fatale n'est pas non plus à écarter.

— En somme, vous n'en savez rien.

— Vous avez mis le doigt dessus, Suzy, dit Donald avec calme. Dans le fond, je n'en sais rien. Et personne n'en sait rien. C'est une maladie imprévisible qui touche au poste de commandement de toutes nos fonctions vitales. Qui plus est, le siège du mal est enfermé dans la boîte crânienne. Ce qui ne facilite ni l'examen ni la thérapeutique.

— Supposons qu'elle guérisse, dit Suzy, est-ce qu'il peut y avoir des séquelles ?

— C'est possible, dit Donald, mais ce n'est pas fatal.

— Quelles séquelles ?

— Si elles doivent survenir, vous les connaîtrez bien assez tôt, dit-il avec fermeté. Vous avez suffisamment de souci à vous faire pour le moment, Suzy. Ce n'est pas la peine d'en rajouter.

— Vous avez raison, Don, dit Suzy après un moment de silence. Et pardon d'avoir été si odieuse avec vous à l'instant. Et merci de l'avoir si bien pris. Vrai, vous êtes un ange de patience.

— J'ai de l'entraînement, dit Don.

Chose bizarre, si tendus que nous soyons, cette vieille plaisanterie nous fait sourire. En un sens même, elle nous rassure.

Pendant deux jours, l'état de Chloé resta stationnaire et Suzy, Emma et moi, nous prenions notre tour dans la nursery, laquelle était bien différente de ce qu'elle avait été quand, aux lueurs de l'aurore, Chloé y menait joyeux vacarme, poussant des « hou ! hou ! », sortant de son lit, y retournant avec ses jouets, frappant à notre porte, dès qu'elle nous entendait bouger, et ouvrant elle-même son rideau roulant pour admettre le jour.

Cette lumière, maintenant, elle ne pouvait plus la souffrir. Le rideau restait fermé en permanence, plongeant la pièce dans une demi-obscurité. Le silence s'ajoutait à la pénombre. Chloé tressaillait au moindre pas, au grincement d'une porte, à une parole prononcée un peu haut. Elle restait immobile dans son lit, sans une plainte, les mains le plus souvent inertes, esquissant dans la journée peu de signes et ceux-là assez confus.

L'air de la chambre était désinfecté quotidiennement et la malade était parfaite. Comme avait dit Don, elle acceptait tous les soins, y compris les gouttes dans le nez qu'elle détestait. Il lui fallut, certes, très peu se forcer pour avaler des vitamines sous forme de jus de fruits, ou des légumes sous forme de bouillon, encore qu'elle les préférât crus. Mais c'était très méritoire de sa part de boire le lait qu'elle n'aimait pas, à la seule condition qu'on y ajoutât un peu de rhum pour changer le goût.

Chaque jour, à raison de deux fois par jour, elle priait *Grand* de la guérir. Et au moins une fois par jour, elle adressait la même prière à *Jolie* parfois sous une forme qui rappelait l'intercession de Marie auprès du Christ dans la religion catholique.

— *Jolie demander Grand.*

— *Demander quoi ?*

— *Grand guérir Chloé.*

Preuve que son intelligence continuait à fonctionner. Cependant, ses signes étaient mal faits et seul nous permettait de les comprendre, le fait qu'elle y mettait tant de lenteur. Une lenteur qui nous désolait quand nous nous rappelions combien ses mains, avant sa maladie, étaient agiles et bavardes.

A la fin du troisième jour, elle réclama son chien en peluche, ce qui me parut de bon augure. Cependant, elle ne joua pas avec lui et se contenta de le serrer contre elle. Ses yeux nous parurent plus vifs, mais on se défendit de nourrir trop d'espoir, Don continuant à être « réservé » — mot que Suzy prit en grippe et pour lequel elle continua dans la suite d'éprouver une vive antipathie.

Mais le mieux se confirma le lendemain. Chloé bougeait davantage et mangea de meilleur appétit. Le thermomètre confirma cette amélioration. On appela Don qui, l'ayant examinée, se borna à constater le mieux, tout en restant réservé sur l'évolution de la maladie.

— Don, dit Suzy d'une voix furieuse, vous êtes un sale pessimiste !

Dans l'après-midi, Chloé nous surprit par une initiative inattendue. Nous étions dans la salle à manger en train de déjeuner, quand Emma descendit tout exprès pour nous dire que Chloé avait réclamé Roderick à deux reprises. A la grande indignation de Juana, on planta là le poulet au riz à la mexicaine qu'elle venait de nous servir et on courut à la nursery. Chloé était assise dans son lit et, l'œil beaucoup plus vif, elle réitéra sa demande avec des signes beaucoup plus nets que les jours précédents.

— *Chloé embrasser chien.*

Il fallut argumenter.

— *Chloé,* dis-je, *pas embrasser chien.*

— *Pourquoi ?*

— *Chloé malade, chien malade.*

Elle ne se mit pas en colère, comme elle aurait fait avant sa maladie, mais elle eut l'air tellement déçu et désolé que je me hâtai d'ajouter :

— *Chloé pas embrasser chien, Chloé voir chien.*

Je répétai deux fois ce « voir » et elle dut comprendre car elle répéta : « *Chloé voir chien* », quoique d'une façon confuse.

Je descendis dans la salle à manger où le poulet au riz refroidissait indignement, et ignorant les regards accusateurs de Juana, j'accrochai la laisse au collier de Roderick.

Il me regarda, étonné. Si étonné même qu'il en oublia de remuer la queue. Ce n'était évidemment pas l'heure de la promenade alors que le poulet sur la table dégageait cette odeur savoureuse qui lui laissait penser qu'un morceau pourrait atterrir dans sa gamelle sur la terrasse. Il suffisait, en somme, de se coucher et d'attendre, la salive affluant dans sa bouche.

Roderick fut encore plus stupéfait quand je l'entraînai par l'escalier à l'étage. Il n'y avait jamais mis les pattes, tout le premier lui étant formellement interdit. Et quand je m'arrêtai devant la porte de la nursery, il me regarda d'un air interrogateur. Le désinfectant puissant dont nous usions pour assainir la chambre gâtait son nez. Il ne sentait pas Chloé.

Mais dès qu'on entra, ses oreilles se dressèrent, sa queue se mit à la verticale et commença à battre avec vigueur. Il laissa échapper un petit jappement de joie et tira sur sa laisse avec tant de force que je me penchai en arrière et usai de mon poids pour l'empêcher de rejoindre Chloé.

Chloé, assise sur son lit, nous regardait et mourait d'envie, puisqu'il ne pouvait venir à elle, d'aller à lui, de lui entourer sa grosse tête de ses longs bras et de lui piquer des petits baisers sur sa truffe. Et à vrai dire, elle esquissa un mouvement pour sortir de son lit, mais les forces lui manquèrent et elle retomba sur son oreiller. Cependant, cet échec ne la contrista pas. Si elle ne pouvait embrasser Roderick, elle pouvait au moins le voir.

Au bout d'un moment, elle fit mieux : elle leva les mains et dit :

— *Bon chien.*

Après quoi, elle découvrit ses dents d'en bas et elle sourit. Nous fûmes saisis. C'était le premier sourire qu'on lui voyait sur les lèvres depuis qu'on était de retour.

Le soir, quand il l'eut examinée, Don voulut bien admettre qu'elle était « en bonne voie » à moins d'une rechute.

— Laissez tomber la rechute, Don, voulez-vous, dit Suzy. Et

pardon de vous avoir tant bousculé. Et ne répétez pas, je vous prie, que vous avez de « l'entraînement ». De Mary et de vous, je ne sais pas lequel des deux a le plus de mérite à supporter l'autre !

Après ce trait, elle alla à lui, se haussa sur la pointe des pieds et l'embrassa sur les deux joues. Il rougit.

— Il faut bien avouer, Ed, dit-il, que vous êtes un sacré malin de vous être dégotté une petite Française aussi futée !

— Je ne l'ai pas dégottée, Don, elle m'a choisi. Elle m'a kidnappé en plein colloque à Paris, dans sa petite auto asthmatique. Mon seul mérite est d'avoir eu le bon sens de me laisser faire.

— J'ai quand même peine à croire que vous ayez été si passif.

— Il ne l'a pas été jusqu'au bout, dit Suzy.

Et elle rit.

— A propos de colloque, dit Don, il faudrait que vous me racontiez celui de Paris, maintenant que Chloé est en bonne voie, sauf rechute...

— Ce soir ?

— Non, j'ai encore un client à voir, mais samedi prochain quand vous viendrez dîner à la maison avec les enfants.

Don parti, Suzy et moi reparlons de Chloé et de Roderick. Il nous paraît tout à fait étonnant que la première personne de la famille qu'elle ait demandé à voir dès qu'elle s'est sentie mieux, c'est *bon chien* et non pas *Bébé Amour*, à laquelle elle était pourtant si attachée. Suzy suggère que sa maladie a amené une régression et qu'en elle, les amours animales ont pris le pas sur les amours humaines. C'est bien possible. Et c'est en effet, seulement quand elle sera retapée et debout que Chloé réclamera *Bébé Amour*, *Tresses* et *les Deux Diables*.

Sa convalescence prend une bonne semaine et pendant ces huit jours, sur le coup de midi, Roderick vient de lui-même m'apporter sa laisse pour aller rendre visite à Chloé. Il s'en promet deux plaisirs : celui de fouler de ses pattes impures le paradis interdit du premier étage et d'y déceler au passage toute sorte d'odeurs inédites, et bien sûr, et surtout, celui de voir Chloé.

Il a vite assimilé la leçon. Il ne tire plus sur sa laisse et s'assied sagement au pied du lit, la gueule ouverte, la langue pendante, l'oreille dressée et la queue battant la mesure comme pour accompagner le chant inarticulé de son ardente affection. Comme je voudrais être chien pour sentir à cet instant ce qu'il sent : ce silence et cette ardeur ! ce pur et parfait don de soi !

Chloé, elle, est déjà à mi-chemin de l'être humain, elle est bavarde, elle parle, ne serait-ce qu'avec ses doigts. Elle le déclare *bon chien,* elle répète *bon chien, bon chien,* elle l'aime : *Chloé aime bon chien.* Elle l'embrasse, même de loin : *Chloé embrasse bon chien.* Elle doit s'étonner que Roderick ne réponde pas. Mais sa réponse à lui, c'est son regard.

Dès que Chloé fut guérie, Donald, qui avait retardé son départ en vacances à cause d'elle, (sans que Mary renâclât, étant témoin de notre anxiété) s'envola avec femme, fille et pipe vers d'autres cieux. Il laissa derrière lui verbatim et par écrit un lot de recommandations concernant notre pupille à son remplaçant Mike Müller, jeune vétérinaire mal équarri, enthousiaste, écolo et zoophile que Chloé, dès qu'elle le vit, baptisa *Œil* (il l'avait fort grand) et pour qui, au bout de huit jours, elle éprouva un sentiment aussi passionné que pour Bill le plombier.

Donald, avant de partir, me recommanda vivement de rédiger la communication, ou plutôt les communications, que j'avais faites au colloque de Paris et dont je lui avais résumé les grandes lignes. Jusque-là, je n'avais pas eu le cœur de m'y mettre, mais Chloé reprenant chaque jour santé et joie de vivre, je fermai à clé la porte de mon bureau (conflit avec Suzy), m'assis à ma table de travail et m'attelai à ma tâche, d'abord en rechignant, mais dès que les premiers sillons furent tracés, avec un certain plaisir.

Je fis appel deux ou trois fois à la mémoire de Suzy. Elle s'accorda un mini-triomphe : « Tu vois bien qu'il faut que ta porte reste ouverte ! » et ladite porte ayant enfin cédé, elle m'aida très efficacement, me fit des critiques dont je tins compte et retapa mon texte à la machine, ma première dactylographie comportant des ratures.

L'encéphalite de Chloé ne laissa aucune séquelle et quand elle put reprendre ses leçons, on la soumit à des révisions systématiques qui lui remirent rapidement en mémoire tous les signes qu'elle avait appris. La seule difficulté fut de corriger bon nombre d'entre eux, car elle les avait tellement simplifiés, en particulier au cours de sa maladie, qu'ils n'étaient plus intelligibles que pour nous. A la limite, elle ne parlait plus l'ameslan mais le chloéen — langage que n'aurait guère compris la communauté scientifique à laquelle je destinais le film que je comptais faire sur elle et qui la montrerait en train de dialoguer avec ses instructeurs. Comme Chloé, quand il s'agissait de faire un signe correctement, n'était guère perfectionniste, nous dûmes l'être pour deux et faire preuve de patience.

— Au fond, me dit Suzy, après une de ces leçons épuisantes, nous nous y prenons avec elle comme un père pour corriger le langage bébé de son enfant. Ce qui m'étonne, je vais te le dire : Chloé est si intelligente, elle apprend si bien quand elle veut se donner un peu de mal qu'on se demande pourquoi un chimpanzé n'est pas capable de parler un langage articulé. Est-ce une question de larynx ?

— On l'a prétendu, mais c'est peu convaincant. Le perroquet imite très bien la voix humaine et son larynx est un simple tuyau. Pour moi, l'hypothèse la plus vraisemblable, c'est que l'hémisphère gauche du cerveau chez les primates n'est pas équipé pour produire un langage articulé.

— Tu veux dire que leur hémisphère gauche ne comporte ni l'aire de Brocca ni l'aire de Wernicke [1] ?

— Exactement.

— Mais dans ce cas, pourquoi sont-ils malgré tout capables d'apprendre un langage par signes ou un langage artificiel ?

— Probablement grâce à l'hémisphère droit.

1. Zones de l'hémisphère gauche qui commandent le langage articulé.

— Comment sait-on que l'hémisphère droit puisse jouer ce rôle ?

— Par la pathologie : des hommes dont l'hémisphère gauche avait gravement été lésé (accident de la route ou blessure de guerre) et qui, de ce fait, avaient perdu la parole en partie ou en totalité, se sont montrés capables d'apprendre un langage artificiel analogue à celui que les Premack ont enseigné à leur chimpanzée Lana. A quoi peut-on attribuer cette capacité, sinon à l'hémisphère droit puisque, des deux hémisphères, il était le seul, chez eux, à n'être pas lésé.

— Comme ce serait passionnant de connaître l'homme ou le presque homme qui innova en articulant des sons, comme la macaque Imo innova en lavant ses pommes de terre !

— Il n'a pas pu innover à partir d'un dispositif anatomique qui n'existait pas. Il a fallu que l'hémisphère gauche se modifie pour que des sons articulés sortent de sa bouche.

— Et comment cela a-t-il pu se faire ?

— Par mutation. Tu le sais comme moi, chez un individu, brusquement, un gène se modifie, entraînant une variation dans l'apparence ou l'anatomie et une variation qui est, d'emblée, héréditaire, puisqu'elle provient d'un gène.

— Oui, oui, je sais : les albinos, les chiens sans poil, les souris sans queue, les bull-dogs, les moutons-loutres... Ainsi, selon toi, l'hémisphère gauche se serait tout d'un coup modifié chez un de nos ancêtres velus. Et au lieu de pousser des cris, il s'est mis à articuler des sons et il a eu l'idée de les moduler pour nommer les choses.

— Oui, sauf que cet ancêtre n'était pas aussi velu que tu l'imagines. C'était une femme.

— Une femme ?

— Nécessairement.

— Mais pourquoi ?

— Parce que chez les primates, les mâles ne prennent aucune part à l'éducation des petits. Et le langage étant moitié inné, moitié acquis, il a fallu que le premier mutant fût une femme pour qu'elle pût enseigner à ses enfants les premiers balbutiements du langage articulé…

— Oh, Ed ! dit Suzy avec feu, quelle magnifique réhabilitation de la femme !

⁂

Cette conversation eut lieu alors qu'on faisait les foins à Yaraville dans les prés de la vallée (ceux des collines étant réservés à la pâture). L'herbe était meilleure dans la vallée et aussi plus facile à faucher, vu l'absence de relief. Toutefois, après les foins, et si le mois d'août avait été assez pluvieux pour faire pousser un regain, celui-ci était livré en fin de saison aux moutons avant que le mauvais temps les contraignît, plus tôt qu'ils n'auraient aimé, à prendre leurs quartiers d'hiver dans la bergerie.

Chaque année, au moment des foins, j'embauche, pour aider Pablo, un travailleur saisonnier. Et je n'ai pas à aller bien loin pour le chercher : les candidats se présentent d'eux-mêmes, plus nombreux que nous le voudrions. Et nous n'avons plus qu'à faire le tri, Pablo et moi. Nous n'avons pas les mêmes critères. J'aurais tendance à privilégier la jeunesse, la bonne mine, le coefficient de sympathie. Pablo préfère l'expérience et la force physique.

Je me souviens, toutefois, que cette année-là, étant retenu à Paris pour le colloque, j'avais laissé à Pablo le soin de faire le tri. A mon retour, il me présenta sa recrue et plus tard il me confia en être très satisfait. Il mit une certaine insistance dans cet éloge, comme s'il voulait me donner à entendre qu'à l'avenir, je serais bien avisé de lui laisser la responsabilité du choix.

Quant à son nouvel aide, toutes les apparences semblaient lui donner raison. Avec ses larges épaules, son ventre plat, et son visage tanné, Harry Denecke offrait une telle image de force et de bonne forme physique qu'on pouvait se demander pourquoi une grande marque de cigarettes ne l'avait pas encore choisi pour promouvoir son produit délétère. A le voir, on sentait que ni la nicotine, ni le goudron, même à des taux élevés, ne pourraient jamais venir à bout de son éclatante santé. D'ailleurs, il ne fumait pas, ne buvait pas, travaillait beaucoup, parlait peu et aimait les animaux : moutons, chèvres, chevaux, chiens et bien sûr aussi, Chloé, dès qu'il la vit.

Cependant, il ne me plaisait qu'à moitié. Je n'aimais pas ses yeux sans pouvoir dire ce que je n'aimais pas en eux. Car il ne vous regardait ni en dessous, ni de côté, mais bien en face, avec un air de franchise. On aurait même pu soutenir que ses yeux étaient beaux, étant d'un bleu lumineux qui, dans ce visage très bronzé, ressortait bien. Ajoutez à cela, une grosse moustache, plus poivre que sel, qui donnait à sa physionomie un air de bonté et de virilité. Les femmes de Yaraville, d'ailleurs, Emma comprise, ne cachaient pas qu'elles le trouvaient très agréable à regarder et Pablo, on l'a vu, chantait ses louanges.

A telle enseigne qu'on finissait tout de même par se demander pourquoi, avec toutes ses qualités, et un aspect si séduisant, Harry avait pu arriver à l'âge qui était le sien (quarante-deux ans) sans se trouver en possession d'une femme et d'un emploi stable.

C'est bien là la question que je me posais à son sujet. Et en plus, comme je viens de le dire, je n'aimais pas ses yeux, si beaux et si bleus qu'ils fussent. Toutefois, je dois bien admettre qu'il nous rendit, à Yaraville, de signalés services, surtout quand Pablo se cassa la jambe en trois endroits, étant tombé du toit d'une grange qu'il était en train de réparer. Fort heureusement, j'avais réussi, quatre ans plus tôt, à le convaincre de s'assurer, m'offrant même, pour le décider, à payer les deux tiers de la prime. A quoi il consentit enfin, sans que je fusse aidé en mes efforts par Juana qui, priant tous les soirs la Vierge Marie de protéger son mari des accidents, estimait que cette protection suffisait.

Je pensais que Juana dans son malheur allait être bien aise que l'assurance humaine payât jusqu'au dernier cent et pendant plus d'un mois les soins et l'hospitalisation de son mari. Mais pas du tout. Ayant toute confiance en la Vierge Marie, et en son pouvoir d'intercession, elle estima que si la Vierge Marie n'avait pas, en l'occurrence, protégé « *su marido* », c'est qu'il devait y avoir une raison et cette raison, elle ne tarda pas à l'imaginer : Pablo lui avait été infidèle.

C'est ce que, dans sa cuisine, elle confia à Suzy en pleurant à chaudes larmes.

— Mais enfin, Juanita, dit Suzy en la prenant aux épaules et en la serrant contre elle, tu n'as pas la moindre preuve de son infidélité !

— Une preuve, Señora ! dit Juana. Et comment appelez-vous cette chute, sinon un châtiment de Dieu ? Cent fois il est monté sur ce toit, et cent fois il en est redescendu par l'échelle comme un chrétien !

— Cette fois-là, son pied aura glissé.

— Non, Señora, son pied n'a pas glissé. Son pied est sûr. *Mi marido*, c'est un homme d'acier. La vraie raison, c'est celle que j'ai dite, enchaîna-t-elle, ses pleurs redoublant.

— Mais voyons, Juanita, dit Suzy, Pablo n'est pas du tout ce genre d'homme. Il ne court pas.

— Mais les femmes, elles, lui courent après ! Et en particulier la boulangère quand elle vient nous livrer le pain. Vous n'avez jamais remarqué les œillades que lui balance cette « *puta de mierda* » ?

Tout ce que put dire Suzy n'y changea rien. La conviction de Juana était faite. Néanmoins, femme de devoir, elle alla voir « *su marido* », deux fois par semaine à l'hôpital, tout en lui montrant une froideur qui l'étonna. « Savez-vous, Señor, me confia-t-il à son retour, les femmes sont un peu bizarres. La mienne surtout. Je me casse la gueule et elle m'en veut. »

Elle fit pis. Pendant tout le temps que Pablo fut hospitalisé, elle entreprit, par représailles — mais était-ce seulement des représailles ? —, de « balancer des œillades » à Harry et je commençai à craindre qu'une tragédie à la mexicaine ne vînt, au retour du héros, ensanglanter Yaraville. Mes craintes se révélèrent vaines. Harry, sous le feu des attaques, resta impassible. Force me fut alors de conclure qu'il joignait la prudence à toutes ses autres vertus. Et, chose étrange, bien que fort soulagé, je ne l'en aimais pas davantage. Tout cela paraissait trop beau.

Je le dis à Suzy.

— Je ne vois pas, dit-elle, pourquoi tu te méfies tant de lui ! De toute façon, il doit nous quitter dès le retour de Pablo.

Elle ajouta non sans malice :

— Es-tu bien sûr de ne pas être un peu jaloux de lui ? Il est si bel homme !

— Mrs. Dale, si vous répétez cela, je vous bats !

— J'accepterais, le cas échéant, d'être battue, dit-elle en riant. Cela dépend sur quelle partie du corps.

Si on met à part Juana, respectée quoi qu'elle en eût, Harry remplaçait efficacement Pablo dans toutes ses fonctions. Il fut tour à tour berger, menuisier, serrurier, plombier et couvreur. Bien mieux, Suzy et moi-même étant alors immergés dans la rédaction de mes deux interventions au colloque de Paris, Harry s'occupa de Chloé dans ses activités de plein air, Emma n'étant d'aucun secours dans ce domaine. Chloé, quant à elle, ne cacha nullement que Harry était son troisième grand amour — après Bill le plombier et après Mike Müller, le jeune vétérinaire qui avait remplacé Donald pendant ses vacances.

Ce qui facilita beaucoup leurs rapports fut la connaissance qu'avait Harry de l'ameslan. Il m'expliqua, en peu de mots, que sa mère étant sourde et muette, il avait dû l'apprendre pour communiquer avec elle, son père seul lui parlant en anglais. « Et il parlait beaucoup ? dis-je. — Pas plus que moi », dit Harry. Ceci, à mon avis, expliquant cela.

La convalescence de Chloé fut comme une deuxième naissance. Elle reprit très vite ses habitudes de propreté, retrouva sa force musculaire, mangea comme un ogre et but comme le sable du désert.

Et de nouveau, hélas, elle s'abandonna à des colères mémorables et mordit Emma. Elle pleura quand je la grondai et se montra sincèrement repentante, baisa la main qu'elle avait meurtrie et promit de ne plus recommencer. Elle tint parole et mit même au point une technique ingénieuse pour éviter que la colère ne l'entraînât à la violence : elle parla.

Elle faisait, en somme, comme ces vieux diplomates qui ne rompent jamais les chiens, mais poursuivent un dialogue quasi désespéré avec l'ennemi potentiel pour faire échec à la guerre. Emma, bien sûr, entrait aussitôt dans son jeu.

— *Chloé colère!* disait Chloé qui paraissait sur le point de charger, dressée sur ses pattes de derrière, trépignant sur place et les dents du haut découvertes.

— *Pourquoi Chloé colère?* disait Emma.

— *Nœud sale méchante pourrie W.-C.*

— *Nœud pas méchante,* disait Emma, *Nœud aimer Chloé.*

— *Nœud pas aimer Chloé, Nœud refuser pomme.*

— *Grand dire Nœud refuser pomme Chloé.*

— *Grand W.-C.*

— *Chloé dire Grand W.-C.?*

Comme toujours quand elle était embarrassée, Chloé réfléchit dans l'attitude typique que j'ai déjà décrite : le pouce sur son nez. Puis, après un moment, l'idée d'aller voir Grand pour lui dire qu'il était W.-C. dut lui paraître saugrenue, car elle se mit à rire.

Pour rire, le chimpanzé ouvre tout grand la bouche et halète en crescendo. Quant à ses raisons de rire, elles sont multiples : il est joueur et taquin. Au zoo de Arnhem, les jeunes passent leur temps à se jeter du sable ou à se faire des farces et n'osant s'attaquer aux gros mâles, ils s'en prennent aux mères de famille, plus lentes à se mettre en branle. Leur sens de l'humour est indubitable, s'il est parfois quelque peu grossier. Un jour que Roger Fouts portait sur ses épaules la chimpanzée Lucy, elle lui fit pipi dans le cou et de la main, se penchant, elle fit le signe : « *Drôle!* »

Emma, dès qu'elle le put, courut me raconter comment, grâce au dialogue, la guerre, de justesse, avait été évitée. J'eus bientôt la preuve que Chloé avait parfaitement conscience du procédé qu'elle employait pour refréner sa propre violence. Elle le répéta. De mon côté, je passai la consigne à tous les membres de la famille : aux premiers symptômes d'une violente colère : parlez ! parlez ! parlez !

Quand María de los Ángeles revint à Yaraville, Chloé manifesta la joie la plus vive et l'embrassa à satiété. Mais elle ne retrouva pas avec elle l'intimité et les jeux d'autrefois. Elle éprouvait alors un grand besoin de plein air et de mouvement et Bébé Amour n'était capable de la suivre dans aucune de ses activités : s'échapper de la maison, dévaler à toute vitesse les marches qui menaient à la piscine, la contourner en courant, descendre la colline jusqu'à l'étang, grimper en un clin d'œil au sommet de son bouleau favori et se balancer interminablement au bout de sa plus haute branche ; ou variante encore plus dangereuse : grimper par un appentis sur le toit de Yaraville, s'y promener, et s'asseoir sur une des cheminées pour nous narguer de haut.

Emma était bien la seule personne pour laquelle Harry paraissait avoir un semblant d'amitié à Yaraville. Peut-être parce qu'étant muette, elle lui rappelait sa mère. Et c'est par Emma que nous sûmes comment se passaient les promenades à cheval de Harry avec Chloé.

Il faut dire que, les foins rentrés au-dessus de la bergerie, et les moutons au pacage derrière les barbelés, Harry avait maintenant peu à faire. Mais à la différence de Pablo qui s'arrangeait toujours pour avoir l'air furieusement occupé dans la crainte où il vivait de se voir imposer à l'improviste par moi un travail déplaisant (et presque toutes les tâches que je lui demandais entraient dans cette catégorie), Harry ne me cachait pas ses heures creuses. Il m'en avertissait, au contraire. « Mr. Dale, disait-il, si vous n'avez rien à me donner à faire, je peux promener Chloé ? »

Il montait lui-même à cheval remarquablement bien, raison pour laquelle je lui prêtais volontiers ma jument Vanessa sans crainte qu'il ne me la rendît dédressée.

Harry sellait Tiger et pour lui-même Vanessa et les deux cavaliers partaient l'un derrière l'autre, Vanessa précédant

Tiger qui paraissait, dans son sillage, ridiculement plus petit. Mais dès que Harry commençait à gagner les collines, et que Tiger, avec ses petites pattes, perdait du terrain dans la montée, Chloé commençait à geindre et à pleurnicher, craignant de rester seule et abandonnée dans ces solitudes. Harry arrêtait alors Vanessa et, démontant, il allait prendre Chloé dans ses bras, et l'installait sur le devant de sa propre selle. Puis, après avoir raccourci les rênes de Tiger, pour qu'il ne se prît pas les pattes dedans, il remontait sur Vanessa, offrant à Chloé le dossier de sa large poitrine. Tiger suivait assez docilement, sauf quand une gourmandise le tentait sur le chemin mais ses arrêts étaient peu fréquents, l'herbe des collines, à la comparer à son foin, lui paraissant rêche et pauvre.

Il y a fort à parier que c'était là pour Chloé, confortablement installée dans les bras de l'homme qu'elle aimait, le meilleur moment de la promenade. Mais elle appréciait tout autant d'être amenée par lui jusqu'au drugstore à l'orée du village, dans le break flambant neuf que je venais d'acheter.

Ce break possédait un toit ouvrant électrique. La première chose que Chloé apprit fut d'appuyer sur le bouton qui commandait son ouverture. Le règlement en auto et dans le village était formel : elle devait porter laisse et collier. Dans le village, pour rassurer les habitants et en auto, pour l'empêcher de grimper sur le toit et de s'y livrer à ses acrobaties habituelles. Toutefois, quand la température était clémente et pour de petits parcours, on l'autorisait à s'asseoir sur le haut de son dossier, et à sortir la tête par le toit ouvrant.

Dès que Harry pénétrait dans le drugstore, la laisse de Chloé très raccourcie passée dans sa ceinture, pour éviter qu'elle n'allât ravager le rayon des fruits et des légumes, elle se mettait à faire des signes.

— *Moustache* (c'était le nom qu'elle avait donné à Harry) *donner monnaie.*

— *Tout à l'heure.*

— *Moustache donner monnaie...*

La litanie (si l'on peut parler de litanie, s'agissant de la répétition sans fin de signes silencieux) durait tout le temps que Harry était occupé, les signes devenant de plus en plus frénétiques au fur et à mesure que le temps passait.

Les emplettes enfin finies, Harry lui donnait quelques petites pièces et, tirant violemment sur sa laisse, elle le précédait jusqu'au distributeur automatique de glaces. Sans jamais se tromper sur le choix de son parfum préféré, ni sur le nombre des pièces qu'il fallait introduire dans l'appareil pour le rendre docile, elle touchait enfin aux délices convoitées.

Pour les parfums, je ne prétends pas qu'elle savait lire. Elle avait dû procéder empiriquement : essayer successivement tous les boutons et retenir l'emplacement de celui qui lui donnait la glace préférée. Quant aux pièces, le procédé était encore plus simple : entre chaque pièce, elle avait appris à faire une pause et si la glace n'apparaissait pas, elle glissait une autre pièce par la fente.

C'est pourtant dans cette occupation innocente que Chloé, cet été-là, fut surprise par une bande de quatre gamins qui, trouvant qu'elle était trop lente à actionner l'appareil, se mirent, dans son dos, à la houspiller.

— La houspiller, Harry ? dis-je à Denecke quand il me raconta l'histoire, qu'est-ce que vous entendez par là ?

— Exemple : « Toi le macaque, fous le camp, c'est notre tour ! »

— Et qu'a fait Chloé ?

— Elle s'est retournée, sa glace à la main et les a regardés, abasourdie. Elle se demandait, visiblement, s'ils lui étaient hostiles ou s'ils voulaient s'amuser. Vous comprenez, Mr. Dale, sur les quatre, il y en avait trois qui riaient et ne paraissaient pas bien méchants. C'est le quatrième qui a tout gâché. Il a marché sur Chloé d'un air menaçant et lui a dit : « Tu as compris, sale singe ! casse-toi ! » C'est alors que Chloé a piqué une colère et s'est jetée sur lui.

— Elle l'a mordu ?

— Non, j'ai tiré sur la laisse juste à temps. Et vous

voyez, Mr. Dale, ce qui m'a étonné, c'est que « macaque » ne lui a fait ni chaud ni froid. C'est le mot « singe » qui l'a rendue furieuse.

— Elle n'a jamais entendu le mot « macaque », voilà pourquoi. En revanche, elle connaît très bien le mot « singe ». Je l'ai prononcé plusieurs fois devant elle en lui présentant l'image d'une chimpanzée. Et les gamins ?

— Ils prirent peur et s'envolèrent comme des moineaux. Mais ils ne sont pas allés bien loin car lorsque je me suis mis au volant, l'un d'eux a lancé une pierre sur le break.

— Vous savez lequel ?

— Oui, c'est Nick Harrisson. Mr. Smith l'a vu, il est sorti de son drugstore et lui a remonté les bretelles.

— Est-ce que Nick visait Chloé ?

— Non, Chloé était déjà à l'arrière, couchée sur le siège. C'est le capot de la voiture qui a pris. Pas grand mal. Juste un peu de peinture.

— Nick, c'était celui qui l'avait traitée de « sale singe » ?

— Oui, c'était bien celui-là. Un petit gars qui n'a pas douze ans et qui joue déjà les durs.

Je répétai l'histoire à Suzy dès qu'elle eut cessé l'arrosage des jardinets de la terrasse. Nous prîmes le thé en silence, tous deux soucieux, mais pas pour les mêmes raisons. Suzy craignait que le « sale singe » rappelât à Chloé qu'elle s'était trouvée « laide », avec toutes les implications que ce mot comportait pour elle. Et quant à moi, j'étais désagréablement impressionné. C'était la première fois que Chloé dans le village s'était heurtée à une manifestation hostile. Il est vrai qu'il ne s'agissait que d'enfants, mais le meneur de ces enfants avait-il provoqué Chloé spontanément ou avait-il trop écouté les propos d'un adulte ? Sur ce point précis, je n'allais pas tarder à être éclairé.

Le téléphone sonna. Je rentrai dans le living, m'assis et décrochai. C'était Harrisson. Je mis le haut-parleur pour que Suzy pût l'entendre.

— Mr. Dale, dit-il d'une voix râpeuse, êtes-vous au courant de ce qui vient de se passer au drugstore ?

— Oui.

— Et trouvez-vous normal que des enfants de Beaulieu ne puissent entrer dans un drugstore pour s'acheter une glace sans être agressés par un singe ?

— Ils n'ont pas été agressés. Aucun d'eux n'a été touché ni mordu.

— Et c'est heureux. Dites-vous bien, Mr. Dale, que si mon fils avait été mordu, j'aurais abattu votre singe comme un chien enragé.

— Mr. Harrisson, il n'y a pas lieu d'envisager cette hypothèse, puisqu'elle ne correspond pas à la réalité. Nick n'a pas été mordu.

— Il a failli l'être.

— Nick et ses petits camarades ont eu le tort de harceler Chloé et de l'insulter.

— Mr. Dale, vous n'allez pas me faire croire que votre singe a compris ces insultes ?

— Chloé comprend environ trois cents mots d'anglais et « sale singe » est de ceux-là.

— Je ne vois pas ce qu'il y a de vexant à être traité de singe quand on en est un.

— Nick n'a pas traité Chloé de « singe », mais de « sale singe ».

— Ce n'est pas ce que dit Nick.

— J'ai deux témoins, Mr. Harrisson.

— Voulez-vous dire, Mr. Dale, que vous avez l'intention de me faire un procès ?

— Pas du tout. Mais d'un autre côté, je n'ai pas du tout apprécié que vous parliez d'abattre un animal m'appartenant, même à titre d'hypothèse.

— Je fais les hypothèses qui me plaisent.

— Et celle-là vous plaît particulièrement ?

— Je n'ai pas dit cela. Je dis, Mr. Dale, qu'il est inadmissible que votre singe terrorise mon fils en se jetant sur lui, les crocs découverts.

— Je doute que Nick ait été terrorisé. Deux minutes plus tard, il a jeté une pierre sur mon break.

— Je n'en crois rien.
— Là aussi, j'ai deux témoins.
— Mr. Dale, dit Harrisson, d'une voix furieuse, avez-vous, oui ou non, l'intention de me faire un procès ?
— Non.
— Alors, pourquoi parlez-vous de témoins ?
— Parce que vous paraissez mettre ma parole en doute.
— Je sais ce que je pense, Mr. Dale, et je n'ai pas à vous le dire.
— Et qu'êtes-vous en train de faire en ce moment ?
— Vous voulez que je vide mon sac ? Eh bien allons-y ! Je trouve que c'est une idée de dingue d'apprendre à parler à un singe et de l'élever comme un enfant. Et je ne suis pas le seul à Beaulieu à penser ça.
— Vous êtes libre de vos opinions, Mr. Harrisson, et moi des miennes.
— Et je vais vous donner un conseil.
— Pourquoi pas, s'il est sensé ?
— Libre à vous d'élever chez vous un animal sauvage, mais dans ce cas, ne venez pas le promener à Beaulieu ! Vous troublez l'ordre public !
— Les fauteurs de trouble sont ceux qui harcèlent un animal pacifique et qui jettent des pierres sur les voitures.
— Je vous ai dit ce que j'avais à vous dire. Je n'ai rien à ajouter. Bonsoir.
Dès que j'eus raccroché, Suzy se tourna vers moi, atterrée et me dit :
— Mais qu'est-ce que c'est que cet olibrius ?
— Oh ! Tu ne le connais pas. Il habite une ferme éloignée. Il a pas mal de terres, mais rien ne lui réussit. Il se dispute avec ses voisins, ses moutons meurent, sa femme le quitte...
— Et c'est vrai qu'il y a des gens à Beaulieu qui pensent comme lui ?
— Deux ou trois, peut-être.
— Tu les connais ?
— J'en connais une : la vieille Mrs. Pickle. Elle m'a abordé

un jour dans la rue de Beaulieu pour me dire que je faisais œuvre impie en essayant d'apprendre à parler à un singe.

— « Œuvre impie ? » Tu lui as demandé pourquoi ?

— Bien sûr. J'essayais, dit-elle, dans mon fol orgueil, de corriger l'œuvre du Créateur. En conséquence, je devais m'attendre à être un jour foudroyé. Comme Onan, a-t-elle ajouté.

— Ça n'a aucun rapport ! dit Suzy en riant. Onan, si j'ai bonne mémoire, a été foudroyé par le Seigneur pour avoir répandu sa semence à terre.

— Oui, la pauvre, elle mélange un peu tout...

Le 28 août, j'allai chercher Pablo à la clinique pour le ramener à Yaraville. Il me dit d'emblée, en s'asseyant dans la voiture, que le docteur lui avait conseillé, pour le travail, « de se ménager ». Comme il n'avait jamais fait autre chose, je gardai le silence. Pendant le trajet, il réitéra ses plaintes sur Juana. Certes, elle était venue le voir à la clinique, mais chaque fois, elle lui avait fait la gueule.

— Señor, c'est quelque chose, ça ! Je me casse trois os et elle me boude trois semaines. Qu'est-ce que cela veut dire ?

— Vous lui avez demandé pourquoi ?

— Bien sûr.

— Et qu'a-t-elle répondu ?

— *Nada y nada y nada*[1]. Les femmes, je vais vous dire, Señor, ce n'est pas un sexe bien sympathique. Et vous savez pourquoi ? Chez les femmes, c'est le ventre qui commande. Chez l'homme, c'est la tête.

— Et peut-être aussi les *cojones*, vous ne croyez pas, Pablo ?

— Je ne crois pas, Señor, dit-il, étonné d'entendre de ma bouche ce mot qu'il avait si souvent dans la sienne. Non, non, je ne crois pas. Chez l'homme, c'est la tête qui commande...

Harry m'avait dit son intention de partir le lendemain du retour de Pablo et avait exprimé aussi le désir d'être payé en numéraire et non par chèque. Cette demande était gênante pour

1. Rien de rien.

moi. Elle voulait dire que je ne pourrais pas comptabiliser son salaire dans mes frais généraux. Mais comme Harry nous avait rendu de grands services, j'y consentis et avant d'aller chercher Pablo à la clinique, je sortis deux mille dollars en billets de ma banque et les lui remis après le thé, en même temps qu'un certificat d'emploi des plus élogieux.

Le soir, après dîner, Harry vint prendre congé de nous et le fit en peu de mots comme à son habitude et le visage impassible. Puis il pénétra dans la cuisine en prenant soin de laisser la porte de communication ouverte derrière lui. Les adieux avec Juana furent plutôt froids. La femme de Putiphar n'ira pas jusqu'à calomnier Joseph auprès de son mari, mais elle ne lui garde pas non plus une dent fort bonne d'avoir méprisé ses charmes.

Harry repassa alors dans la salle à manger et nous demanda la permission de monter à l'étage dire adieu à Chloé.

Une demi-heure plus tard, quand nous montons nous-mêmes donner à Chloé le baiser du soir, Emma nous dit : « *Il a embrassé Chloé mais il ne lui a pas dit qu'il partait.* » Elle reprend : « *Il m'a aussi embrassée.* » Elle ajoute : « *Sur les deux joues* », le rouge recouvrant lesdites joues. Quelques minutes plus tard, elle vient frapper à notre porte. Suzy lui ouvre. Au moment de fermer la porte de la nursery qui donne sur le couloir, plus de clé ! « *C'est probablement une farce de plus de Chloé,* dit Suzy, *ne la réveillez pas. Nous la questionnerons demain.* »

Le lendemain est un 29 août, date de mon anniversaire. Je le mentionne ici, mais j'interdis qu'on me le souhaite, ne trouvant rien de réjouissant à compter une année de plus. Suzy obéit à la consigne et son baiser du matin est tout juste un tout petit peu plus appuyé qu'à l'ordinaire. C'est du moins ce que je ressens. Mais je n'ai pas le temps de m'appesantir sur mes sensations. On frappe à coups redoublés à la porte qui nous sépare de la nursery. Il s'agit de toquements, non de tambourinades. Ce n'est donc pas Chloé. Je passe une robe de chambre et je vais ouvrir. Emma apparaît, pâle, effarée. De ses mains tremblantes, elle multiplie les signes.

— Moins vite, Emma !

Elle répète.

— Que veut-elle ? dit Suzy de son lit.

— Elle dit que Chloé a disparu.

— Disparu ? Elle ne doit pas être bien loin. Elle a dû profiter de ce que la porte sur le couloir n'était pas fermée à clé pour aller vadrouiller partout.

— Dis-lui de la chercher, dit-elle, oubliant qu'Emma n'est pas sourde.

Emma s'en va et je m'habille, très contrarié. Pour moi, tout est clair. Hier soir, profitant d'une courte absence d'Emma, Chloé a subtilisé la clé et l'a cachée. Son escapade était préméditée.

— Elle est inéduquable ! dit Suzy de très mauvaise humeur, en passant un survêtement. Il faut la surveiller vingt-quatre heures sur vingt-quatre ! Au moindre moment d'inattention, ça y est ! elle s'échappe ! Et on la retrouve sur le toit ou tout en haut de son bouleau ! Heureux encore que tu aies pensé à cadenasser la barque. Elle serait capable de vouloir faire un petit tour sur l'étang, alors qu'elle ne sait même pas manier les rames.

Emma reparaît à notre porte. Nous nous tournons vers elle. Ses mains s'agitent : elle ne la trouve nulle part.

— Vous l'avez cherchée dans les chambres des enfants ?

Elle fait signe que non.

— C'est pourtant là qu'elle a le plus de chances de se trouver, dit Suzy. Surtout chez Elsie, pour essayer ses robes.

— J'y vais, dis-je.

Et devançant Suzy, je passe dans le couloir, j'ouvre l'une après l'autre les chambres des enfants et n'y trouve pas trace de Chloé, ni de l'indescriptible désordre qu'elle introduit partout où elle séjourne.

Je descends au rez-de-chaussée et dans l'entrée, je fais deux constatations : je ne trouve pas Roderick et la porte qui donne sur la terrasse est béante. J'en conclus que Chloé a ouvert le verrou de l'intérieur et que le chien, naturellement, l'a suivie.

Suzy me rejoint.

— J'ai toujours soutenu que le verrou ne suffisait pas. Il fallait fermer la porte à clé.

— Voyons, Suzy, dis-je plutôt sèchement, à quoi cela sert-il d'avoir raison trop tard ?

— Oh Ed, pardon, ne nous disputons pas ! dit-elle en glissant sa main dans la mienne. Nous allons la trouver. Où peut-elle être sinon à l'écurie avec Tiger ?

Pour gagner l'écurie, on passe devant les garages des autos de Yaraville — une bonne demi-douzaine en tout, quand les enfants sont là, alignées parallèlement. A proprement parler, ce ne sont pas des garages mais des abris rustiques qui protègent les véhicules du soleil et de la pluie.

A l'écurie, tous les chevaux sont debout, sagement, chacun dans son box, Tiger compris, qui est aussi le seul, avec Dick le chien, qui couche dans le box pour lui tenir compagnie, à s'agiter à notre approche. Il fait des « pfutt » à travers ses narines pour quémander du sucre.

J'étais tellement convaincu que Chloé ne pouvait être qu'avec Tiger que je commence à m'étonner et à m'inquiéter.

— Faisons le tour du bâtiment, chuchote Suzy d'une voix sourde. Elle a pu se cacher en nous entendant venir.

Suzy passe d'un côté et moi de l'autre. Sur l'autre façade, quand nous faisons notre jonction, nous ne trouvons rien sinon la vieille Ford de Harry au pied de l'échelle de meunier qui mène à son petit logement.

— Tiens, dis-je, Harry n'est pas encore parti. Je croyais qu'il devait s'en aller à l'aube.

— Il a dû changer d'avis, dit Suzy.

Nous reprenons en silence le chemin de la maison et quand nous repassons devant les garages, je fais tout haut la remarque que malgré leur nombre, ces voitures ne représentent pas, en valeur de revente, un bien gros capital, car toutes sont très usagées.

— Sauf le break, dit Suzy quand nous atteignons la porte d'entrée.

Elle s'arrête, saisie.

— Mais je ne l'ai pas vu en passant devant les garages.

— Tu es sûre ?

En même temps que j'émets ce doute, j'ai tellement confiance en la précision de sa perception visuelle, même quand elle est marginale, que je suis ébranlé.

Nous pressons le pas pour retourner au garage. Le break ne s'y trouve pas. Nous ressentons alors le même sentiment d'incrédulité atterrée qu'éprouve l'automobiliste quand, venant à l'endroit où il a parqué sa voiture, il ne la trouve plus.

— Pablo ? dit Suzy d'une voix étouffée.

— Pablo, dis-je, ne commence son travail qu'à huit heures et demie et je ne le vois pas faire du zèle. Et Pablo n'emprunterait jamais le break sans me le demander. Pour la ferme, il dispose de la camionnette.

— Mon Dieu ! dit-elle, Harry !

Cette fois, c'est en courant que nous gagnons les boxes des chevaux. Nous gravissons à l'arrière les degrés de l'échelle de meunier qui mène au logis de Harry. Mon œil fait le tour de la pièce, incrédule. Elle est vide et superbement rangée. Si je n'étais si indigné par la fourberie de son occupant j'admirerais le soin qu'il a pris à plier nos draps et nos couvertures au carré et à les disposer méticuleusement l'un sur l'autre à la tête du lit. Tout est balayé, épousseté, astiqué, et les vitres de la fenêtre, nettoyées.

Sur la table, bien en vue, une note tapée à la machine.

« Mr. Dale,

Je suis désolé pour le break et pour Chloé, mais j'avais grandement besoin d'argent pour commencer une nouvelle vie.

Denecke. »

CHAPITRE IX

Dès que Suzy recouvre la voix, elle dit, les mots se bousculant sur ses lèvres :

— La clé de la nursery, ce n'est pas Chloé qui l'a cachée, c'est cet individu ! Il l'a retirée de la serrure quand il est venu hier soir lui dire au revoir.

Elle se tourne vers moi, les yeux étincelants.

— Et en se retirant, il a pris la clé de la porte d'entrée. C'était si facile, elle était pendue au vu et au su de tous sur le tableau des clés de la console ! A la portée de n'importe qui ! Et puisque c'est toi qui fermes le soir, comment as-tu fait pour ne pas t'apercevoir qu'elle manquait ?

— Mais tu le sais comme moi, on n'a pas besoin de la clé pour fermer la porte d'entrée de l'intérieur. A l'intérieur, c'est un verrou.

— Et la deuxième serrure ? Celle du loquet ? Ce n'est pas un verrou, celle-là ! Pourquoi ne la ferme-t-on jamais à clé ?

— On ne l'a jamais fait. On a toujours pensé que le verrou suffisait et aussi la présence de Roderick dans l'entrée. Il est si dissuasif.

— Dissuasif pour qui ? Pas pour ce salaud ! Pas pour quelqu'un que Roderick connaissait si bien !

— Comment aurait-on pu prévoir que nous serions volés par un familier des lieux ?

— Et le break ? Où laissait-on la clé de contact du break et ses papiers ? Dans le vide-poches ! Alors que la propriété n'a ni portail ni clôture. On peut dire qu'elle est ouverte à tous vents !

— Suzy, dis-je sèchement, tu n'as jamais trouvé à redire jusqu'à ce jour à tout cela. Si j'ai été négligent, tu partages avec moi cette responsabilité.

Je lui tourne le dos, je descends l'échelle de meunier et, laissant Suzy derrière moi, je regagne la maison à grands pas. Elle me suit.

A Yaraville, je décroche l'appareil du living et j'appelle le shérif Davidson. A peine ai-je raccroché que Suzy se jette dans mes bras et fond en larmes. Je me laisse tomber dans un fauteuil et la prenant par un bras, je l'attire sur mes genoux.

— Ne nous disputons pas, dit-elle entre deux sanglots.

Je ne relève pas. Je me tais. Je la serre contre moi. Ma main caresse les mèches folâtres sur sa nuque.

— Tu crois qu'on va la retrouver ? dit-elle au bout d'un moment d'une toute petite voix.

— Il y a des chances que oui, dis-je, plus optimiste que je ne le suis vraiment.

— Pourquoi ?

— Parce qu'il va la vendre le plus vite possible pour ne pas être repéré avec elle. Le break aussi.

— Et Roderick ? Pourquoi a-t-il emmené Roderick ?

— Probablement parce que, lorsqu'il est repassé dans l'entrée, Chloé à demi endormie dans ses bras, Roderick l'a suivi. Et Denecke a pensé que ce serait plus simple de l'emmener, ne serait-ce que pour sécuriser Chloé et l'occuper.

On frappe au carreau de la porte-fenêtre. J'ouvre. C'est Davidson. Je me lève pour l'accueillir et je vois, par-dessus son épaule, Emma et Juana sur le seuil de la cuisine.

— Entrez, Emma, dis-je. Juana, voulez-vous faire du café pour tout le monde ?

Davidson est un homme très apprécié à Beaulieu pour son doigté et son talent de conciliateur. Il est aidé dans ce rôle par un physique professionnellement atypique. Il a un grand front, des yeux bleus souriants, un sourire aimable. Il s'exprime d'une voix chaleureuse, dénuée de toute agressivité, il n'a jamais eu l'occasion d'arrêter, à Beaulieu, un assassin, mais j'ai l'impression que s'il devait le faire, il le ferait dans les termes les plus polis.

Je lui résume les faits et quand je lui tends la note laissée par Harry, il lève les sourcils.

— Voilà un voleur peu banal. Il s'excuse de son vol par écrit au risque de s'incriminer.

— Pas vraiment, dis-je. Il m'avait emprunté la veille ma machine à écrire et trois feuilles de papier.

— Trois ! Évidemment trois ! Il a utilisé celle du milieu, celle qu'il n'avait pas touchée. Et sa note est tapée à la machine, en utilisant des gants probablement. Et il a signé : « Denecke » également à la machine. Cette note ne constitue donc pas un aveu. N'importe qui aurait pu l'écrire. Vous pouvez être sûr qu'on n'y trouvera pas d'empreintes, sauf les vôtres. C'est vous qui l'avez engagé ?

— Pablo, sur des certificats très flatteurs.

— Puis-je les voir, ainsi qu'une photo de Chloé ? Et une de Denecke ?

— Une de Chloé, oui, mais une de Denecke, non.

— Si, dit Suzy, Emma en a pris une.

Je regarde Emma. Elle rougit et je lui demande d'aller quérir la photo de ses rêves secrets dans sa chambre. Je vais moi-même chercher des photos de Chloé et les certificats de Denecke.

Sur la photo de ce dernier, Davidson est critique.

— Pour un avis de recherche, elle ne vaut pas grand-chose. Son Stetson cache son front. Ses lunettes de soleil, ses yeux, et sa moustache, sa bouche. S'il supprime son Stetson, ses lunettes et sa moustache, c'est un autre homme. Surtout s'il troque en même temps son blouson contre une veste et son jean contre un pantalon plus classique.

Davidson consulte un à un les certificats d'emploi.

— Que d'éloges ! Mais il y a un hic. Leur date est déjà

ancienne. Rien dans les quatre dernières années. Pablo lui a-t-il demandé pourquoi ?

— Il travaillait soi-disant chez son frère qui a une ferme dans l'Ohio.

— Il a donné l'adresse de son frère ?

— Pablo ne la lui a pas demandée.

— Erreur ! Il faudra le dire à Pablo. Il se peut, bien entendu, que ces quatre dernières années, Denecke les ait passées en prison.

— Shérif, dit Suzy, pourquoi a-t-il laissé cette note ? Est-ce que cela veut dire qu'il va nous demander une rançon pour Chloé ?

— Non, je ne crois pas. D'après tout ce que vous m'avez dit de lui, c'est un homme prudent, perfectionniste et méticuleux. Ce n'est pas le genre à prendre des risques. J'aimerais compléter son portrait physique. Quelle taille a-t-il ?

— La vôtre, dis-je, à peu près.

— Un mètre quatre-vingts ?

— Oui.

— C'est une taille très courante. Corpulence ?

— Athlétique, musclé. Ne boit pas, ne fume pas, parle peu. Les yeux bleus dans un visage tanné. Bel homme.

— Aime-t-il les animaux ?

— Beaucoup.

— En somme, dit Davidson, il est parfait, ce voleur !

Il regarde plus longuement la photo de Chloé.

— Elle a des yeux humains, pleins de gentillesse et de malice.

— Oui ! dit Suzy avec gratitude, c'est tout à fait cela !

— Mr. Dale, reprend Davidson, à quelle heure vous êtes-vous endormi hier ?

— Vers 11 heures.

— Du parking, Denecke devait guetter la lumière de votre chambre. Quand elle s'est éteinte, il a dû attendre encore un bon bout de temps — au plus tôt minuit, au plus tard, une heure du matin. Jeu d'enfant ensuite d'ouvrir la porte d'entrée avec la clé qu'il avait prise et de caresser Roderick. Il est monté au premier, il a enlevé Chloé, a pris ses vêtements et il a embarqué Chloé et Roderick dans le break.

— Mais nous n'avons pas entendu le moteur.

— Il a dû pousser la voiture sur le chemin de terre, profiter de la pente et, à une bonne distance de la maison, embrayer.

— Oui, dis-je, c'est bien ce que nous faisons nous-mêmes quand notre batterie est à plat.

— A partir de là, le scénario le plus probable est le suivant : il se doute que son signalement sera diffusé le lendemain. Il se défait d'abord du chien en l'abandonnant sur la route. Ensuite, il roule toute la nuit, passe dans un autre État, vend le break, achète un camping-car.

— Pourquoi ? dis-je.

— Quand on a un chimpanzé avec soi, il est plus discret de dormir dans un camping que dans un motel. Enfin, dès qu'il le peut, il vend Chloé à un cirque.

— Pourquoi pas à un zoo ? dit Suzy.

— Un zoo voudra connaître l'origine de l'animal. Un cirque n'y regardera pas de si près. Or, les cirques dans ce pays ne sont pas en nombre infini. Et tous ne présentent pas au spectateur un numéro de chimpanzés. Si vous voyez revenir Roderick, faites-moi signe aussitôt. L'examen de ses pattes peut nous donner une indication utile sur la route que Denecke a prise.

— Le goudron laisse-t-il des traces ? dit Suzy.

— Non, mais s'il a la bonne idée de revenir chez lui, Roderick marchera également sur les bas-côtés.

— Si Denecke est passé dans un autre État, dit Suzy, cela relève du F.B.I., puisqu'il a kidnappé une personne.

— Mrs. Dale, dit Davidson avec patience, je comprends très bien ce que vous ressentez au sujet de Chloé. Pour vous, c'est une personne. Mais du point de vue du F.B.I., Chloé est un animal. Le F.B.I. ne va pas se mobiliser pour le vol d'un animal.

— Et vous ? dit Suzy agressivement. Que ferez-vous ?

— Je vais faire circuler dans cet État un avis de recherche et le transmettre aux États limitrophes. Dr. Dale, seriez-vous disposé à donner une récompense à qui vous fera retrouver Chloé ?

— Oui.

— Combien ?

— Cinq mille dollars.

Davidson lève ses sourcils, son grand front se plisse en tous sens et il me regarde rêveusement.

— C'est une somme.

— Chloé n'est pas seulement un animal favori. C'est aussi un membre de la famille. Et pour moi, un objet d'études. Je compte écrire un livre sur elle.

— Chloé a-t-elle une valeur marchande ?

— Assurément. A l'heure actuelle, elle vaut plusieurs milliers de dollars.

— J'ai entendu dire qu'elle savait parler.

— Elle s'exprime en ameslan.

— Diriez-vous, Dr. Dale, que c'est un animal susceptible de fournir un numéro dans un cirque ?

— Certainement. Chloé monte à cheval, elle fait même de la voltige sur son poney. Elle comprend cinq cents mots d'anglais et parle l'ameslan. Elle a aussi des dons d'acrobate. Vous pensez donc, dis-je, que Denecke va la vendre à un cirque ?

— C'est l'hypothèse la plus probable. Je vous l'ai déjà dit.

Dès que Davidson nous quitte, je téléphone à Donald. J'ai Mary au bout du fil. Je lui dis ce qu'il en est et lui demande de venir avec Don dîner le soir à la maison pour en parler. Je coupe court au flot de paroles qui suit.

La journée nous paraît terriblement longue. Nous n'avons la tête à rien, pas même à travailler. Suzy est anormalement muette. A peine remise de la fatigue et de l'inquiétude provoquées par la maladie de Chloé, ce nouveau coup paraît l'abattre. Elle est atteinte d'une sorte de torpeur et moi-même, je ne vaux guère mieux.

Cependant, à la fin de la journée, comme elle doit s'activer pour préparer la table du dîner avec Emma, Suzy retrouve un peu de sa vitalité et me dit :

— Cette idée de Denecke de nous laisser un mot pour nous dire ce qu'il a fait, tu ne trouves pas que c'est stupéfiant ? Qu'est-ce que c'est au juste ? Du cynisme ? De l'humour ?

— Oh non ! Denecke est un homme tout à fait dénué d'humour. A mon avis, il a éprouvé le besoin de mettre les points sur les i. Peut-être a-t-il craint que nous ne fassions pas le rapprochement entre la disparition du break et celle de Chloé.

— Crois-tu vraiment ? dit Suzy. Les faits parlent d'eux-mêmes. Ils sont si évidents. Il aurait fallu être stupide pour conclure à une fugue de Chloé.

Quand les Hunt arrivent pour le dîner, Mary prend Suzy dans ses bras. Gauchement et d'un air gêné, elle la serre contre elle. Cela me touche, car Mary est d'ordinaire peu démonstrative. En même temps que me frappe malgré moi la différence de leurs gabarits respectifs, Mary étant absurdement plus grande et si anguleuse.

Phyllis, à son tour, embrasse Suzy et, par vitesse acquise, moi-même et de nouveau Suzy, qu'elle submerge de sa bavarde affection.

— Mon Dieu, ma chère Suzy ! comme je suis peinée pour toi ! Et quel choc, quel choc affreux ! Moi-même, j'étais dans un état à faire pitié quand j'ai perdu mon pauvre Léopold. C'est bien simple, je ne mangeais plus, je ne dormais plus, rien ne m'intéressait, je me terrais dans ma maison ! Pauvre Suzy ! Comme je me mets à ta place !

— Mais voyons, Phyllis, dit Don, tu dis des bêtises. Il n'y a aucune comparaison. Chloé n'est pas morte. Elle a seulement été enlevée. Et il y a beaucoup de chances pour qu'on la retrouve.

— Don, tu crois cela vraiment ? dit Suzy avec espoir.

— Mais certainement. Un chimpanzé qui parle l'ameslan, cela ne peut pas passer inaperçu. Mais d'abord, Ed, si tu me racontais en détails comment cela s'est passé ?

Je commence le récit de ce que nous avons vécu et au bout de quelques mots, je m'interromps et prie Suzy de continuer.

Sa taciturnité m'inquiète et j'espère que le fait de parler va l'en faire sortir. Et en effet, au bout d'un moment, elle s'anime.

— Un homme si travailleur ! dit Mary en conclusion, si soigneux, si bien élevé, et si bien de sa personne ! Qui aurait cru qu'il ferait une chose pareille ?

— C'est justement quand les gens sont si parfaits, dit Don, qu'il faut commencer à se méfier.

— Le pire, dit Suzy en élevant la voix, c'est qu'on a envie de faire quelque chose et qu'il n'y a rien à faire ! Rigoureusement rien à faire ! C'est cette attente qui est dure à supporter. Le shérif lance un avis de recherche et c'est tout. On attend...

— Je ne vois pas ce que Davidson pourrait faire d'autre, dis-je. Il ne pouvait tout de même pas se lancer à la poursuite de Denecke. Denecke avait huit ou neuf heures d'avance sur lui. Et on ne sait même pas quelle direction il a prise !

La soirée est lumineuse et nous avons laissé ouverte la porte-fenêtre qui donne sur la terrasse. Nous en sommes au café que, pour une fois, nous ne prenons pas dans le living, Juana nous l'ayant servi à table, peut-être parce qu'elle est pressée d'aller se coucher. A deux ou trois mots qui lui ont échappé, j'ai cru comprendre qu'elle se sentait rétrospectivement mortifiée d'avoir trahi tant d'intérêt pour un homme qui le méritait si peu.

La conversation languit. Il est tard. Mais je vois bien que les Hunt ont quelque scrupule à nous quitter tant ils sentent que nous avons besoin de leur présence.

— Il y a une chose que nous pouvons faire, dit Don, ou plutôt que je peux faire : diffuser un avis de recherche de Chloé dans le journal des vétérinaires avec une photo, son numéro de tatouage et votre téléphone.

— Et ce journal est très lu ? dit Suzy.

— Parcouru, en tout cas, par les gens de la profession. C'est pourquoi il faut une photo. La photo fera lire le texte.

Je me tourne vers Donald.

— Très bonne idée, Don, nous le ferons dès demain.

Un silence tombe. Il ne nous gêne pas. Nous connaissons les

Hunt depuis si longtemps que nous pouvons nous taire en leur compagnie. De temps en temps, Phyllis hasarde une phrase qui n'est pas vraiment dans le ton de la soirée et à laquelle personne n'a envie de répondre. Bien qu'elle ait assuré Suzy en arrivant qu'elle se mettait à sa place, c'est justement ce qu'elle n'arrive jamais à faire. Comme d'habitude, elle est vêtue d'une robe trop légère et trop décolletée. En cette fin d'août, les nuits sont fraîches et Suzy, discernant son malaise, lui a prêté un châle dont aussitôt elle s'enveloppe douillettement. C'est tout juste si elle ne se met pas à ronronner. Elle a sûrement déjà oublié qu'on a enlevé Chloé. Elle est bien la seule.

La lune s'est levée et le vent d'Ouest aussi. C'est pourquoi, plutôt que de s'exposer à son souffle, nous restons dans la salle à manger, mais nous laissons la porte-fenêtre qui donne sur la terrasse grande ouverte. Pour le moment, la luminosité est très forte. Comme des petits nuages effilochés, gris d'un côté, blancs de l'autre, passent rapidement devant la lune, elle a l'air de courir vers l'Est. C'est fascinant de regarder cette fausse course, emportés que nous sommes, nous, réellement, en sens inverse, avec nos petites maisons, nos petites joies et nos terribles anxiétés sur cette mince croûte de boue qu'on appelle la terre.

Un gros paquet de nuages qui ne sont plus gris, mais carrément noirs, massifs et menaçants, s'avance vers la lune que déjà une avant-garde de petits nuages grisâtres a commencé à voiler. A part Phyllis qui se blottit dans son châle, et ne pense qu'à lui, et au corps qu'il caresse et recouvre, nous regardons tous cette avancée de gros bataillons noirs, attendant avec appréhension le moment inéluctable où ils vont submerger notre lune.

Ça y est ! la terrasse devant nous noircit. On ne distingue même plus le premier jardinet fleuri. La nuit paraît tomber d'un seul coup et avec elle, mais c'est sûrement une illusion, l'air fraîchit encore.

Il fait maintenant si noir que, sans un petit soupir qui lui échappe, nous ne l'aurions pas aperçu... Et quand nous l'apercevons, nous n'en croyons pas nos yeux. Il est là pourtant, couché devant nous sur la terrasse, épuisé mais discipliné, ses deux pattes passant à peine le seuil de la porte-fenêtre.

— Roderick ! crie Suzy en se précipitant sur lui.

Il se dresse aussitôt, plutôt chancelant. Suzy est à genoux sur le carrelage, lui entourant le cou de ses bras.

— Oh ! Roderick ! Roderick ! dit-elle en le couvrant de baisers. Où est Chloé ?

***

J'ai souvent pensé combien Roderick eût été heureux de répondre, si seulement il avait eu des mains. Et pourtant, à sa façon, il nous parla, tout épuisé qu'il fût par sa longue trotte. Davidson, que j'avais appelé au téléphone malgré l'heure tardive, vint aussitôt et préleva avec soin dans de petits sachets les particules de terre qui étaient demeurées dans le creux de ses pattes. D'après les analyses qui en furent faites, il conjectura que Denecke avait pris la route du Nord au moins aussi longtemps qu'il avait gardé Roderick avec lui, car il pouvait fort bien ensuite s'être dirigé vers l'Ouest ou vers l'Est. Davidson, néanmoins, multiplia les avis de recherche dans la direction du Nord : initiative qui se révéla sans effet, mais apaisa temporairement Suzy qui trouvait l'attente insupportable.

L'avis passé avec photo dans le journal resta lui aussi sans écho, ce qui paraissait prouver à tout le moins que Chloé était en bonne santé.

La voix douce et les manières suaves, Davidson nous téléphonait tous les jours, mais à part quelques coups de fil fantaisistes, (dans l'un d'eux il fut même question de notre « gorille ») nous n'avions rien reçu d'utile et lui non plus. Il vint lui-même nous porter à Yaraville les résultats des empreintes relevées sur la vieille Ford et le petit logement des boxes. A vrai dire, il aurait pu nous téléphoner ces résultats, puisqu'ils étaient négatifs. C'est par courtoisie qu'il se dérangea en personne. Profitant de sa présence, Suzy lui fit une suggestion, qu'elle avait dû mûrir au cours de ses nuits d'insomnie.

— Shérif, lui dit-elle, vous pensez toujours que Denecke a vendu Chloé à un cirque ?

Davidson attacha sur elle ses yeux non pas exactement rêveurs, mais tournés vers le dedans, comme s'il pesait continuellement le pour et le contre.

— Si Denecke, dit-il, n'avait pas volé votre break, on aurait pu penser que seule son affection pour Chloé avait pu le pousser à l'enlever. Il serait alors parti dans sa vieille Ford. Mais comme il s'est emparé aussi de votre break tout neuf et d'un prix élevé, il devient évident que c'est l'appât du gain qui l'a motivé. D'ailleurs, il l'a dit dans son mot. Il vendra donc Chloé dès qu'il pourra, si même il ne l'a pas déjà fait, et d'autant que la prudence l'y pousse aussi, car la présence de Chloé à ses côtés le rend très repérable.

— Dans ce cas, dit Suzy, établissons une liste des principaux cirques circulant à l'heure actuelle aux États-Unis et écrivons à chacun une lettre au sujet de Chloé.

Davidson éleva les deux mains en l'air et dit avec autant de véhémence que ses manières polies le lui permettaient :

— Oh non ! Mrs. Dale ! Je ne vous le conseille pas !

— Et pourquoi ? dit Suzy.

— C'est la meilleure façon de ne jamais revoir Chloé.

— Et pourquoi donc ?

— Parce que le cirque qui aura acheté Chloé à Denecke ne l'aura pas fait dans les règles. Mrs. Dale, tous les papiers concernant Chloé sont entre vos mains : l'acte de vente du zoo, les certificats de vaccin, la facture du tatouage. Denecke, lui, n'a rien.

— Et un directeur de cirque, malgré cela…

Davidson eut un sourire un peu las :

— Il en est des directeurs de cirque comme de tous les citoyens des États-Unis. Certains respectent la loi et certains la respectent moins.

— Et dans le cas présent, comment cela pourrait-il se faire ?

— Le cirque pourrait signer avec Denecke un contrat de gardiennage de l'animal pour un an avec une clause garantissant au cirque la propriété de l'animal si Denecke cessait de payer les mensualités.

— Mais je ne comprends pas. Quel serait l'avantage alors pour Denecke ?

— Évident. Il touche une grosse somme « sous la table », comme vous dites en français. Après quoi, il disparaît sans jamais payer, bien sûr, la moindre mensualité.

— Mais dans ce cas, dis-je, le cirque est blanc comme neige !

— Pas tout à fait. Si on veut lui chercher la petite bête, on pourrait lui reprocher de ne pas s'être assuré que Denecke était bien le propriétaire légal de l'animal avant de signer avec lui un contrat de gardiennage. Supposez maintenant, Mrs. Dale, que ce directeur de cirque reçoive une lettre de vous par laquelle il apprend que Chloé est un animal volé. Primo, il se gardera bien de répondre. Secundo, il est probable que, pour s'éviter quelques petits ennuis, il fera aussitôt l'impossible pour se débarrasser de Chloé en la vendant, par exemple, à l'étranger, où vos chances de la retrouver deviendront infimes.

Davidson avait si évidemment raison que Suzy, quoi qu'elle en eût, dut se résigner à la désespérante attente que nous étions en train de vivre.

La nuit qui suivit, je la sentais à côté de moi qui s'agitait beaucoup. Peu après, j'entendis dans mon demi-sommeil des pleurs étouffés. Me réveillant tout à fait, je la pris dans mes bras et d'abord sans parler, tant j'étais fatigué et elle aussi, je suppose, de ces interminables conversations où nous tournions toujours en rond à ressasser le même sujet.

— Ed, dit-elle au bout d'un moment, combien y a-t-il de cirques aux États-Unis ?

— Je n'en ai aucune idée.

— Si j'en juge par la France, il ne doit pas y en avoir tant. En France, il n'y en a pas plus de trois. Est-ce qu'on ne pourrait pas se renseigner à ce sujet ?

Comme je sens une note de nervosité dans sa voix, je dis, pour la calmer :

— Dès demain, si tu veux. A vue de nez, il y a deux genres

de cirques : les cirques fixes et les cirques ambulants qui jouent sous chapiteau. Les seconds seront probablement plus difficiles à répertorier que les premiers.

Je reprends :

— Pourquoi veux-tu savoir cela ?

— Si Chloé a été, comme nous le pensons, vendue à un cirque, la seule façon que nous ayons d'en avoir le cœur net, c'est de faire la tournée de tous les cirques qui jouent actuellement sur le territoire des États-Unis.

— Programme énorme !

— Mais nous pourrions éliminer tous ceux qui ne présentent pas un numéro de chimpanzés.

— Je ne sais pas si cela serait sage. On pourrait éliminer ainsi un cirque qui prépare justement un numéro avec Chloé, mais ne compte le présenter au public que lorsqu'il sera au point.

— C'est vrai.

Elle ajoute, presque aussitôt :

— Tes interventions au colloque sont rédigées et envoyées. Tu es en année sabbatique, tu n'as pas de fouilles en perspective, tu es donc libre de ton temps...

— En effet, mais on ne peut pas décider en un clin d'œil un projet pareil. C'est seulement quand on connaîtra le nombre de cirques qui jouent actuellement aux États-Unis qu'on pourra se faire une idée du temps qu'exigera notre tournée et de son coût.

— Tu crains qu'elle ne soit coûteuse ?

— Elle ne sera pas bon marché. Et nous avons perdu la seule de nos autos qui était neuve.

— L'assurance va nous la rembourser.

— Oui, mais dans un délai d'un mois.

Au bout d'un silence, Suzy reprend :

— Supposons que notre recherche nous prenne quelques semaines, est-ce que cela t'ennuie d'abandonner si longtemps Yaraville ?

— Non, Yaraville peut fonctionner sans nous. Et les « enfants » aussi. Ils sont grands. Et avec Emma comme autorité de tutelle pour les week-ends, ils s'en tireront très bien.

Bien que je ne lui fasse aucune promesse, mon ton lui redonne espoir. Et sur cet espoir, elle s'ensommeille. Au bout d'un moment, sa tête pèse trop lourd sur mon épaule et je la retire le plus doucement que je peux. Elle se tourne sur le côté, me présentant son dos. A la régularité de son souffle, je comprends qu'elle dort profondément. Mais en ce qui me concerne, je suis bien éveillé !... J'essaye d'abord de me faire une idée des frais qui seraient occasionnés par cette randonnée sur le territoire des États-Unis en me basant sur le prix moyen d'une chambre dans un hôtel moyen. Mais je m'aperçois vite que c'est mon anxiété et ma fatigue qui m'inspirent ce calcul idiot. Il y manque deux éléments essentiels : le nombre des cirques et leur emplacement sur le territoire.

L'instant d'après, je me mets à imaginer quelle doit être la vie de ma pauvre Chloé, ravalée au rang d'un animal qui fait des tours dans un manège, tous les projecteurs braqués sur elle et un nombreux public riant et l'applaudissant. Et encore, ce ne serait pas là le moment de la journée où elle serait la plus malheureuse. Elle aime se donner en spectacle et se faire admirer. Mais derrière la brillante façade du cirque, ses lumières, ses musiques, ses couleurs et ses paillettes, il y a une réalité sordide : les cages.

Déjà, dans un zoo, l'émerveillement de voir tous ces animaux réunis est souvent gâté par le remords. Je me dis que ce sont eux qui, par toute une vie passée derrière des barreaux, payent le plaisir et l'instruction des hommes. Du moins dans les zoos les mieux conditionnés, à Arnhem, par exemple, on a donné un espace suffisant aux bêtes prisonnières. Mais dans un cirque ambulant, les cages sont exiguës, l'espace se trouvant limité par le transport.

Je ne m'en étais pas avisé jusque-là, mais si l'hypothèse de Davidson est exacte, Chloé vit maintenant comme un animal de cirque : elle passe dans une cage la majeure partie de sa vie. Cette pensée me frappe comme un coup de poing. Ma gorge me serre à me faire mal et la sueur ruisselle sur mon corps. Sans faire de bruit pour ne pas réveiller Suzy, je me lève et gagne la salle de bains. Je bois un grand verre d'eau et je m'essuie avec une serviette. Puis, la main appuyée sur le rebord du lavabo, je respire profondément pour ralentir les battements de mon cœur.

Je n'ai pas honte à l'avouer. Quand vous élevez un animal comme votre enfant, il devient votre enfant. Comment pourrait-il en être autrement ? Il représente pour vous tant de peines, tant de soins, tant de jeux, tant de joies.

Même un tigre en captivité fait pitié. La dernière représentation de cirque à laquelle j'ai assisté remonte à une dizaine d'années, quand Elsie et Jonathan étaient assez jeunes pour se plaire à ce genre de spectacle. Pour leur plus grande joie, j'avais loué une « baignoire » tout près de la piste. Cela nous promettait de beaux frissons, le clou du spectacle étant l'arrivée dans l'arène d'une douzaine de tigres dont nous n'étions séparés que par un filet d'acier aux mailles souples fixé au sommet du chapiteau et arrimé à terre autour de la piste par des tire-fort. Ces tigres étaient d'une grande beauté. Ils ne faisaient pas grand-chose, sauf changer de place d'un tabouret à l'autre, et de très mauvaise grâce. Celui qui était assis le plus près de nous, à moins d'un mètre, paraissait très nerveux.

— Regarde, Papa, dit Jonathan, il pisse sous lui !

— C'est qu'il a peur. Ils ont tous peur ! Tous les douze !

— Peur de qui ? Du dompteur ?

— Oh non ! Celui-là, il serait plutôt rassurant pour eux. Ils le voient tous les jours.

— Alors de qui ? dit Elsie.

— Mais de nous ! De toute cette foule autour d'eux ! Du bruit que nous faisons ! De notre odeur !

— Pourquoi auraient-ils peur de nous ?

— Qui les a capturés, déportés, réduits en esclavage ?

Au bout d'un moment, Jonathan dit :

— Pourquoi ne se jettent-ils pas tous ensemble sur le dompteur pour le dévorer ?

— D'abord, ils ne sont pas à jeun. Ensuite, ils doivent le considérer comme l'animal dominant.

— Pourquoi ?

— Il les connaît bien, il sait les manœuvrer.

— Il est sans arrêt en train de les battre avec sa badine, dit Elsie.

— Mais non, il ne leur fait aucun mal ! Il effleure à peine leurs moustaches. Cette taquinerie les fait rugir et le public est content.

— Il ne leur demande pas grand-chose, finalement, dit Jonathan.

— Il sait jusqu'où il peut aller avec eux. Les félins sont si paresseux. Regarde, c'est déjà fini.

— Eh bien ! dit Elsie, quel empressement pour s'en aller ! Ils ne se font pas prier. Ils se bousculent même entre eux pour retourner d'où ils viennent. Est-ce qu'ils aiment leur cage, Papa ?

— Sûrement. Derrière leurs barreaux, ils se sentent au moins à l'abri des hommes.

Comment douter, en effet, qu'un animal en arrive à aimer le lieu de sa détention, comme l'enfant martyr, le placard où des parents indignes l'ont enfermé. Quand la plus atroce condition finit par devenir un refuge auquel on s'attache, on touche vraiment le fond. Mais j'en suis sûr, ce n'est pas encore le cas pour Chloé. L'effort que nous avons fait pour lui apprendre l'ameslan a développé son intelligence et dans son intelligence, elle doit puiser une plus grande force de résistance que ses frères muets. Entourée comme elle l'a été à Yaraville de tant d'amour et jouissant de tant de liberté, elle est à coup sûr très malheureuse dans sa cage, mais, j'en jurerais, pas du tout résignée. Elle doit leur mener la vie dure, à ses geôliers ! Du moins je l'espère.

Le lendemain, 12 septembre, je passai presque toute la matinée à téléphoner dans toutes les directions pour savoir combien il y avait de cirques aux États-Unis et, pour les cirques itinérants, où se trouvaient leurs chapiteaux. Quand j'eus enfin recueilli toutes ces informations, je les reportai sur une grande carte des États-Unis et j'appelai Suzy par l'interphone. Elle vint aussitôt, s'assit à mes côtés, prit la carte et la regarda en silence. Son silence même était éloquent.

Là-dessus, Juana nous appela par la ligne intérieure pour le lunch et comme nous nous préparions à descendre, le téléphone sonna. Je décrochai.

— Dr. Dale, dit une voix de femme.

— C'est moi.

— Dr. Dale, je crois avoir retrouvé votre chimpanzée Chloé.

— Un instant !

Ce n'était pas la première fois que je recevais ce genre de message, et comme me l'avait demandé Davidson, je branchai immédiatement le téléphone sur mon magnétophone. Voici, sans rien omettre et sans rien y ajouter, la teneur de cette communication :

— Dr. Dale ?

— Oui, c'est moi. Puis-je vous demander de vous nommer et de vous situer ?

— Barbara Schultz. Je suis femme de chambre au *Home Ranch*, près de Clarke, Colorado. C'est un hôtel.

— Poursuivez, je vous prie, Miss Schultz.

— *Mrs*. Schultz, je suis divorcée. J'ai un fils de neuf ans, David. Justement, c'est grâce à David que j'ai retrouvé votre chimpanzée Chloé.

— Expliquez-vous, Mrs. Schultz.

— Dimanche dernier, j'ai emmené David au cirque. Il y avait un numéro avec un chimpanzé.

— Un grand chimpanzé ?

— Non, plutôt petit.

— Que faisait-il ?

— De l'acrobatie, du cheval et aussi de l'équilibre.

« A l'entracte, la présentatrice est revenue avec lui dans la salle. Elle le mettait à tour de rôle dans les bras des petits spectateurs pour le photographier avec un Polaroïd. La photo coûtait quatre dollars. Évidemment, c'était plutôt cher, mais cela fit tellement plaisir à David.

— Poursuivez, Mrs. Schultz.

— Le mardi suivant, Kim est tombé malade.

— Qui est Kim ?

— Le petit chat de David. C'est un persan. Le mercredi, ayant mon après-midi de libre, je décidai de le conduire chez le vétérinaire et c'est là, dans la salle d'attente, que j'ai vu le journal avec la photo de Chloé. La ressemblance avec le chimpanzé que j'avais vu au cirque m'a frappée.

— Qu'avez-vous fait ?

— J'ai relevé le numéro du tatouage, je suis retournée au cirque le dimanche suivant, j'ai de nouveau payé quatre dollars pour une photo et sous le prétexte de caresser Erika que David tenait dans ses bras...

— Erika ?

— C'est le nom que la présentatrice donne au petit chimpanzé. J'ai jeté un coup d'œil à son tatouage. Naturellement, Dr. Dale, c'était un coup d'œil rapide, je ne voulais pas éveiller la méfiance de la présentatrice. Mais il semble bien que c'est le même numéro.

— Il vous semble seulement ?

— Dr. Dale, je ne peux pas l'affirmer formellement, mais, en mon for, j'en suis sûre. Dr. Dale, si vous voulez en avoir le cœur net, je peux vous envoyer la photo d'Erika avec David.

— Cela prendrait trop de temps. Donnez-moi le numéro de téléphone du *Home Ranch*. Je vais retenir une chambre et viendrai dès que possible.

— 303879 17 80. Dr. Dale, vous avez des moyens, puisque vous avez promis une récompense de 5 000 dollars à qui vous ferait retrouver Chloé. Toutefois, je dois vous prévenir que le *Home Ranch* est un hôtel très luxueux avec jaccuzi dans chaque chambre. Les prix, naturellement, sont en rapport.

— Combien ?

— C'est 300 $ par jour et par personne.

— Pour un jour ou deux, je survivrai.

— Dr. Dale, voulez-vous noter, je vous prie, que je ne

suis pas de service à l'hôtel le dimanche et le mercredi après-midi ?

— Je le note et de votre côté, notez aussi, Mrs. Schultz, que s'il s'agit bien de Chloé, les 5 000 $ vous sont acquis.

— Je vous remercie, Dr. Dale.

Elle raccroche et je regarde Suzy. Ses yeux sont secs et elle tremble de tous ses membres. Je lui prends les deux mains et je la fais asseoir. Au bout d'un moment, elle paraît se calmer et elle dit dans un souffle :

— Oh, Ed ! Si c'était elle !

Davidson, que j'appelle au téléphone, est là dix minutes plus tard et avec cet air rêveur qui ne le quitte jamais, il écoute l'enregistrement de Mrs. Schultz. Après quoi, de sa voix douce, il la commente.

— Évidemment, cela a l'air sérieux : l'âge du chimpanzé, les équilibres, le cheval et, pour l'acrobatie, d'après ce que vous m'avez dit, cela ne gênerait pas Chloé. Quant à Barbara Schultz, elle me fait bonne impression. Elle a parlé d'elle-même sans réticence, elle vous a dit qui l'employait, elle vous a même donné le numéro de téléphone de son employeur. Elle vous a offert de vous envoyer la photo d'Erika. Enfin, bien qu'elle soit sûre, en son for, comme elle dit, que le numéro de tatouage est le même, elle n'a pas voulu l'affirmer trop péremptoirement. Toutefois, si vous voulez, je peux demander à la police de Clarke de faire procéder sur elle à une discrète enquête.

J'échange un regard avec Suzy.

— Non, non, cela prendrait trop de temps.

— Mais en revanche, dit Suzy, vous pourriez demander à l'employeur de Mrs. Schultz ce qu'il pense d'elle.

Davidson fait la moue.

— Cela ne serait pas bien régulier. Je n'ai rien à voir avec la police du Colorado. Et même de la part de la police locale, certains employeurs n'apprécieraient guère ce genre d'inquisition.

Toutefois, avant de prendre congé de nous, il nous demande

le numéro de téléphone du *Home Ranch* et, une demi-heure plus tard, il nous appelle.

— Finalement, Dr. Dale, j'ai appelé l'hôtel. Je suis tombé sur des gens très aimables. Ils emploient Barbara Schultz depuis cinq ans et n'ont pas tari d'éloges sur elle. Je me suis hâté de leur dire que nous n'avions rien à lui reprocher, bien au contraire.

Suzy qui a pris la communication (je l'écoute par le haut-parleur) remercie Davidson avec effusion et il poursuit :

— Quand partez-vous ?

— Demain, à la première heure.

— Puis-je vous conseiller, avant de vous présenter au cirque, de prendre contact avec la police de Clarke ? Demandez Mr. Morley. Je viens de l'appeler au téléphone. Je lui ai dit qui vous êtes et lui ai annoncé votre visite, mais sans lui préciser son objet. A mon avis, ce ne serait pas inutile d'avoir un policier en civil avec vous quand vous irez au cirque récupérer votre Chloé, si du moins il s'agit bien d'elle.

Suzy remercie et raccroche.

— Finalement, dit-elle, ce Davidson, avec ses manières douces, son grand front et ses yeux rêveurs, il est très efficace.

Son visage change, elle me regarde et répète pour la dixième fois depuis le coup de téléphone de Barbara Schultz :

— Oh, Ed ! Si c'était elle !

*
**

La route fut longue et, en ce qui concerne Suzy et moi, tendue et taciturne, avec des alternances d'espoir et de scepticisme, que ni elle ni moi nous ne voulions exprimer, de peur de ne pas nous trouver en accord avec l'humeur de l'autre. Dans l'état d'esprit qui était le nôtre, on aurait pu penser que la magnificence du Colorado, tandis que nous approchions des Montagnes Rocheuses, allait nous laisser indifférents. Ce fut le contraire qui se passa. Si peu raisonné et même si absurde que fût ce sentiment, j'eus au contraire l'impression que la beauté du paysage présageait le succès de notre expédition. Et je fus certain que Suzy partageait ce sentiment, car lorsque le *Home Ranch* apparut, elle se réveilla de sa torpeur et sourit d'un air heureux.

L'hôtel n'avait rien d'un palace. A vue de nez, il ne comptait pas plus d'une dizaine de chambres, étant constitué d'une série de petits bungalows en bois, groupés autour d'une maison-mère, haute d'un étage, et où le seul élément en maçonnerie que j'aperçus de loin devait abriter le conduit d'une cheminée.

Mais le cadre naturel était, lui, tout à fait saisissant. Les chalets se dressaient derrière des barrières en bois sur une vaste plaine d'un vert éclatant. En arrière-plan, une forêt très dense escaladait la pente d'une colline et derrière elle s'élevait une haute montagne de forme pyramidale qui méritait largement son nom de Rocheuse. C'est certainement aux neiges éternelles qui la recouvraient et à l'humidité que les forêts entretenaient à ses pieds que les paysages de la plaine où nous roulions devaient leur caractère verdoyant.

On s'aperçut, quand on pénétra dans le *Home Ranch*, que l'apparente simplicité de sa structure cachait un luxe dont Barbara Schultz nous avait assuré, au téléphone, qu'il était « en rapport avec les prix demandés »... Qui plus est, c'était un luxe de bon aloi et dont tous les détails avaient été pensés.

Quant au propriétaire des lieux, il nous reçut, non pas comme des clients de passage, mais comme de vieux amis qui seraient restés assez longtemps sans venir le voir et à qui, pour se donner le temps de renouer avec eux d'anciens liens, il marquerait une certaine réserve, tout en étant avec eux très amical. Le dosage était parfait. Et quant à sa personne, elle était des pieds à la tête à l'image de sa maison : simple et raffinée.

Un bagagiste s'empara de nos valises et nous emmena bon train à un chalet où je trouvai, à ma grande surprise, un salon, une chambre et une salle de bains avec le fameux jaccuzi. Visiblement, il y avait une pièce de trop et je téléphonai aussitôt à la réception.

— En effet, Dr. Dale, dit une voix de femme douce et

rapide, vous aviez demandé une chambre, mais en raison d'un départ qui s'est trouvé retardé, nous avons dû vous donner un appartement. Comme le changement n'est pas de votre fait, il va sans dire que vous paierez le prix d'une chambre.

J'avais à peine raccroché qu'on frappa à la porte. J'allai ouvrir et j'aperçus sur le seuil une soubrette comme on ne doit plus en voir beaucoup dans ce pays. Elle portait un petit tablier brodé blanc, des manchettes blanches, un bonnet brodé sur le haut du crâne. Plutôt jolie et très bien stylée.

— Dr. Dale ? dit-elle.

— C'est moi.

— Je suis Barbara Schultz.

— Entrez et asseyez-vous, je vous prie.

Elle hésita, puis comme j'insistai, elle s'assit sur le bord d'un fauteuil, l'air gêné. Suzy lui adressa un sourire engageant. Il y eut un silence. Barbara Schultz sourit à son tour, ce qui rajeunit considérablement son visage un peu fané. A mon sentiment, elle n'avait guère plus de trente ans, mais elle avait dû, dans sa vie, passer par des moments assez durs, car ses paupières étaient griffées et ses yeux verts restaient tristes, même quand elle riait. Elle avait une magnifique chevelure auburn, malheureusement très tirée et à demi cachée par le petit bonnet blanc qu'elle portait, un peu à la façon des nurses, sur le devant de la tête. Sa voix était douce et se maintenait dans les notes basses.

— Pardonnez-moi, Dr. Dale, de frapper à votre porte sans que vous m'ayez sonnée. Je vous ai vu arriver d'une fenêtre, j'ai bien pensé que c'était vous. Vous étiez les seuls clients que nous attendions. Et si je me suis permis de venir vous voir de mon propre chef, c'est que je craignais que vous n'appeliez la femme de chambre. Ce n'est pas moi que vous auriez eue, c'est une collègue. Je n'ai pas votre appartement dans mon service.

Elle fit une pause et reprit :

— C'était très important que je vous voie vite.

— Pourquoi ?

— Le cirque s'en va demain. Ce soir, c'est sa dernière représentation.

— C'est donc un cirque itinérant ?

— Oui, c'est un petit cirque qui s'est installé à Clarke à la sortie de la ville.

— Et il s'en va demain ! s'exclama Suzy. Est-ce que nous aurons des difficultés à trouver des places ?

— Je ne crois pas. Les deux fois que j'y suis allée, les gradins n'étaient qu'à demi occupés. Ah ! Dr. Dale ! poursuivit-elle d'une voix tremblante, j'espère de tout cœur que c'est Chloé. Je serais désolée de vous avoir fait venir de si loin et de vous avoir donné tant d'espoir, si je m'étais trompée. C'est pourquoi je voulais vous envoyer la photo d'Erika. Mais d'un autre côté, le temps que ma lettre vous parvienne, le cirque aurait plié bagages.

— Vous avez cette photo sur vous ?

— Oui, je l'ai apportée.

Et la sortant de la poche de son tablier blanc brodé, elle me la tend. J'ai tout juste le temps d'y jeter un coup d'œil avant que Suzy ne me la prenne des mains.

— C'est elle ! s'écrie-t-elle.

Je me penche par-dessus son épaule, je scrute le Polaroïd, mais je ne veux pas me laisser aller à ma joie.

— La photo n'est pas très bonne, dis-je, mais on dirait bien que c'est Chloé.

— On dirait ! dit Suzy avec indignation, mais c'est elle, tout simplement !

Elle fait alors une chose surprenante, elle va vers Barbara Schultz, la prend dans ses bras et l'embrasse sur les deux joues. Barbara rougit et dit :

— Je vous remercie, Mrs. Dale.

A la réflexion, elle doit penser que sa réaction est un peu gauche, car elle reprend :

— Je serais heureuse que vous retrouviez votre petite Chloé. David serait désespéré s'il venait à perdre son Kim.

Je dis au bout d'un moment :

— J'aurai encore quelques questions à vous poser. Comment s'appelle le cirque et quel genre de personne fait travailler le chimpanzé ?

J'allais dire Chloé mais, par prudence, je dis « le chimpanzé ».

— Une femme d'une quarantaine d'années. Elle est blanche, mais elle a passé sa peau au noir et elle est habillée à l'africaine, avec un boubou bariolé et une sorte de turban sur la tête. Le cirque s'appelle *el Circo Mexicano*. Mais tous les artistes ne sont pas mexicains.

— Quand passe le numéro du chimpanzé ?

— Juste avant l'entracte. Après les applaudissements, la femme au boubou salue, sort par les rideaux du fond et revient aussitôt avec un Polaroïd pour photographier les enfants avec Erika.

— Avec Chloé ! dit Suzy avec force.

— Oui, oui, bien sûr, Mrs. Dale, dit Barbara d'un ton conciliant. Je dis « Erika », parce que c'est le nom sur le programme.

Je reprends :

— Et comment s'appelle la présentatrice sur le programme ? Vous vous en souvenez ?

— Je m'en souviens parce que son nom est celui de la femme de David : Bethsabée.

— Nom bien peu africain.

— Mais comme j'ai dit, Dr. Dale, c'est une fausse Noire. Elle a le nez droit, les lèvres minces et les yeux verts.

— Elle ne vous est pas sympathique ?

— Je trouve que vendre quatre $ une photo Polaroïd, c'est exorbitant.

— Quel est le numéro de téléphone du *Circo Mexicano ?*

— Je l'ai inscrit au dos de la photo. Vous l'avez dans les mains, Dr. Dale.

— Merci.

Un silence. Je la regarde.

— Aussitôt que nous aurons récupéré Chloé — si c'est elle — j'établirai un chèque de 5 000 $ à votre nom. A quelle heure prenez-vous votre service demain matin ?

— A 7 heures.

— Voulez-vous venir nous voir dès votre arrivée à l'hôtel ? Nous comptons partir très tôt.

— Je n'y manquerai pas.

Elle hésite sur le seuil et dit :

— Dr. Dale ?

— Oui ?

— Après la représentation de ce soir, si vous revenez avec votre petite Chloé, puis-je vous conseiller de gagner directement votre appartement, sans passer par la réception ?

— Pourquoi ?

— Parce que la direction de l'hôtel n'accepte pas les chiens et à plus forte raison...

Elle regarde Suzy, rougit et laisse sa phrase en suspens, puis elle nous fait un petit salut très stylé et s'en va en refermant doucement la porte derrière elle.

Je décroche le téléphone, j'appelle la police de Clarke et je demande Mr. Morley.

— Ah ! Dr. Dale ! dit-il d'une voix cordiale. Le shérif Davidson m'a longuement parlé de vous. Ne vous dérangez pas. Je serai à votre hôtel dans une heure. De toute façon, j'ai à faire dans le coin.

— Ils sont charmants, ces gens du Colorado, dit Suzy. Je me demande si c'est la beauté du paysage qui les rend si obligeants. Ed, s'il te plaît, fais couler l'eau dans le jaccuzi, j'ai grande envie de m'y tremper.

Avant d'ôter mes vêtements, j'appelle le *Circo Mexicano* pour réserver deux places pour la représentation de ce soir. A la réflexion, et pensant qu'il serait utile que Morley nous accompagne, j'en réserve trois.

Je passe à la douche et je rejoins Suzy dans le jaccuzi. C'est délicieux en soi et plus délicieux encore d'y être avec elle. La douche m'a décrassé, mais le bouillonnement sous moi et autour de moi fait mieux : il me nettoie de mes soucis. Toutefois mon plaisir n'est pas tout à fait sans mélange. Je conserve un doute dans mon esprit et j'appréhende la terrible déception qui serait celle de Suzy, si Erika n'était pas Chloé.

Suzy s'amuse à mes côtés comme un enfant, fait des battements de pieds, m'éclabousse et tout d'un coup, se méprenant sur mon silence, elle m'attrape le bras gauche et se serre contre moi.

— Ed, tu m'en veux ?

— Mais pas du tout ! Et de quoi ?

— Je suis si mal élevée ! Je t'ai presque arraché des mains la photo d'Erika.

— Tu n'es pas mal élevée, tu es vive et primesautière.

— Et toi, tu es adorable. Ed, pourquoi es-tu toujours si indulgent à mon égard ?

— *You should treat a woman according to her womanishness.*

— C'est de toi ?

— Non, de Bernard Shaw. Et tu traduirais cela comment en français ?

— Il faut traiter une femme en tenant compte de sa féminité.

— Non, ce n'est pas tout à fait cela. Il y a une intention malicieuse dans « *womanishness* ». C'est un mot forgé par Bernard Shaw sur le modèle de « *foolishness* ». Sa phrase est un décalque d'un aphorisme anglais bien connu : « *You should treat a fool according to his foolishness.* »

— Monsieur, la petite sotte vous remercie.

— Non, non, il ne s'agit pas de sottise, mais de spontanéité. L'éducation réprime la nôtre, mais elle ne touche pas à celle des femmes. Elles ont le droit de pleurer, de vous arracher une photo des mains et même de sauter au cou des gens. Tu me vois prendre Barbara Schultz dans mes bras et l'embrasser sur les deux joues comme tu as fait ?

— Je voudrais bien voir cela !

— Tu ne l'as pas vu ! Et ne te méprends pas. J'admire ce comportement naturel des femmes, même s'il entraîne, dans l'action, quelques petits inconvénients. Ainsi, toi, tu regardes la photo d'Erika et tu dis : « C'est Chloé. »

— Mais c'est Chloé, j'en suis sûre !

— Mais qu'est-ce que cela veut dire « j'en suis sûre » ? Cela veut dire que tu te fies à ton instinct. Pas moi. Moi, on m'a appris à me méfier de mon instinct et à exiger des preuves.

Suzy se garde bien de me répondre. Elle veut conserver sa certitude.

— Mon Dieu, dis-je en jetant un coup d'œil à ma montre, comme le temps passe dans un jaccuzi ! Souhaitons que Morley ne soit pas trop ponctuel.

Il l'est. Et nous achevons à peine de nous habiller quand la réception nous annonce sa visite.

Morley est un grand jeune homme maigre avec une grande bouche, un long nez et des petits yeux. Pas exactement beau, mais sympathique. Le genre d'homme dont les hommes ne sont pas jaloux (à tort peut-être). J'espère que son long nez annonce du flair.

Je lui expose les faits et lui montre les papiers qui établissent que Chloé est à nous, ainsi que les photos d'Erika et de Chloé.

— Vous savez, dit-il, une ressemblance ne signifie pas grand-chose ! Pour moi, poursuit-il avec un petit rire — mais quand on a une si large bouche, un rire ne peut pas être vraiment petit —, je n'ai jamais pu distinguer un Chinois d'un autre Chinois. A plus forte raison un singe d'un autre singe !...

Traiter un primate de « singe » choque Suzy, et plus encore la remarque sur les Chinois. Toutefois elle réprime pour une fois sa spontanéité et ne dit mot. Elle attend la suite.

— A mon avis, poursuit Morley, deux faits sont susceptibles d'établir catégoriquement que Chloé est à vous : le numéro de son tatouage et l'accueil qu'elle vous fera, dès qu'elle vous verra. C'est pourquoi je compte bien assister à la représentation, et d'autant que c'est la dernière, d'après ce que j'ai appris.

— Nous avons anticipé votre décision, dit Suzy en souriant, nous avons réservé une place pour vous.

— Merci, Mrs. Dale, dit Morley en rougissant comme un collégien. Savez-vous, reprend-il en se tournant vers moi, à quel moment passe le numéro d'Erika ?

— Juste avant l'entracte.

— Alors, dit Morley d'un ton immensément compétent, c'est au moment de l'entracte qu'il faudra intervenir.

— En traversant la piste ?

— Oui, à mon avis, il faut que la rencontre ait lieu dans les coulisses. Si par hasard Erika n'est pas Chloé, mieux vaut éviter un scandale.

— Et les garçons de piste nous laisseront entrer dans les coulisses ?

— Avec ma carte de police, oui. D'ailleurs, ils me connaissent bien. J'adore le cirque et les gens de cirque. A vingt ans, j'étais fil-de-fériste.

— Funambule ?

— Non, fil-de-fériste. C'est le même fil, mais pas la même hauteur. Le fil-de-fériste travaille à deux mètres du sol. En revanche, ce qu'il fait est beaucoup plus compliqué.

Il reprend :

— Comme vous ne connaissez pas Clarke, il vaut mieux que je passe vous prendre.

Il est debout, il hésite et je sens qu'il voudrait partir avec assurance sur un mot de la fin bien senti.

— Bien entendu, dit-il, si c'était un chien ou un chat, la police de Clarke n'aurait pas jugé utile de se déplacer. Mais s'agissant d'un animal de grande valeur, appartenant à un scientifique renommé, l'affaire en vaut la peine.

Ayant tourné son petit compliment, il s'en va sur ses grands pieds. Chose étrange, il est gauche, mais sa démarche est légère. Quand on a dansé à vingt ans sur un fil de fer, il vous en reste quelque chose.

— Un animal ! dit Suzy avec indignation. Chloé, un animal !

Son indignation est superficielle. La sortie de Morley l'a égayée et elle se met à rire. Mais son rire dure peu.

— Nous avons deux bonnes heures à perdre avant que Morley vienne nous chercher.

Elle tourne et vire dans la pièce sans dire un mot, elle d'ordinaire si bavarde.

— Tu voudrais manger un peu ?

— Non, dit-elle, je n'ai pas faim.

Je suis assis dans un fauteuil et comme je n'ai rien apporté à lire, je saisis la Bible que la direction de l'hôtel met à la disposition des clients et je l'ouvre au hasard. Je faisais de même quand j'étais étudiant à la veille d'un examen. Et je lisais, le cœur battant, le passage que la Providence avait placé sous mon pouce droit : j'espérais y découvrir un présage pour le lendemain. Et le plus extraordinaire, c'est qu'avec un peu d'ingéniosité, j'y parvenais toujours. Mais j'ai dû perdre, avec les années, ma brillante faculté d'interprétation, car cet après-midi-là, même en ouvrant le livre sacré en trois endroits, je n'y trouve ni message, ni prémonition. Il est vrai que ce n'est pas ma Bible d'étudiant, si usée et si cassée que le dos de la reliure disparut, avant même que le livre lui-même s'égarât au cours d'un déménagement. Avec la perte de cet exemplaire vénérable, la magie se perdit aussi...

Comme je vois Suzy s'agiter et passer sans but du salon où j'essaye de lire, à la chambre, je lève la tête et je dis :

— Voudrais-tu faire un tour ? Cette fin d'après-midi est tout simplement superbe.

— Non, dit-elle, je n'y tiens pas, je suis fatiguée.

— Tu n'en as pas l'air.

— Tu veux dire que je m'agite beaucoup ?

— Un peu, oui.

— Je peux m'asseoir, si mon agitation t'agace.

— Non, non, elle ne m'agace pas.

— Mais si, elle t'agace, puisque tu me la fais remarquer.

— Oh, Suzy, je t'en prie, ne nous querellons pas !

— Mais qui a commencé ?

Et comme je la regarde sans dire un mot, elle se met à pleurer.

— Oh, Ed, dit-elle, si ce n'était pas Chloé, après tout !

— Mais si, c'est elle, tu en étais certaine à l'instant.

— Mais toi, tu n'en es pas sûr.

— A 80 %, oui.

— Et pourquoi pas à 100 % ?

— Mais parce que moi, je suis un maniaque de la preuve. Mais c'est sûrement toi qui as raison.

— Tu le dis, mais tu ne le penses pas.

— Mais si, je le pense.

— Tu dis cela pour me calmer, tu es un hypocrite !

— Je ne suis pas un hypocrite. Je te dis ce que je ressens.

Je prends sur la table basse du salon la photo de la prétendue Erika et je la place à côté d'une des photos de Chloé que nous avons montrée à Morley.

— Je vais te dire : pour moi, c'est la même. C'est idiot de dire qu'une ressemblance ne signifie rien. Et tout aussi idiot d'affirmer que l'on ne peut distinguer un Chinois d'un autre Chinois.

— Si c'est la même, pourquoi dis-tu que tu n'es sûr qu'à 80 % ?

— J'en serai sûr à 100 %, lorsque j'aurai vu son numéro de tatouage.

— Tu répètes ce qu'a dit Morley.

— Je n'ai pas eu besoin de Morley pour penser à une chose aussi évidente.

— Oh Ed ! dit-elle, les larmes jaillissant de ses yeux, ne nous disputons pas !

Elle s'assied au pied de mon fauteuil, me prend des mains les deux photos et les regarde longuement.

— Je me demande... dit-elle. On dirait que les yeux d'Erika ont une expression d'ennui et de fatigue que ceux de Chloé n'avaient pas.

Je me penche et je regarde par-dessus sa tête.

— Il y a une raison à cela. Le Polaroïd d'Erika a été pris à l'entracte, après son numéro. C'est normal qu'elle ait l'air fatigué. Et passer d'un enfant à l'autre pour être photographiée ne doit pas l'enchanter.

— Pourtant, Chloé aime les enfants.

— Oui, mais ceux-là, elle sait bien qu'ils changent tous les soirs, et qu'elle ne peut pas jouer avec eux. C'est une routine pour elle, rien de plus, une routine qui l'ennuie.

Ce dialogue me laisse une impression bizarre. Il ressemble à l'échange des épées dans *Hamlet,* chacun se battant avec l'arme de l'autre.

— Ah ! Je ne sais plus ! dit Suzy d'un ton désolé.

Et passant dans la chambre, elle se jette sur son lit où, après quelques minutes, laissant la Bible sur le fauteuil, je la rejoins. Je passe mon bras sous sa nuque et avec un petit grognement de gratitude, sa tête roule sur mon épaule. Elle dort.

CHAPITRE X

C'est un petit cirque et un chapiteau plutôt modeste qui ne tient pas debout par gonflement mais, plus archaïquement, par des poteaux. Les gradins sont des bancs de bois rustiques et Morley nous conseille de nous asseoir avec lui assez loin du manège. Il voudrait éviter que Chloé — si la chimpanzée Erika est bien Chloé — ne nous reconnaisse prématurément et ne bondisse hors de la piste pour se jeter à notre cou, ce qui troublerait le spectacle.

Je trouve le souci de l'ordre tout à fait légitime chez un policier et nous gagnons avec lui un gradin élevé. Il me conseille de rabattre le bord de mon chapeau sur les yeux et demande à Suzy de s'asseoir derrière nous, car les couleurs vives de sa robe la rendent très repérable. Il s'inquiète même de notre fumet.

— Je suppose que Chloé a le nez fin. Ne va-t-elle pas vous reconnaître ?

— A cette distance ? Au milieu de tant de gens ? dit Suzy.

A peine Morley a-t-il posé ses maigres fesses sur un banc de bois de l'avant-dernier gradin, promené ses yeux dans l'arène, prêté une oreille ravie à la fanfare assourdissante de l'orchestre et humé l'odeur de la sciure, qu'il change du tout au tout. Lui dont le verbe était si embarrassé au *Home Ranch,* le voilà très assuré et dès que la représentation commence, il parle d'abondance, quoique à voix basse, de ce qui, après tout, fut son premier métier. Sa technicité nous agace un peu mais en même temps, je suis reconnaissant à Morley d'apporter une diversion à l'anxiété qui nous étreint. Plus nous approchons du but, plus la peur de l'échec nous assaille.

Morley commence par nous faire remarquer à quel point les yeux du jongleur sont mobiles et avec quelle rapidité ils suivent chaque balle dans sa trajectoire.

— Dans ce métier, dit-il, ce sont surtout les yeux qui fatiguent.

— Mais, objecte Suzy derrière nous, le numéro ne dure qu'un quart d'heure !...

— Oui, Mrs. Dale, mais il est précédé chaque matin par trois heures d'entraînement.

Au sujet de la trapéziste qui est jeune et jolie, Morley nous fait remarquer à quel point son art a modifié sa morphologie. Ses épaules sont beaucoup plus larges que son bassin et ses seins ont disparu, laissant place à des pectoraux.

— En outre, dit-il, comme tous les trapézistes, elle doit souffrir des genoux. Les tendons résistent mal à tous ces étirements.

— Mais son minois, lui, est resté très féminin, dit Suzy.

— Oui, oui, concède Morley à contrecœur.

Et il conclut avec une sombre satisfaction :

— Tous les jongleurs souffrent des yeux et tous les trapézistes, des genoux.

— Et les fil-de-féristes ?

— De la plante des pieds, bien sûr. C'est d'ailleurs pour cela que j'ai jeté l'éponge.

Morley devient plus technique encore, quand je lui demande à quoi sert la chambrière que le dresseur tient à la main, puisqu'il se contente d'en traîner la mèche sur la piste sans jamais la faire claquer, ni atteindre un poney. Il me répond :

— Elle ne sert pas à cela. C'est uniquement un signal. Quand la mèche de la chambrière traîne derrière un poney, cela veut dire qu'il doit avancer. Quand le dresseur la place devant le poney, cela veut dire que le poney doit reculer. Quand le dresseur la place alternativement devant et derrière le poney, cela signifie qu'il doit pivoter sur lui-même. A ce moment-là, l'orchestre entame une valse et le public a l'impression que le poney est en train de danser. Il n'en est rien. Il obéit à des signaux. D'ailleurs, regardez ses yeux : ils sont absents. Il obéit mécaniquement.

Le poney, après avoir « valsé », est rejoint par d'autres poneys qui tournent à sa suite dans le manège en une ronde endiablée. Je remarque un garçon de piste qui tient la mèche d'une chambrière devant les rideaux des coulisses pour éviter sans doute que les haflingers aient la tentation d'écourter de leur propre chef le numéro et de regagner l'écurie. Les chevaux sont comme les hommes : ils ne travaillent pas volontiers.

Bien que maintenant elle ne pipe pas mot, je sens presque physiquement l'impatience et l'anxiété qu'éprouve Suzy derrière moi. Je passe mon bras par-dessus le dos de ma banquette : elle s'empare de ma main aussitôt.

Les poneys quittent la piste et après un roulement de tambour qui appelle l'attention du public, l'annonceur dit avec un large geste de la main et un certain air de pompe :

— Madame Bethsabée et sa chimpanzée, Erika.

Au seul regard qu'elle jette à la ronde en entrant sur la piste, nous aurions reconnu Chloé. Ces yeux vifs ! Cet air malicieux ! Je sens les ongles de Suzy s'enfoncer dans ma main. Morley se tourne vers moi avec un air interrogateur. Incapable de parler, je fais « oui » de la tête. « Je suis content pour vous », dit-il. Je jette un regard par-dessus mon épaule. Suzy est pâle, muette elle aussi. Elle arrive pourtant à sourire.

Comme il me semble que Chloé, dont les yeux furètent de tous côtés, regarde avec insistance du nôtre, je baisse mon chapeau, je cache de la main le bas de mon visage et j'essaye de me concentrer sur son numéro. Madame Bethsabée la tient en laisse, une laisse fine, à peine visible. Chloé fait une série de cabrioles d'avant en arrière et d'arrière en avant. A ma grande surprise, elle fait même — acquisition récente — un petit saut périlleux. Puis le garçon de piste apporte une échelle en acier dont il tient solidement le pied. Chloé en gravit les degrés, le dernier comporte une sorte de coupole sur laquelle elle pose la tête et fait le drapeau. Elle se livrait au même exercice en plus périlleux sur le toit de Yaraville. On lui descend du chapiteau un trapèze où, à mon avis, elle ne brille guère, en tout cas beaucoup moins que la trapéziste. En raison de la conformation de ses mains, elle ne change pas de prise en temps utile. Mais le clou du spectacle est évidemment ses acrobaties et sa voltige sur un poney, exercice pour lequel Bethsabée lui enlève sa laisse.

Elle se livre à toutes ces activités d'un air totalement inattentif, ses yeux presque constamment fixés sur les spectateurs à qui elle adresse des pieds de nez et tire la langue, ce qui fait rire — et à qui elle adresse aussi des insultes gestuelles, ce qui ne fait pas rire, personne dans la salle ne comprenant l'ameslan. Elle a l'air aussi de beaucoup aimer un garçon de piste, car elle regarde souvent de son côté et à un moment donné, interrompant la cabriole qu'elle est en train d'exécuter, elle court l'embrasser, les yeux brillants. Un autre de ses grands amours, je suppose.

C'est la fin. Les applaudissements éclatent. Bethsabée lui remet sa laisse, salue, Chloé salue aussi, comiquement, désignant Bethsabée de l'index et toquant du même doigt à coups répétés sur sa tempe. Rires. Applaudissements. Bethsabée disparaît avec elle derrière le rideau du fond.

— C'est le moment, dit Morley.

Nous enjambons le rebord du manège, traversons la piste, Morley montre sa carte de police aux deux garçons de piste qui nous barrent le chemin, nous passons derrière le rideau et nous nous trouvons nez à nez avec Bethsabée au moment où elle revient en piste, son Polaroïd à la main.

Je crie :

— Chloé !

Chloé, après un brusque sursaut, me regarde avec des yeux dilatés et se jette contre ma poitrine, me couvrant de baisers et poussant des cris stridents, un de ses longs bras passé autour de mon cou et l'autre autour du cou de Suzy.

— Un instant, Dr. Dale, dit Morley, permettez-moi, je dois vérifier le numéro de tatouage.

— Ami ! ami ! dis-je à Chloé qui commence à s'agiter, quand il s'avance vers elle.

Je le lui dis en anglais et Suzy lui répète en ameslan. Elle se calme. Vérification faite, Morley se tourne vers Bethsabée qui a assisté à cette scène de retrouvailles, droite, figée, sans dire un mot.

— Madame, dit-il, je regrette d'avoir à vous dire qu'il s'agit d'un animal volé. Mr. Dale a tous les papiers établissant sa propriété sur elle.

— Dans ce cas, dit Bethsabée, je vais prévenir le directeur du cirque. C'est lui que cette affaire concerne. Moi, je ne suis que la présentatrice du numéro.

Je la regarde. Le noir qui recouvre son visage lui enlève toute expression mais, autant que je puisse en juger par le battement de ses cils, elle me paraît assez paniquée.

— Eh bien, prévenez-le, dit Morley et attendons ici.

Bethsabée ne se le fait pas dire deux fois et sans un regard pour Chloé, elle pivote sur ses talons et sort à grands pas, son ample boubou bariolé volant derrière elle. Je pense, à part moi, que Morley fait peut-être une erreur en la laissant partir.

Dix minutes s'écoulent. L'annonceur s'approche de nous. Il est grand et mince, sa démarche est un tantinet langoureuse, et il s'exprime en bon anglais, d'une voix pointue et précieuse. Comme ses traits sont impassibles et son teint très blanc, il a l'air de porter un masque sur le visage.

— Mesdames, Messieurs, dit-il, excusez-moi, mais le spectacle va recommencer. Vous ne pouvez pas rester où vous êtes. C'est le chemin qu'empruntent les artistes pour entrer en piste.

— Nous attendons le directeur, dit Morley en montrant sa carte de police d'un geste théâtral.

— Eh bien dans ce cas, dit l'annonceur sans se départir de son ton cérémonieux, je vais envoyer mon assistant vous conduire jusqu'à lui. Ou plutôt non, poursuit-il d'un air important, j'irai moi-même.

Il n'a rien d'un Mexicain. Il ressemblerait plutôt à un butler anglais. Tandis qu'il chemine en se dandinant devant nous, j'essaye de convaincre Chloé de mettre pied à terre et de marcher. Elle ne veut rien savoir, pas plus qu'elle ne consent à lâcher les doigts de Suzy. Une main dans la main de Suzy et l'autre accrochée à mon cou, elle entend bien rester ainsi jusqu'à la fin de ses jours.

Le directeur du *Circo Mexicano* est lui, indubitablement, mexicain. Nous le trouvons assis derrière une petite table d'un camping-car plutôt confortable.

— Señor Abelardo García Pérez, dit l'annonceur, en faisant rouler emphatiquement sur sa langue toutes les syllabes du nom de son patron : ces personnes demandent à vous voir.

— Ah ! Mr. Morley ! s'écrie Pérez en se levant, entrez, entrez, je vous prie, je me souviens parfaitement de vous. Vous êtes venu ici il y a huit jours pour contrôler la sécurité du cirque.

— Señor Abelardo García Pérez, dit l'annonceur sans lui faire grâce d'un seul de ses noms, si vous n'avez plus besoin de moi, je me retire pour annoncer le spectacle.

— Faites ! faites ! dit Pérez, en regardant avec quelque étonnement Chloé se prélasser dans mes bras.

L'annonceur, contrairement à ce qu'il a dit, ne se retire pas et s'écarte de quelques pas, le visage déférent, mais l'oreille attentive. A mon avis, c'est son « assistant » qui doit faire le gros du travail.

Morley nous présente, Suzy et moi, et ajoute :

— Bethsabée a dû vous dire que nous désirions vous voir.

— Elle ne m'a rien dit de ce genre ! dit Pérez, en levant les sourcils, lesquels sont noirs et très fournis. Noirs aussi sont les yeux, basané le teint et le nez beaucoup plus grand et surtout beaucoup plus tombant que celui de Morley. Les dents du bas sont très blanches, mais protubérantes et très mal rangées. Si bien qu'on dirait que ses deux lèvres ont du mal à se rejoindre au-dessus d'elles.

— Elle ne vous a rien dit de ce genre ? dit Morley.

— Non, dit-il, je ne l'ai pas vue depuis ce matin.

— Vous ne l'avez pas vue ! dit Morley.

Il change de visage pour reprendre :

— Señor Pérez, voudriez-vous l'envoyez chercher ?

— Certainement. Johnny, dit-il en s'adressant à l'annonceur, puisque vous êtes encore là, voudriez-vous demander à Bethsabée de venir ? Peut-être est-elle en train de se démaquiller dans son camping-car. Et pendant ce temps-là, Mr. Morley, vous pourriez peut-être m'expliquer...

Morley « explique » d'une voix un peu hachée. Il a le sentiment qu'il a un peu trop fait confiance à Bethsabée et il est en train de le regretter. En parlant, il serre ses deux mains l'une contre l'autre et il les serre si fort que je vois rougir ses doigts du dessus.

— Señor Pérez, poursuit-il, peut-être pourriez-vous me dire comment cet animal volé est arrivé en votre possession ?

— Mais il n'est pas à moi ! s'écrie Pérez avec un haut-le-corps. Il est à Mrs. Wolf !

— Mrs. Wolf ?

— Bethsabée. Je l'ai engagée pour la saison il y a quinze jours. Son numéro n'était d'ailleurs pas au point, mais mon dresseur de chiens venait de me quitter et j'avais un trou dans mon programme. Et Erika m'a paru drôle et particulièrement douée. Trop même : son défaut, je vais vous le dire, elle improvise. Il y a trois jours, elle m'a fait une belle peur. Il lui a pris fantaisie de sauter sur le dos du poney en passant derrière lui. Il s'est paniqué et lui a décoché un coup de sabot qui l'a atteint à la tête. Elle est restée cinq bonnes minutes évanouie. Par bonheur, elle s'est rétablie et elle a repris dès le lendemain son numéro.

Par la porte du camping-car, nous voyons Johnny réapparaître et, chose peu en accord avec sa dignité, je ne dirais pas qu'il court, mais il presse le pas curieusement.

— Señor Pérez, dit-il haletant.

Dans sa hâte, il omet de lui donner tous ses noms.

— Bethsabée, reprend-il, son souffle lui revenant, est introuvable ! Son camping-car n'est plus là !

Morley se lève, son visage virant au rouge brique.

— Connaissez-vous le numéro d'immatriculation du camping-car ?

— Non, dit Pérez.

— Et le camping-car lui-même, comment est-il ?

— Presque neuf, dit Johnny.

J'échange un regard avec Suzy. Est-ce là ce que notre beau break est devenu ?

Morley s'impatiente :

— Je veux dire, quelle marque ?

— Américaine, je crois, dit Pérez.

— Japonaise, plutôt, dit Johnny.

Morley ouvre ses grands bras et les laisse retomber sur ses flancs maigres avec découragement.

— Et maintenant, comment retrouver un camping-car sur les routes du Colorado ? — et en été ! — sans en connaître ni la marque ni l'immatriculation ?

— Mr. Morley, dis-je, à l'impossible nul n'est tenu. L'important pour nous, c'est d'avoir récupéré Chloé.

— Et moi, je suis bien désolé de la perdre, dit Pérez en se levant. C'était un de mes trois meilleurs numéros. Juste avant l'entracte, il faisait beaucoup d'effet. Et maintenant que j'y pense, il ne m'a rien coûté. Mrs. Wolf a décampé si vite que je n'ai pu lui payer son salaire. Le peu d'argent qu'elle s'est fait ici, c'est avec son Polaroïd. Tant pis, voilà ce que lui coûte sa malhonnêteté. Personnellement, je n'ai jamais acheté un animal sans vérifier sa provenance.

— Vous n'avez pourtant pas vérifié celle d'Erika, dit Morley, qui, à défaut de Bethsabée, se mettrait volontiers Pérez sous la dent.

— Je n'avais pas à le faire, puisqu'il appartenait à Mrs. Wolf, dit Pérez d'un air offensé.

— Mr. Morley, dit Suzy, excusez-moi, nous avons eu une journée très éprouvante et pour l'instant, je ne pense qu'à une chose : retourner au *Home Ranch* et dormir.

— Vous êtes descendus au *Home Ranch !* dit Pérez avec

considération. C'est un hôtel plutôt cher. Vous pouvez être sûrs que le propriétaire se fait beaucoup plus de blé avec ses chambres que moi avec mon cirque. Voyez-vous, un cirque n'a jamais enrichi personne. Même en payant très mal les artistes, ce qui, hélas, est mon cas... Mrs. Dale, dit-il en découvrant à nouveau des dents si mal rangées qu'elles vous donnent l'impression qu'aucune, en poussant, n'a voulu laisser assez de place à sa voisine : le départ d'Erika est certes une grande perte pour mon cirque, mais je suis véritablement très content que vous ayez retrouvé votre bien.

Ayant dit, il remet ses lèvres sur ses dents, ce qui se fait assez difficilement et en deux étapes, comme une fermeture Éclair qui coince à mi-course.

Dans l'auto qui nous ramène au *Home Ranch*, Morley est inconsolable.

— J'ai raté une belle arrestation, grogne-t-il.

— Croyez-vous ? dis-je. Bethsabée n'est pas forcément la complice de Denecke. Elle est peut-être sa victime. Il est très possible que Denecke lui ait vendu le camping-car et Chloé.

— Dans ce cas, pourquoi s'est-elle sauvée ?

— Quand elle a compris que Chloé était un animal volé, elle s'est demandé s'il n'en allait pas de même pour le camping-car. Elle a eu peur de le perdre aussi et, en plus, d'être accusée de complicité.

J'ajoute :

— Quoi qu'il en soit, Mr. Morley, j'estime que vous avez parfaitement réussi dans votre mission et, de retour chez moi, je compte l'écrire à votre chef.

Suzy, autour de laquelle Chloé s'est véritablement enroulée, est plus chaleureuse encore. Au *Home Ranch*, devant notre petit chalet, Morley nous quitte, rasséréné, et insiste pour serrer la main de Chloé, ce qu'elle accepte après réflexion. Après quoi, elle lui présente son dos pour qu'il la gratte. Et, parlant de gratte, et profitant de ce que Morley est occupé à la satisfaire, je lui glisse — presque à son insu — quelques billets dans la poche de son veston. Il nous quitte, plutôt content et se rinçant la bouche à l'avance du récit qu'il va faire à ses collègues.

Je décide de décrasser Chloé de la poussière de la sciure et après une douche, je lui donne un bon bain dans le jaccuzi. Les bouillonnements l'amusent. Trop peut-être, car nous avons beaucoup de mal à faire taire ses cris d'enthousiasme. Elle se calme enfin et se laissant glisser sous l'eau, elle ne garde à l'air que sa bouche et son nez. Elle reste ainsi un long moment, les yeux fixés sur nous avec un air d'adoration qui me touche.

Avec un oreiller, une couverture et un vieux pull-over, Suzy pendant ce temps lui fait un nid sur le divan du salon. Nous sommes convenus que chacun de nous, à tour de rôle, couchera à ses côtés pour éviter que, se réveillant avant le jour, et se trouvant seule dans un milieu inconnu, elle ne se mette à tout casser. Il ferait beau voir qu'elle mît à mal un des jolis salons du *Home Ranch!*

— C'est prêt! me crie Suzy, tu peux la sortir de l'eau, la sécher et l'amener.

C'est plus facile à dire qu'à faire. Mais j'y arrive et là, l'atavisme revient en force. Chloé ne trouve pas le lit fait à son idée et le refait deux ou trois fois. Suzy me relaie auprès d'elle, tandis que je me déshabille et me lave les dents. Après quoi, je prends le premier tour de garde auprès de Chloé, premier tour qui sera aussi le seul, car Suzy est épuisée et dort si profondément dans la chambre que je n'aurai pas le cœur d'aller la réveiller.

Dans le salon, j'ai éteint toutes les lumières, sauf une, me rappelant qu'il faut une veilleuse à Chloé et je tâche d'étendre mes jambes le plus commodément possible sans la gêner. Je somnole plus que je ne dors, la tête embrumée par des demi-cauchemars. Chaque fois que je me réveille, je vois dans la pénombre les yeux vigilants de Chloé fixés sur moi et je m'aperçois, en bougeant, que sa main tient fermement mon pied gauche. Sans doute a-t-elle peur de me perdre une deuxième fois.

⁂

C'est Barbara Schultz qui, le lendemain, à sept heures du matin, nous apporte le petit déjeuner. Je suppose qu'elle s'est arrangée avec sa collègue.

Je lui ouvre, Chloé dans les bras. Elle trahit une vive émotion en la voyant et dès qu'elle a déposé, en tremblant, le plateau sur la petite table basse du salon, je lui tends, déplié, un chèque d'un montant de 5004 $. Elle le prend et le tient devant elle à deux mains, comme si elle estimait qu'il est trop lourd pour une seule. Mais bien qu'à la vue de Chloé, elle ne doive pas être surprise, elle me regarde, les yeux dilatés, la bouche entrouverte, et son teint laiteux de rousse virant au rouge. Puis la couleur quitte son visage aussi vite qu'il l'a envahi et sa voix, arrivant avec peine à se frayer un passage à travers sa gorge, elle dit :

— 5004 $, Dr. Dale ? pourquoi les 4 $?

— Pour la deuxième photo d'Erika. Celle que vous m'avez donnée.

Elle a une réaction inattendue pour une personne aussi bien stylée : elle se met à rire. Ce qui a pour effet de soulager la tension, la sienne, mais aussi la mienne car, en la voyant pâlir, j'avais craint de la voir s'évanouir.

Chloé, dont les deux yeux sont fixés sur les deux verres d'orangeade qui se trouvent sur le plateau du petit déjeuner, tourne la tête quand elle entend rire Barbara et, pointant un doigt vers elle, dessine ensuite un point d'interrogation. Suzy qui nous a rejoints après avoir passé une robe de chambre, croche l'index de sa main droite dans le petit doigt replié de sa main gauche. Chloé, apprenant par là que Barbara est une « amie », la considère avec attention et s'intéresse en particulier au bonnet qui coiffe à demi ses cheveux auburn. Pablo en sait quelque chose : elle a toujours été fascinée par les chapeaux.

— 5004 $, dit Barbara avec un sourire malicieux qui embellit son visage fané, croyez-moi, Dr. Dale, en cinq ans, je n'ai jamais reçu un aussi gros pourboire pour un petit déjeuner !

On rit tous les trois et Chloé nous imite. Je suis ravi d'entendre de nouveau résonner son rire haletant.

— Mais est-ce qu'elle comprend ? dit Barbara en ouvrant tout grands ses yeux verts.

— Non, elle ne connaît pas le mot « pourboire » ni d'ailleurs le mot « petit déjeuner ». Chez nous, à cause de notre cuisinière qui est espagnole, nous disons « *desayuno* ». A ce moment, Chloé tourne vivement la tête vers le plateau et vers les verres d'orangeade.

— Mais elle a compris ! dit Barbara.

— Oui, bien sûr, elle connaît pas mal de mots. Dites-lui de vous embrasser : elle le fera.

— Embrasse-moi, Chloé.

— Non, dit Suzy, ce n'est pas la bonne formule. Il faut dire « Chloé embrasser amie ».

— Chloé embrasser amie.

Chloé la regarde, surprise de cette demande de la part de quelqu'un qu'elle connaît si peu. Mais elle est bonne fille et s'accrochant à mon cou de son bras gauche, elle se penche pour s'exécuter, avançant démesurément les lèvres vers la joue que lui tend Barbara. Pourquoi faut-il que dans ce mouvement en avant, le bonnet qui surmonte la tête de sa nouvelle amie se rapproche aussi et devienne si tentant ? De sa main libre, Chloé le saisit et le tire à elle avec vigueur sans comprendre que ce n'est pas un vrai couvre-chef, mais une parure et qu'avec elle, ses doigts saisissent une bonne poignée de cheveux. Barbara crie. Et Suzy ! et moi !

— Lâche ce bonnet, Chloé !

Tous ces cris l'affolent, elle tire de plus belle et c'est enfin Suzy qui sauve la situation en prenant sur le plateau un des verres d'orangeade. Elle le lui tend. Chloé abandonne le bonnet et de sa main libre, saisissant cette nouvelle proie, elle boit avec avidité, ses yeux ronds marron clair nous regardant avec étonnement au-dessus du bord du verre. Incompréhensibles, ces grands singes blancs ! Qu'a-t-elle fait de mal en s'emparant du petit chapeau ? Elle a agi de même des dizaines de fois avec

Pablo, provoquant les rires de l'intéressé, et de Grand, et de Jolie. Et cette fois, on hurle, on gronde, on montre les dents ! Et quand elle s'attend à être punie, voilà qu'on la récompense avec un délicieux *fruit boisson*.

Barbara dont la peau du crâne a été mise à rude épreuve, a les larmes aux yeux. Tandis que Suzy l'aide à recoiffer sa magnifique chevelure auburn (vers laquelle je glisse quelques petits regards), Chloé, sortant une longue langue, fouille le fond et les parois du verre qu'elle vient de vider. Elle abandonne enfin entre mes mains le récipient que je replace sur le plateau. En quoi j'ai tort, car son regard tombe alors sur le deuxième verre d'orangeade. Elle libère ses deux mains pour me parler en ameslan. Oh ! Elle ne risque pas de tomber, ses deux jambes m'enserrent solidement la taille et l'un de mes bras est passé derrière ses épaules.

— *Grand*, dit-elle, *embrasser Chloé*.

Ce que je fais. Je me plie à la loi de son peuple. Puisque, nous le savons, pas de soumission sans pardon et pas de pardon sans amour. Après tant de millions d'années, la société des hommes montre-t-elle autant d'humanité ?

Je l'embrasse et ses yeux marron si vifs et si chaleureux sondent les miens pour savoir si je lui ai vraiment pardonné. Mais oui, la preuve, je lui souris. Elle me couvre le visage de baisers poisseux à l'orangeade. Il faut souffrir pour être un dieu. Et comme à un dieu, que me demande-t-elle, sinon à peu près tout ?

Paumes tournées vers sa poitrine, elle rapproche les quatre doigts unis de sa main gauche vers les quatre doigts unis de sa main droite. Ce signe expressif veut dire : « Plus. »

— Plus quoi ? dis-je en anglais.

— *Plus fruit boisson.*

Nous y voilà ! Comme Oliver Twist en son orphelinat, elle demande plus. Mais plus heureuse que lui, elle l'obtient. Je lui tends le second verre d'orangeade qui ne va guère attendre pour suivre le même sort que le premier.

Pendant ce temps, partisan ardent des chignons et des longs

cheveux, surtout quand ils sont auburn, je regarde Barbara se recoiffer, aidée par Suzy, laquelle est l'alibi hypocrite que je me donne pour contempler ce gracieux tableau. « Tu ne convoiteras pas la femme de ton voisin », dit le Décalogue. « Et songe aussi à ta plus proche voisine, malheureux ! » C'est bien aussi ce que je me disais à l'instant où, inexcusablement comme Chloé et Oliver Twist, j'ai désiré plus.

— Mais vous allez être en retard pour votre service, dit Suzy, peut-être parce qu'elle est compréhensive, peut-être aussi parce qu'elle a capté mes regards.

— Oh non ! dit Barbara d'une voix gaie, mon prochain petit déjeuner est à huit heures et demie. On ne se lève pas tôt au *Home Ranch*. Même quand l'hôtel est plein, cela ne fait pas beaucoup de monde.

Suzy la raccompagne à la porte de la chambre et lui fait ses adieux, cette fois sans l'embrasser. A mon tour, je lui serre la main, qui serre la mienne un peu plus fort qu'il ne serait nécessaire. A l'âge de Barbara, un regard d'admiration est toujours le bienvenu, même lorsque aucune suite n'est possible. Je doute quand même qu'il lui tienne aussi chaud au cœur que mon chèque dans la petite poche de son tablier brodé.

⁂

La première personne que vit Chloé quand la Chevrolet s'arrêta devant la terrasse de Yaraville fut Roderick, lequel devint aussitôt l'objet et presque la victime d'une joie délirante. Dans sa hâte de le rejoindre, Chloé poussa des cris stridents en tapant des deux mains sur la glace de l'auto. Et dès qu'on lui eut ouvert, elle se jeta sur Roderick avec tant de force qu'il perdit l'équilibre et tomba sur le côté en laissant échapper quelques petits gémissements quand, dans son excès d'affection, elle le mordit. Il la contremordit et ils roulèrent l'un sur l'autre avec de part et d'autre des aboiements si furieux que Juana, qui sortait de sa cuisine pour nous accueillir, s'arrêta net et, avant même de nous dire bonjour, s'exclama sur un ton désapprobateur :

— Voilà qu'ils se battent à présent !

Si elle avait été plus attentive ou plus bienveillante à l'égard de Chloé, elle aurait observé qu'ils ne se mordaient que pour rire et que cette confuse mêlée ressemblait davantage à des transports amoureux qu'à une bataille. Ces effusions s'épuisèrent d'ailleurs par leur excès même et les deux amis se couchèrent côte à côte, tout pantelants, le bras droit de Chloé passé autour du cou de Roderick et Roderick tenant dans sa gueule l'avant-bras gauche de Chloé, ce qui était sa façon à lui de lui tenir la main.

Les morsures furent alors relayées par des baisers, des lècheries, des grattages et des épouillages, le tout accompagné de soupirs et de doux regards.

Comme elle ne voulait pas le quitter, il fallut amender la loi qui interdisait à Roderick de mettre plus d'une patte dans la salle à manger. On disposa le bout de moquette usagée au pied de la chaise haute de Chloé et il eut la permission d'y prendre place, au moins pendant la durée des repas. Toutefois, on lui interdit de quémander de la nourriture et à Chloé, de lui en jeter. A notre grande surprise, cette interdiction fut respectée : d'abord parce que Chloé, quand il s'agissait de ses rations, n'était guère donnante, ensuite parce qu'ils ne mangeaient pas les mêmes choses, Chloé raffolant des légumes (ceux-ci de préférence crus) et Roderick n'aimant que la viande.

Chloé nous supplia à plusieurs reprises de mettre son ami dans sa chambre. Ces suppliques furent rejetées et le tabou sur le premier étage fut maintenu. Mais on permit à Chloé, avant d'aller se coucher, de dire bonsoir à Roderick. Ce qui eut l'avantage d'exercer notre patience, car le bonsoir pouvait durer dix minutes.

Dans sa chambre, séparée de Roderick, Chloé parlait encore de lui en ameslan. Les premiers temps, nous n'y prîmes pas garde, car elle répétait : *bon chien, joli chien, chien amour*, comme elle avait coutume de le faire avant son enlèvement. Mais Emma ne tarda pas à nous signaler un changement subtil dans la litanie.

Emma avait été, comme nous tous, au comble de la joie, de voir revenir Chloé parmi nous et d'autant plus qu'elle avait craint d'avoir à renoncer à sa place si nous avions perdu Chloé pour de bon. En fait, elle nous rendait de si grands services, sans que sa présence nous pesât jamais (au contraire de celle de Juana) et elle faisait maintenant tellement partie de la famille que nous n'y aurions jamais pensé. Étrange fille quand on y songe ! Elle n'était ni pieuse, ni pratiquante et je ne l'ai jamais entendue faire la moindre référence à un credo religieux. Et pourtant, à sa manière qui était gaie et enjouée, c'était une sorte d'ascète. Elle n'aspirait ni à l'amour, ni au mariage, ni à la réussite sociale, ni à l'argent. La vanité, comme l'orgueil, lui était inconnue. Et surtout, on ne pouvait déceler chez elle la moindre trace d'égoïsme, fût-elle infinitésimale. A se demander même si elle avait un ego ! Et pourquoi vivait-elle, sinon pour aimer les autres et les servir ?

Pour en revenir à la litanie nocturne de Chloé, Emma vint nous apprendre un matin que la veille, après avoir répété « *bon chien joli chien chien amour* » dans son lit, Chloé avait dit : « *Pauvre chien* ».

Le signe qui indique l'idée de pauvreté en ameslan est des plus parlants. On plie le bras gauche devant soi, à la hauteur de la joue. Puis, le coude ainsi dégagé, on le coiffe de la main droite, que l'on tire alors brusquement vers le bas en réunissant les doigts et le pouce, comme si on n'avait rien pu tirer de cet os stérile. Le signe a, bien sûr, une signification morale autant que matérielle.

Ainsi, Roderick n'était pas seulement un *bon chien*, un *joli chien*, et un *chien amour*, il était « *pauvre* ». Entendez qu'il était à plaindre. Et je voulus savoir pourquoi. Je m'attardai un soir dans la nursery, tandis qu'Emma s'affairait dans la pièce en tâchant de remédier à son irrémédiable désordre, je feignais de ranger les jouets de Chloé dans son coffre jusqu'à ce qu'elle commençât sa litanie. Ce qu'elle fit une fois qu'elle se fut habituée à ma présence, à cette heure inhabituelle. Elle était assise sur son lit et moi j'étais assis par terre sur le tapis de caoutchouc, l'œil fixé apparemment sur ma tâche, mais la guettant en tapinois.

Elle commença par une interminable série de « *bon chien, joli chien, chien amour* » à laquelle elle donnait, d'ailleurs, en simplifiant à sa manière les signes d'ameslan, une sorte de rythme syncopé. Après quoi, peut-être fatiguée, elle s'interrompit, se contentant de scander le même rythme, frappant du plat de la main sur le montant en bois de son lit. Puis la tambourinade elle-même cessa et elle resta immobile, les genoux remontés jusqu'au menton, ses longs bras entourant ses genoux et les yeux fixés droit devant elle, comme si elle était perdue dans ses pensées. Au bout d'un instant, elle recommença à se parler à elle-même et dit : « *Pauvre, pauvre chien* », ces signes étant accompagnés d'une mine désolée.

— Chloé, dis-je, pourquoi « *pauvre* » ?

Elle me regarda sans répondre comme si je la réveillais d'un rêve et je répétai en ameslan :

— *Pourquoi pauvre ?*

— *Pauvre chien.*

Je devais l'avoir troublée en l'interrogeant puisque, confondant ce qu'elle ne faisait jamais, le « qui » et le « pourquoi », elle avait répondu à ma question comme si je lui avais demandé « *qui pauvre ?* » Je décidai de m'y prendre autrement.

— *Chloé triste pourquoi ?*

— *Pauvre chien.*

Cette fois, elle avait bien établi le lien entre la cause et l'effet. Je poursuivis :

— *Pourquoi* « *pauvre chien* » *?*

— *Route.*

Je me sentis perplexe. Qu'était le lien entre « *route* » et « *pauvre chien* » *?* Plus exactement, quel était le lien qu'elle établissait entre la route et la pitié qu'elle ressentait pour Roderick ?

Je repris :

— *Pourquoi pauvre chien route ?*

La réponse vint sans l'ombre d'une hésitation :

— *Seul.*

Je regardai Emma en levant les sourcils comme pour l'appeler à l'aide. Il y avait une raison à cela. Emma avait une connaissance si parfaite de l'ameslan qu'elle lui permettait de comprendre souvent mieux que nous ce que Chloé voulait dire : elle rétablissait, en effet, instinctivement entre les signes les liaisons grammaticales qui manquaient à notre élève.

Emma répondit aussitôt à mon appel, prenant soin de ralentir l'extrême rapidité de son débit manuel pour se faire entendre de moi.

— *Chloé triste parce que pauvre chien seul sur route.*

Ce fut un trait de lumière. Emma n'avait rajouté que deux signes à ce que Chloé avait dit : « *Parce que* » et « *sur* » : pourtant, tout s'éclairait. Chloé faisait allusion à ce moment de son enlèvement où Denecke avait abandonné Roderick sur la route et au sentiment qu'elle avait alors ressenti.

Je voulus en avoir le cœur net et je dis :

— *Moustache gentil Chloé ?*

— *Moustache gentil Chloé,* dit-elle mais sans mettre beaucoup de chaleur dans ces signes.

Je repris :

— *Moustache gentil bon chien ?*

Elle secoua la tête et ses yeux brillèrent de colère :

— *Moustache méchant pauvre chien.*

— *Pourquoi Moustache méchant ?*

— *Pauvre chien route seul.*

Elle ajouta avec indignation :

— *Moustache sale puant W.-C.*

Je crus alors, mais la suite me détrompa, que l'abandon de Roderick sur la route était, de tous les épisodes de son enlèvement, celui qui l'avait le plus frappée. Toutefois, je ne m'arrêtai pas à cette impression. Je continuai à interroger Chloé et à explorer sa mémoire.

L'expérience me fascinait. C'était probablement la première fois dans l'histoire du monde qu'un mammifère « émergeant des muettes ténèbres du monde animal[1] » maîtrisait suffisamment un langage humain pour évoquer son passé.

Je voulais surtout savoir quel souvenir elle avait gardé de Bethsabée dont, pendant trois semaines, elle avait partagé la vie. J'imaginai d'appeler la dame : *face noire turban.*

Et ne sachant comment se disait « turban » en ameslan j'improvisai : je fis le geste d'enrouler une pièce d'étoffe autour de ma tête. Chloé comprit parfaitement, mais ses réponses me parurent d'abord inintelligibles.

Je note ici que ces dialogues eurent lieu le soir dans la nursery au moment de son coucher. C'est-à-dire à un moment où le terrifiant dynamisme physique de Chloé laissait place à une détente, pour ne pas dire à un assoupissement qui l'inclinait à la rêverie et, d'après ce que je pus comprendre, à un retour sur son passé.

Cette fois, Suzy était présente et c'est elle qui posa les questions.

— *Face noire turban gentille ?*

— *Non.*

— *Face noire turban méchante ?*

— *Non.*

Ni gentille ni méchante : cette double négation ne nous aidait pas beaucoup à imaginer les rapports de Bethsabée avec Chloé.

— *Comment face noire turban ?* dit Suzy.

Un petit sourire éclaira le visage de Chloé et sans hésitation, elle se gratta le nez avec l'index et le majeur de la main droite. On se regarda, stupéfaits.

— *Drôle ?* dit Suzy, hésitant à comprendre le signe que pourtant elle connaissait fort bien.

— *Oui.*

J'insistai.

— *Face noire turban drôle ?*

— *Drôle,* affirma Chloé, l'œil pétillant.

Nouveaux regards. Ni Suzy ni moi ne pouvions discerner

1. Linden.

quoi que ce soit d'amusant ou de comique chez cette grande bringue dont les yeux verts paraissaient froids comme glace et les lèvres, avares du moindre sourire.

— Elle se moque de nous, dis-je à Suzy à mi-voix, en lui donnant un léger coup de coude. Elle doit trouver abusif qu'on la fasse travailler à l'heure du coucher et elle se venge en disant n'importe quoi.

— Non, je ne pense pas, dit Suzy. Elle n'a pas, si je puis dire, sa tête des mauvais jours. Essayons encore.

Elle reprit :

— *Comment face noire turban drôle ?*

— *Travail.*

Nous n'étions pas plus avancés. De nouveau, j'appelai Emma à la rescousse et de nouveau elle trouva la solution. Comme tous ceux qui ont appris l'ameslan dès leur naissance, et pour qui le langage par signes, nécessairement télégraphique, est le seul moyen de communication, Emma avait développé un remarquable talent pour décoder les ellipses. Là où nous ne voyions qu'un mot, elle reconstituait toute une phrase.

Cette fois, elle s'adressa directement à Chloé.

— *Travail avec face turban drôle ?*

Chloé rit aux anges, heureuse d'être comprise.

— *Drôle, drôle, drôle.*

Autrement dit, les cabrioles, les sauts périlleux, le drapeau en haut de l'échelle, le trapèze et la voltige sur le poney, bref tout le travail d'entraînement avant le spectacle et le spectacle lui-même avaient beaucoup amusé Chloé. Et elle s'était, à coup sûr, montrée avec Bethsabée une collaboratrice des plus zélées. Dans ces conditions, il restait à déterminer pourquoi Bethsabée, si elle n'était pas méchante, n'était pas non plus gentille.

— Eh bien, posons-lui la question, dit Suzy. De toute façon, cela paraît lui faire grandement plaisir de revenir sur son passé.

— *Chloé,* dis-je, *pourquoi face noire turban pas gentille ?*

Le visage de Chloé prit une expression de tristesse elle se tourna vers la fenêtre de sa chambre et la désignant du doigt, elle dit :

— *Barreaux.*

Cette fois-ci, tout était clair. A l'exception des moments qu'elle passait le matin à l'entraînement, et l'après-midi, à la représentation, Bethsabée la maintenait enfermée en cage dans son camping-car.

Chloé reprit avec une incroyable expression de dégoût, de rage et d'humiliation :

— *Barreaux sales puant W.-C.*

Je l'embrasse et Suzy aussi, et Emma. Les échanges de baisers durent si longtemps que mes joues et mon cou sont humides. A la fin, elle consent à introduire ses courtes jambes torses sous les draps et Emma, comme la nuit menace d'être fraîche, lui remonte la couverture jusqu'au cou. Peine perdue. Chloé ne peut dormir que si ses deux bras sont dessus et non dessous. Emma éteint la lumière, ne laissant allumée que la petite veilleuse. Chloé ferme à demi les yeux et sa dernière pensée doit être pour le souvenir haï de sa cage car, de ses deux mains, elle esquisse des signes. Je me penche vers elle.

— *Chloé dire quoi ?*

Elle soupire et ses mains s'agitent de nouveau.

— *Pauvre Chloé.*

***

Après l'enlèvement de Chloé et son retour au bercail, ce ne furent pas les admonestations qui me manquèrent. On me reprochait le peu de soin que j'avais mis à défendre mon bien, et on me conseillait de prendre, à l'avenir, plus de précautions. Le plus véhément de ces conseillers fut Donald Hunt et le plus suave, Mr. Davidson.

— Ed, me dit Donald assis sur la terrasse dans mon meilleur fauteuil, la pipe à la bouche et le verre en main (j'ai quelque scrupule à le peindre ainsi une fois de plus, alors qu'il fume si peu et boit moins encore), c'est de la folie ! Laisser tes autos ouvertes sur ton parking nuit et jour, et qui plus est, avec les clés de contact et les papiers dans le vide-poches ! C'est vouloir être volé ! Et pendre la clé de ta porte d'entrée à un clou dans le hall au vu et au su de tous, c'est véritablement tenter le diable !

— Depuis le temps qu'il est tenté, dit Suzy, il devrait pouvoir résister à la tentation.

— Suzy ! s'écrie Donald.

— Ai-je dit une bêtise ? dit Suzy, mi-figue, mi-raisin.

— Non, non, ma chère Suzy, dit Don en battant en retraite prudemment, mais vous devez admettre que j'ai raison.

— Bien sûr, bien sûr, dit Suzy, mais Ed a déjà fait son autocritique. Moi aussi. Alors à quoi bon y revenir ?

Un jour plus tard, Mr. Davidson s'avance sur le même terrain, mais d'un pas beaucoup plus léger. Il commence d'abord par nous féliciter d'avoir récupéré notre Chloé, repousse modestement nos remerciements pour son aide et demande à être présenté à notre petite pupille.

— Elle est à la piscine avec Roderick, dit Suzy, mais si vous ne craignez pas trop le soleil, Mr. Davidson, je vous conseillerai de laisser ici votre chapeau. Chloé a une passion pour les couvre-chefs.

Davidson confie à une chaise de jardin ledit chapeau (qui, bien typiquement, n'est pas un Stetson, mais une coiffure urbaine à bord plus petit) et son front apparaît, dont les dimensions, elles, n'ont rien de modéré, sans devoir leur ampleur au recul des cheveux.

Nous descendons lentement les degrés qui mènent à la piscine et Davidson complimente Suzy sur le fouillis de fleurs qui orne, sur notre gauche, les petits jardins en terrasse. Sur la dernière marche, Chloé est assise, me tournant le dos, Roderick debout devant elle, les oreilles dressées, l'œil alerte ; et un peu plus loin, sur la plage en opus incertum de la piscine, nous découvrons Emma étendue sur un transat. Dès qu'elle nous voit, elle voile sa nudité et c'est dommage. Sa poitrine est superbe et ferait le bonheur d'un galant — et peut-être aussi le sien — si un mur invisible ne se dressait pas entre les hommes et elle.

Mr. Davidson, qui a feint de ne pas la voir tant qu'elle était dénudée, l'aperçoit dès qu'elle est couverte et il lui adresse de loin, un salut poli. Elle lui répond à peine, elle est rouge de confusion.

Chloé, quant à elle, regarde Mr. Davidson sans gêne aucune, mais avec une certaine circonspection.

— *Qui est-ce ?* demande-t-elle.

— *Ami.*

Elle lui tend la main, geste par lequel elle se soumet et le pacifie. Mais au lieu de se contenter de la toucher, ce que ferait au naturel un mâle dominant, il la saisit à la manière humaine et la secoue. Bizarre coutume des grands singes blancs à laquelle, toutefois, Chloé est accoutumée et qu'elle tolère. Elle sourit à Davidson et elle lui tourne le dos.

— Mais elle me tourne le dos ! dit Davidson mi-amusé mi-choqué.

— C'est pour que vous lui prouviez votre amitié, dit Suzy.

— Et comment ?

— En lui grattant le dos.

— Ah bon ! dit-il en souriant et il s'exécute.

Dois-je le dire ? Je juge quelqu'un à la façon dont il gratte le dos de Chloé et j'augure bien mal, s'il faut tout avouer, de l'individu qui grattouille d'un doigt négligent en quelques secondes l'admirable fourrure. Tel n'est pas le cas de Davidson. Il y met les deux mains et tous les doigts. Et quand il a fini, il n'est pas un seul pouce carré des épaules à la chute des reins qui n'ait reçu ses soins attentifs. Que voilà un homme altruiste, scrupuleux et méthodique ! Et qui prend son temps ! Je ne l'en aime que plus et, tandis qu'il officie, je rêve. Quel agréable *plus* serait ajouté à notre sociabilité, si nous devions adopter les mœurs de Chloé et, au cours d'une soirée, être requis par une dame de lui gratter son dos nu, dès lors que, lui ayant touché la main, elle nous tiendrait pour ami...

— Voilà qui est fait ! dit Davidson avec satisfaction.

Et il ajoute :

— Chloé, j'ai quelque chose pour toi.

Il sort de sa poche un petit sac plastique, et y prend une banane qu'il tend à notre élève. Elle fait un « hou ! hou ! » de contentement et commence à l'éplucher.

— Chloé, dis merci !

Chloé dégage une main pour bâcler un rapide et négligent *merci s'il vous plaît*. Elle s'applique beaucoup plus pour éplucher sa banane. Quand enfin elle l'a dénudée, sans hâte et dans les règles, elle ne l'engloutit pas goulûment. Elle la savoure et, le dernier morceau disparu, elle s'attaque à la peau qui, lamelle après lamelle, est enfournée dans sa large bouche et mâchée longuement et, semble-t-il, avec un égal plaisir.

— Elle ne laisse rien perdre, remarque Davidson. Et qui sait ? C'est peut-être bon, la peau de banane. Je devrais essayer.

Il dit au revoir à Suzy qui s'attarde avec Emma au bord de la piscine, et je le raccompagne jusqu'au parking.

— Comme toutes les maisons qui sont bâties à flanc de coteau, dit Davidson, la vôtre présente un étage sur le devant et sur l'arrière, un simple rez-de-chaussée. Ces deux fenêtres que je vois sur le toit donnent sur quelle pièce ?

— Sur la salle de jeux.

— Qui s'ouvre sur un couloir qui mène aux chambres ?

— Oui.

— Et vous laissez ouvertes pendant la nuit les fenêtres basculantes ?

— En principe, non.

— Il vaudrait peut-être mieux qu'elles soient fermées, dit Davidson d'un air indifférent : votre rez-de-chaussée de ce côté est si bas. Ce serait un jeu d'enfant de grimper sur le toit et, par les fenêtres basculantes, de s'introduire dans la maison.

— J'y penserai. Merci du conseil, shérif.

Je regarde s'éloigner sa grande Chevrolet bleue sur le chemin rouge de Yaraville. A partir de ce jour, pendant trois ans, et une fois par an, Davidson passera à Noël nous présenter ses vœux et offrir une banane à Chloé. Et une fois l'an, pendant trois ans, nous l'inviterons à déjeuner.

CHAPITRE XI

Chloé est aujourd'hui bien différente de ce qu'elle était quand Denecke l'a kidnappée et vendue à Bethsabée. Entre sept et huit ans, elle est devenue pubère. Elle a grandi et pris du poids. Sa puissance musculaire, sa détente et la rapidité de ses réflexes en feraient un adversaire redoutable pour un lutteur.

Je suis devenu avec elle très circonspect. J'espace maintenant le plus que je peux les séances de chatouilles réciproques. Bien que dans ses bagarres elle n'emploie gentiment qu'une partie de sa force, cette petite partie est encore trop grande pour moi. J'ai dû lui interdire de me sauter dessus à l'improviste de peur, sous l'impact, de m'affaler par terre et de perdre son respect. Je me demande combien de temps encore elle continuera à me considérer comme l'animal dominant. Je me sens plutôt tendu et mal à l'aise quand Emma et Suzy, n'arrivant pas à elles deux à venir à bout de sa résistance, m'appellent à l'aide pour rétablir l'ordre dans la nursery. Quand je me redresse de toute ma taille, et parle à Chloé d'une voix forte et autoritaire, mes mercuriales lui font encore de l'effet. Mais pour combien de temps ?

Quand une femelle de chimpanzé est réceptive, sa région périnéale gonfle démesurément et se colore d'un rose vif. Dans la famille des chimpanzés, ce signal voyant déclenche une grande agitation parmi les mâles et non seulement la femelle se prête à leurs exigences, mais il lui arrive de les susciter. Comme

Chloé est habillée, personne, sauf Emma qui assiste à son bain, ne peut déceler chez elle sa période rose. Mais nous en voyons vite les effets par les avances sans équivoque qu'elle fait à tous les mâles de Yaraville. Elle ne peut jeter les yeux sur l'un d'eux sans courir à lui pour pousser son arrière-train contre le ventre de l'intéressé.

Je l'écarte doucement de moi sans la gronder. Jonathan et Ariel prennent la chose en plaisanterie, mais Pablo, très pointilleux sur la pudeur, se fâche tout rouge, dévide de sanglants jurons espagnols et clame *urbi et orbi* qu'être pris pour un singe par une singesse offense son honneur.

Il y a toutefois dans cette scène un élément de comédie. Pablo aime bien Chloé et quand elle était plus jeune, il lui est arrivé de fabriquer pour elle de petits jouets à partir de trois ou quatre morceaux de bois.

Deux jours plus tard, Chloé récidivant en présence de Juana, celle-ci prend feu beaucoup plus violemment. Dans sa rage, son œil noir lançant des éclairs et sa bouche la foudre, elle insulte à pleins poumons cette « *desvergonzada* », cette « *puta de mierda* », cette « *bestia puante* »... le thème de cette diatribe étant que Chloé n'était pas digne — elle, Juana, l'avait dit dès le début ! — de vivre avec des chrétiens dans une maison chrétienne. La vérité est là ! Chloé n'est rien qu'une bête et se conduit comme une bête, même si elle a appris à faire quelques simagrées avec ses mains...

Du living où j'essaye de lire, j'écoute et je m'étonne. Il me semble quand même me rappeler que lorsque Pablo se trouvait immobilisé à l'hôpital, le comportement de Juana à l'égard de Denecke tenait beaucoup plus de la bête que de l'ange.

Chloé essuie avec stupeur cette harangue enflammée. Elle ne connaît pas un traître mot d'espagnol, mais l'œil furibond de Juana, son ton, sa voix, ses gestes lui suffisent pour comprendre l'hostilité dont elle est l'objet. Bien que « *Cuisine* », comme elle l'appelle, n'ait jamais été bien amicale à son endroit, Chloé ne se savait pas à ce point honnie. Elle abandonne le coin de terrasse où cette scène a eu lieu et va s'asseoir à l'autre extrémité contre le mur, les bras entourant ses genoux. Je quitte le living et je vais prendre place à ses côtés. Elle tourne la tête vers moi et, s'appuyant contre mon épaule, elle pleure.

Le soir, quand elle est couchée, j'ai une conversation en tête à tête avec Juana dans sa cuisine.

— Juana, dis-je de but en blanc, vous n'auriez pas dû traiter Chloé de tous les noms comme vous l'avez fait cet après-midi. Elle en a été très affectée.

— Eh bien, tant mieux ! dit Juana, raide comme la justice. Il était temps que quelqu'un la mouche. On la laisse tout faire ici et, quant à moi, je ne vais pas tolérer que cette bête se frotte matin et soir contre mon mari.

— Mais voyons, Juana, vous ne pouvez lui reprocher à la fois d'être une bête et de ne pas se conduire en jeune fille bien élevée !

Cette logique est perdue pour Juana. Elle a l'oreille sélective et elle n'entend que le dernier mot.

— Bien élevée ! Plût à Dieu qu'elle le soit ! Moi, je vous le dis tout net : elle est horriblement mal élevée ! Vierge Marie, à quoi ça sert de lui apprendre à parler, si elle se conduit comme un animal ? Et pourquoi croyez-vous, Dr. Dale, que j'ai envoyé María de los Ángeles en pension chez mon beau-frère ? — même que ça me coûte une fortune, mon beau-frère étant plus pingre qu'un juif — sinon que je n'ai pas voulu que ma petite nièce apprenne de vilaines manières avec votre guenon. Déjà qu'une fille, c'est difficile à tenir dès qu'elle voit son sang ! Alors vous pensez ! Avec ces mauvais exemples sous les yeux !

Je m'en vais sans ajouter un mot. Juana se sent en terrain si solide, appuyée comme elle l'est sur ce roc : vingt siècles de tabous judéo-chrétiens, tabous qu'elle serait d'ailleurs toute prête à violer elle-même, mais en catimini, et en y mettant les formes.

Quant à Chloé, elle ne pardonnera jamais à Juana. A partir de ce jour, elle lui porte, comme à Random, une haine vigilante. Assise à table avec nous (le temps de la chaise haute est bien fini), dès que Juana entre dans la salle à manger portant un plat,

Chloé se penche vers Roderick couché à ses pieds et lui confie en ameslan :

— *Cuisine W.-C. sale puant.*

A tout hasard, Roderick fait entendre un petit grognement et à mi-voix je dis en anglais :

— Assez, Chloé.

Elle cesse, mais à la prochaine apparition de Juana, elle va récidiver, ayant soin toutefois d'esquisser à peine les signes et de ne prendre que le seul Roderick comme confident.

Repoussée par les mâles de Yaraville, vilipendée par Juana, Chloé se trouve en pleine confusion. Quand on gronde Roderick, à tort ou à raison, peu importe, il rabat les oreilles, baisse la queue et il se sent coupable. Chloé, elle, demande pourquoi.

Et comment lui expliquer un sentiment aussi compliqué que le sentiment de la pudeur, avec ses règles arbitraires, variables d'un pays à l'autre, changeant avec les mœurs et toujours ambiguës ? Comment lui dire que chez les grands singes humains, les choses ne se passent pas de façon aussi simple que dans la forêt tropicale et qu'il y faut de la réflexion, des rites, des cérémonies et aussi parfois des calculs ?

Mais peut-être faudrait-il lui expliquer d'abord qu'elle n'appartient pas à la même espèce que la nôtre, alors qu'elle a réussi à se convaincre que Suzy est sa mère. Comment la détromper sans détruire l'image qu'elle a d'elle-même ?

Comme Suzy et moi redoutons les effets de cette destruction, nous nous taisons. Ce qui n'arrange pas les choses non plus. Chloé qui, à son retour du Colorado, s'était sentie si bien réintégrée dans la cellule familiale, se sent maintenant rejetée. Dans son lit, le soir au moment du coucher, un nouveau thème apparaît qui est un retour à ce qu'elle avait pensé quelques années plus tôt en se comparant, dans notre grand miroir, à *Bébé Amour*.

— *Chloé laide.*

Nous la contredisons aussitôt.

— *Chloé pas laide,* dit Suzy, *Chloé différente.*

Mais ce qui, il y a quatre ans, avait si bien réussi, échoue.

— *Non,* dit-elle en secouant la tête tristement, *Chloé laide.*

Suzy fait appel au témoignage d'Emma et, celui-ci n'étant pas davantage reçu, à mon autorité. J'affirme à mon tour avec force en anglais et en ameslan que Chloé n'est pas laide : elle est différente.

Elle me regarde. Assise sur son lit, ses longs bras entourant ses genoux, elle me considère longuement de ses yeux tristes et intelligents. Elle ne me répond pas.

Je répète ce que je viens de dire. Elle secoue la tête, dénoue ses bras et agite les mains : son message est si surprenant que je n'en crois pas mes yeux.

— Emma, dis-je en anglais, ai-je bien compris ?...

— Oui, dit Emma en inclinant la tête, ses yeux se remplissant de larmes.

Elle ne répète pas les signes de Chloé. Elle ne voudrait pas que Chloé pense qu'elle reprend ses paroles à son compte.

— Non ! non ! s'écrie Suzy, bouleversée. Elle n'a pas pu dire cela ! Il y a trois ans que cela s'est passé. Elle avait cinq ans alors. Elle n'en a jamais reparlé depuis. Elle a sûrement oublié ce stupide incident !

Comme pour lui apporter un démenti, les mains de Chloé décollent à nouveau de ses genoux et, les yeux fixés sur Suzy, elle « dit » lentement et distinctement :

— *Chloé laide Chloé sale singe.*

Nous nous regardons, atterrés. Et pendant un moment qui nous parait très long, nous sommes incapables de parler. Suzy est la première à réagir avec passion.

— Non, dit-elle en anglais et en ameslan (mais ses signes sont mal faits tant elle y met de hâte). *Chloé pas sale singe. Méchant diable dire Chloé sale singe ! Méchant diable sale W.-C. pourri ! Méchant diable mentir*. Emma, je ne sais même pas si elle m'a comprise, répète, s'il te plaît, mes signes.

Emma les répète lentement et parfaitement et quand elle a fini, j'ajoute en anglais et en ameslan :

— *Méchant diable très méchant méchant diable lancer pierre sur auto méchant diable mentir.*

Du point de vue humain, l'argument est spécieux, mais assez convaincant. Si Nick Harrisson a jeté une pierre sur la voiture, c'est qu'il est méchant et s'il est méchant, il n'a pas dit la vérité en traitant Chloé de « sale singe ». Mais je ne sais si ce genre de logique va toucher Chloé.

Elle ne répond pas. Elle scrute l'un après l'autre nos visages anxieux, affectueux, et menteurs. Qui aurait cru que l'insulte de Nick Harrisson aurait mis tant de temps à faire son trou en elle ? Et qu'à trois ans de distance, elle en soit encore si marquée ? Pourquoi ne se rappellerait-elle pas aussi la photo de sa mère chimpanzée qu'elle a reniée deux fois avant de la déchirer ? Et nous, que sommes-nous en train de faire en ce moment, sinon essayer de la rattacher à tout prix à notre espèce et de lui redonner d'elle-même la fausse image qu'elle a, il y a trois ans, préférée à la vraie — bien convaincus que nous sommes que la vraie — à ce stade — ne pourrait lui faire que du mal.

— *Chloé fatiguée*, dit-elle enfin, *Chloé dormir*.

Et d'elle-même, elle s'allonge dans son lit et ferme les yeux. En somme, elle met fin au dialogue. Elle ne répète pas les paroles qui nous ont tant émus, mais elle ne répète pas davantage notre réfutation.

Le lendemain soir, après la cérémonie du coucher, et dès que nous avons quitté sa chambre, elle se livre à un acte tout à fait surprenant. Quand elle voit Emma fermer la porte de la nursery, elle se lève, prend de vive force la clé des mains d'Emma, rouvre la porte et saisissant ses couvertures, elle descend au rez-de-chaussée, retrouve Roderick dans l'entrée, et se fait un lit à sa convenance contre le flanc de son ami.

Emma, qui l'a suivie et observée du haut des marches, fait le tour par l'escalier de la cuisine, gagne le living et, frottant sa main meurtrie, nous met au courant. Nous nous regardons, stupéfaits. Chloé préfère-t-elle désormais le voisinage de Roderick au nôtre ?

Nous en discutons longuement à mi-voix comme si Chloé, dont seule une porte nous sépare, pouvait nous entendre. La faire retourner maintenant dans sa chambre et dans son lit pourrait créer une contestation dont nous ne sommes pas sûrs de sortir vainqueurs. Finalement, nous décidons de laisser faire, de voir venir.

Une semaine passe, Chloé n'est plus en période rose, mais la frustration qu'elle a éprouvée à cette occasion n'est pas oubliée. Elle ne dit plus : « *Chloé sale singe* », mais elle communique moins avec nous, son humeur change, ses crises de colère deviennent plus fréquentes et, vu la force musculaire que sa maturité lui donne, plus redoutables.

Chaque semaine, chaque jour même, nous perdons un peu plus le contrôle que nous avions sur elle. Elle n'a pas renoncé à la cérémonie du coucher le soir dans son lit. Elle s'y livre toujours avec la même débordante affection, mais dès que nous sommes partis, elle ramasse ses couvertures et quitte sa famille humaine pour aller passer la nuit avec sa famille animale. Suzy en est profondément attristée et nous évitons d'en parler, n'étant pas sûrs d'être d'accord là-dessus.

L'automne revient, et avec lui les chasseurs de Beaulieu se répandent par monts et par vaux et recommencent leurs exploits. Pour les nerfs de Chloé, c'est un moment particulièrement pénible. D'abord parce qu'il pleut, ensuite parce qu'elle déteste les fusils qu'elle appelle des « *bâtons tuer* ». Je ne suis pas chasseur moi-même et mes fils pas davantage, mais comment ne pas permettre aux gens du village de poursuivre le lapin ou la bécasse dans mes prés et mes bois, alors que mon père et mon grand-père ne le leur ont jamais défendu ? Je leur interdis seulement autour de la maison un périmètre d'un hectare, que d'ailleurs ils outrepassent quand le poil ou la plume s'y réfugie.

Pablo est l'un de ces guerriers qui le soir, fourbu, crotté, le « *bâton tuer* » à la bretelle, plein de viril orgueil, vient étaler ses proies mortes sous l'œil ébloui de Juana. Si l'on retranche le fusil, c'est une scène très primitive et, comme épouse admirative de l'homme des cavernes, Juana y tient très bien sa partie. Je l'ai même vue, oubliant momentanément sa pudeur, se coller comme une chatte contre son homme et l'embrasser sur la bouche. N'aurait-on pas dit qu'elle crevait de faim dans sa grotte-cuisine de Yaraville et qu'elle lui savait gré de pouvoir enfin bâfrer tout son saoul ?

Ce jour-là, Roderick trahit l'amitié de Chloé. Lui qui est à l'ordinaire si modérément bruyant, il aboie comme un fou à chaque pétarade. Il va et vient sous la pluie. Dès que la chasse se rapproche, il faut l'attacher pour l'empêcher de la rejoindre. Il tire alors continuellement sur sa chaîne, en alternant gémissements et coups de gueule.

Derrière la porte-fenêtre du living, Chloé le regarde se démener sur la terrasse avec consternation. Même pendant les éclaircies, elle ne mettra pas le pied dehors. Random ne quitte pas non plus son radiateur préféré : il a des raisons personnelles de se méfier des chasseurs. Mais Chloé, elle, n'a jamais reçu du petit plomb dans les fesses. Ce qu'elle déteste, c'est le bruit et le carnage. Elle tressaille à chaque détonation, tassée sur elle-même, dégoûtée de tout, mangeant du bout des lèvres, ne trouvant aucun plaisir à ses jeux habituels.

Le soir, les Hunt viennent dîner chez nous avec Evelyn. Quant à cette dernière, non seulement Elsie se réjouit de sa venue, mais aussi les garçons — chose vraiment nouvelle — car il fut un temps où ils ne s'intéressaient pas plus à elle qu'à sa mère, à laquelle elle ressemblait d'ailleurs, disaient-ils. Il y a quelques mois à peine, c'était vrai encore. Même face chevaline, même corps anguleux.

Le changement s'est fait en un tournemain. A vrai dire, le visage est toujours un peu long, mais le cheveu acajou, par un effet de l'art, s'est mis à bouffer sur les oreilles, rétablissant en largeur un certain équilibre. Les yeux verts sont maintenant mis en valeur par le fard, le même fard dessinant des lèvres fort belles, mais qui, jusque-là, passaient inaperçues. Quant à la silhouette, elle s'est enrichie de courbes féminines qui, pour la satisfaction de l'œil, laissent loin derrière elles les maigreurs maternelles.

La conséquence ne s'est pas fait attendre : il n'est plus possible aujourd'hui à Elsie d'accaparer Evelyn en s'enfermant avec elle dans sa chambre pour un papotage entre filles. La sociabilité des deux sexes est devenue la règle et la mixité se fait dans la salle de jeux qui, outre sa corde lisse et son billard, comporte une télé et une chaîne hi-fi. Il est convenu qu'Evelyn passera la nuit à Yaraville et partagera la chambre d'Elsie.

Les Hunt partis, nous nous retirons dans la nôtre et au bout d'un moment, nous trouvons un peu trop élevée en volume la musique que font les jeunes dans la salle de jeux.

Je passe ma robe de chambre pour aller leur demander de mettre une sourdine et je découvre Chloé dans le couloir accroupie contre le mur.

— Que fais-tu là, Chloé ? Tu n'es pas avec Roderick ?

Elle fait non de la tête d'un air méprisant. Elle boude pour un soir cet ami infidèle et elle est bien malheureuse de le bouder. Je la prends par la main et la ramène dans sa chambre. Elle me paraît si nerveuse et si agitée que je songe à lui administrer un somnifère avec beaucoup d'eau. Mais je ne suis pas mon premier mouvement et j'ai tort.

Chloé couchée, je frappe à la porte de la salle de jeux et j'entre. Quatre paires d'yeux jeunes et surpris me dévisagent. Elsie et Evelyn sont assises sur le canapé et les deux garçons sont debout devant elles.

La place de chacun sur l'échiquier ne doit rien au hasard. Jonathan proche d'Evelyn et Elsie à proximité d'Ariel, lequel est son frère préféré, bien qu'il ne soit pas son frère. Elle l'a aimé dès leur première rencontre : il avait neuf ans. Ni les années ni les boy-friends successifs n'ont eu raison de cet amour-là.

— Excusez-moi, dis-je, mais, vous ne pourriez pas diminuer un peu le bruit ?

— Quel bruit, Papa ? dit Elsie.

Je désigne du doigt la chaîne hi-fi. Ils échangent des sourires. Ils me regardent. Je suis évidemment trop vieux pour apprécier le déchaînement enchanteur des décibels.

— Et si on mettait quelque chose qui se danse ? dit Jonathan, peut-être par esprit de conciliation, peut-être aussi parce qu'il a envie de danser avec Evelyn.

— Parfait, dis-je rondement. Et n'oubliez pas, avant de vous retirer, de fermer les fenêtres du toit.

— Il vaudrait peut-être mieux les laisser ouvertes, dit Elsie, ne serait-ce que pour aérer. La cheminée, plus les cigarettes...

C'est un coup de patte à Jonathan : des quatre c'est le seul qui fume.

— Non, non, dis-je, fermez-les, raison de sécurité : Davidson dixit.

***

Ce qui se passa ensuite dans la salle de jeux, je ne l'ai su que par le récit des enfants. Après mon départ, ils baissèrent les lumières et dansèrent un slow et s'aperçurent au bout d'un moment que Chloé s'était glissée dans la pièce. Cette intrusion les amusa d'abord, mais comme elle s'accrochait aux danseurs et embarrassait leurs mouvements, Ariel la gronda en ameslan et lui dit de se retirer dans sa chambre. Elle n'en fit rien et alla s'asseoir sur le canapé.

A cet endroit du récit, j'interrompis Jonathan et lui demandai :

— Comment était-elle à ce moment-là ? Elle boudait ?

— Non, elle avait l'air agité.

— En colère ?

— Non, agitée. Elle ne tenait pas en place, elle sautait sur le canapé et poussait des petits cris.

— Aucun d'entre vous n'a tenté de la calmer ?

— Si, Ariel. Il s'est assis à côté d'elle et il a essayé de la caresser. Mais elle a repoussé ses avances.

— Vivement ?

— Plutôt, dit Ariel, elle n'a même pas accepté que je lui gratte le dos.

— Vous auriez dû m'appeler.

— Tu dormais, dit Elsie.

— Poursuis.

— Nous avons continué à danser, dit Ariel, mais à vrai dire, je ne me sentais pas très à l'aise. Elle était là, derrière notre dos, à sauter sur le canapé et à nous regarder...

— A vous regarder comment ?

— Pas avec les yeux qu'elle a d'habitude.

— C'est-à-dire ?

— Difficile de préciser. On avait baissé les lumières. Mais de toute façon, je n'étais pas très rassuré.

— Pourquoi ?

— L'instant d'avant, quand j'avais voulu la caresser, elle avait repoussé ma main si violemment que j'avais eu l'impression que mon épaule se disloquait. Cela m'a d'autant plus effrayé qu'elle n'avait pas paru y mettre de la force. Pour elle, c'était un simple mouvement d'humeur.

— Dans ce cas-là, il fallait lui parler. Et la faire parler. Tant qu'elle parle et qu'on lui parle, elle ne peut pas donner libre cours à ses instincts agressifs.

— Je sais, je sais, dit Elsie, tu nous l'as dit cent fois, mais tu comprends, papa, on était en train de danser.

— Ensuite ?

— Ensuite, dit Jonathan, elle a arraché Evelyn de mes bras et elle l'a flanquée sur le divan.

— Ce fut fantastique ! dit Ariel. Je n'en croyais pas mes yeux ! J'avais bien vu Chloé abandonner le canapé et se diriger vers Jonathan, mais je croyais qu'elle allait s'accrocher à lui, comme elle avait fait déjà. Et tout d'un coup, j'ai vu Evelyn voler à travers la pièce. Si le canapé n'avait pas été là, c'est dans le mur qu'elle aurait atterri.

— Et vous n'avez toujours pas songé à m'appeler ?

— On n'y pensait même pas, dit Elsie. On était sidérés ! On était là, tous les trois, à regarder Evelyn qui geignait sur le divan en tenant son bras gauche de sa main droite. Quant à Chloé, elle était tassée sur elle-même, à côté du canapé, la tête dans ses mains, elle paraissait très effrayée de ce qu'elle avait fait et elle gémissait — comme sa victime.

Elsie se tait et je dis avec impatience :

— La suite !

— La suite, dit-elle d'un air gêné, c'est à Jonathan de te le dire…

Je l'interroge du regard.

— J'étais furieux, dit Jonathan d'une voix étranglée. Et j'ai marché sur elle. Elle a pris aussitôt une attitude de soumission et m'a tendu la main.

— Tu l'as prise ?

— Non.

— Fou que tu es ! Tu ne l'as pas prise !

— Non, j'étais furieux. Je l'ai battue.

— Fort ?

— Oui, assez, sur la tête.

— Plusieurs coups ?

— Oui, peut-être une demi-douzaine. Brusquement, elle s'est jetée sur moi et m'a mordu à l'épaule. Heureusement, j'avais mon blouson. Je venais de le remettre à cause de la fenêtre qu'Elsie avait ouverte. Les autres se sont mis à crier et Chloé de nouveau a eu l'air terrorisé. Elle s'est précipitée sur la corde et elle a grimpé jusqu'à la poutre et elle est restée là-haut accrochée d'une main au crochet de fer auquel est fixée la corde.

Et c'est bien là, en effet, que je la trouve, quand, réveillé par les cris, je me précipite, suivi de Suzy, dans la salle de jeux. Mon premier soin est de faire évacuer la pièce. Suzy prend en charge les blessés et les amène dans la salle de bains des enfants.

Et moi, resté seul avec Chloé, je ferme la porte derrière moi, je saisis une des deux longues perches en métal qui servent à fermer les fenêtres basculantes du toit : je crains que Chloé ne trouve le moyen de s'enfuir par là, l'une de ces fenêtres étant suffisamment proche d'elle pour qu'en se balançant elle puisse l'atteindre. Quand elle me voit, ma perche à la main, Chloé se méprend sur mes intentions et se met à pousser des cris. Une fois les fenêtres closes, je repose la perche dans un coin, ses cris cessent et je parle à Chloé en anglais et en ameslan.

Je suis debout sur le plancher et elle est accrochée à la corde, sept mètres plus haut que moi ; je lui dis qu'elle a été très vilaine de mordre Diable jaune et de molester Evelyn, mais qu'elle descende, je lui pardonne.

Elle ne répond pas. Ses yeux roulent dans leurs orbites, elle a l'air très effrayé de ce qu'elle a fait et de ce que je pourrais lui faire pour la punir.

A cet instant, je n'ai qu'une envie : laisser là Chloé et aller voir dans la salle de bains ce qu'il en est d'Evelyn et de Jonathan. Mais la priorité, je le sais bien, c'est de ramener à tout prix la paix entre Chloé et nous, si je ne veux pas que les choses se gâtent davantage.

Si bouleversé que je sois, je prends sur moi de rester doux et patient. Me rappelant que la station debout pour un chimpanzé comporte quelque chose d'agressif, je vais m'asseoir sur le canapé et, la tête appuyée sur le dossier, le corps apparemment décontracté, je lui parle d'une voix calme. De nouveau, je m'adresse à elle simultanément en ameslan et en anglais, la raison en étant que le langage articulé lui en impose. Peut-être parce qu'elle ne peut pas le maîtriser.

Elle ne me répond pas. Qu'est devenu son regard gai et malicieux ? Ses yeux, maintenant, sont aussi apeurés que ceux d'un animal sauvage qui craint pour sa vie. Elle n'a aucune envie de descendre, elle aurait plutôt envie de monter plus haut, si elle pouvait, et de fuir Yaraville et sa famille humaine. Elle tremble, elle pousse de petits gémissements, mais en même temps, elle s'arrime solidement au crochet par les mains et à la corde par ses pieds préhensiles. Je ne l'aurai pas à la lassitude. Forte et résistante comme elle est, elle peut rester des heures dans cette position.

Je continue à lui parler. Même à la distance où je suis d'elle, l'odeur m'en avertit : la peur a produit sur elle ses effets habituels. Elle doit en souffrir : elle a l'odorat sensible et elle aime être propre dans ses vêtements. Je m'avise de faire vibrer cette corde. Je dis en ameslan :

— *Grand pardonner Chloé Grand baigner Chloé.*

Ce n'est qu'un demi-succès. Elle ne répond pas, mais ses yeux changent, le bain la tente et il lui est bien difficile de faire cohabiter dans sa cervelle la peur et l'idée du bain.

Je continue à lui parler, répétant infatigablement mes promesses de pardon et de bain. Puis m'avisant que les émotions dont elle est agitée ont dû lui dessécher la gorge, j'ajoute :

— *Grand donner fruit boisson.*

J'ai été bien inspiré. Elle répond. Prenant la corde entre ses dents pour libérer ses mains, elle dit :

— *Grand pardonner Chloé ?*

— *Oui.*

— *Grand aimer Chloé ?*

— *Oui.*

— *Grand donner bain ?*

— *Oui.*

— *Grand donner fruit boisson ?*

— *Oui.*

Encore un long moment de réflexion et elle descend. D'abord lentement puis de plus en plus vite. Dès qu'elle touche terre, elle s'accroupit, me tourne à demi le dos et tendant vers moi sa main au bout de son long bras, elle pousse de petits gémissements enfantins, tandis qu'elle avance à petits pas prudents dans ma direction d'une démarche oblique comme celle d'un crabe. Jamais sa posture de soumission n'a été plus humble, ni n'a impliqué plus de repentir.

Je lui touche la main, mais cela ne lui suffit pas.

— *Grand embrasser Chloé.*

Je l'embrasse, sans doute un peu froidement à son gré, car elle me prie de recommencer. Je m'exécute. Elle est douce maintenant comme un agneau. Je la prends par la main et je l'amène dans la salle de bains qui fait face à la nursery. Emma que je rencontre dans le couloir l'embrasse aussi. Quand Chloé est propre et a bu un bon demi-litre d'orangeade (dans lequel je dilue un somnifère) je demande à Emma de lui donner son bain et je vais voir ce qu'il en est d'Evelyn et de Jonathan.

Je me trouve nez à nez dans le couloir avec Hunt à qui Suzy a dû aussitôt téléphoner. Il me prend par le bras.

— Evelyn s'en tire avec des muscles froissés. Plus de peur que de mal. Pour Jonathan, les dents ont traversé le blouson et l'ont atteint à la base du cou. Et pas tellement loin d'une des veines jugulaires. Ces petites plaies (il y en a quatre) sont peu profondes. J'ai fait ce qu'il fallait. Et maintenant je m'en vais, je vais mettre Evelyn au lit : elle a été très secouée.

Suzy allume les lumières du parking et nous raccompagnons Donald jusqu'à sa Toyota. Un bras passé autour de la taille d'Evelyn, il la soutient. Elle est pâle et muette et il doit l'aider, quand elle prend place à l'arrière de la voiture. Il nous dit au revoir tout à fait normalement, ouvre la portière du conducteur et au moment de prendre place derrière le volant, il se ravise, se redresse et tourné vers nous, reprend d'une voix changée :

— J'aime Chloé autant que vous. Mais il va falloir que vous preniez une décision à son sujet. Ce qui s'est passé ce soir est un avertissement. Il aurait pu être plus grave. Décidez-vous avant que l'irréparable se produise.

Suzy presse son épaule contre la mienne et dans la pénombre du parking, je sens qu'elle me prend la main.

— Décider quoi ? dit-elle d'une voix tremblante.

Hunt hausse les épaules.

— Vous savez bien quoi. Vous avez réussi à établir un rapport affectueux avec Chloé, vous avez même réussi à communiquer avec elle, mais vous n'avez pas pu changer son atavisme. Que vous le vouliez ou non, c'est un animal sauvage.

— L'homme aussi, dit Suzy.

***

Comme le bungalow où vivaient Pablo et sa femme se trouvait à trois cents mètres de Yaraville, il était exclu qu'ils aient pu entendre quoi que ce fût des événements de cette nuit-là. Et le lendemain, je donnai comme consigne aux enfants de ne pas leur en toucher mot, craignant que l'incident ne fît, par Juana, le tour du village avec les commentaires que l'on devine. J'omis toutefois de faire la même recommandation aux Hunt et j'eus bien tort, car Donald dans la matinée en parla au facteur qui venait d'être mordu par un chien. Et pourquoi les chiens s'attaquent de préférence aux facteurs et aux électriciens et presque jamais à un autre corps de métier ? c'est ce que je n'ai jamais pu éclaircir.

Donald n'avait pas vu malice à dire au jeune facteur en soignant son mollet : « Mon gars, si ça peut te consoler, tu n'es pas le seul : Jonathan Dale a été mordu hier soir par la chimpanzée de son père. » Et le facteur, qui trouvait un peu ridicule de s'être fait mordre, avait été assez content de pouvoir répéter en faisant sa distribution qu'il n'était « pas le seul dans le pays ». Par malheur, la nouvelle à Beaulieu donna du grain à moudre à ceux qu'Ariel appelait les « chloéphobes ».

A vrai dire, cette opinion était loin d'être majoritaire et ceux qui la soutenaient, comme Harrisson, la vieille Mrs. Pickle et son frère aîné, et Jim Ballou dont je parlerai plus loin, la propageaient avec une véhémence qui soulevait peu de sympathie sans toutefois rencontrer de contradicteur, personne ne se souciant de se fâcher avec des gens aussi passionnés.

Juana buvait du petit lait. Elle n'enfreignait pas à Beaulieu nos consignes d'absolue discrétion sur ce sujet brûlant. Mais nous avions appris par Mary qu'elle prêtait au drugstore une oreille complaisante aux propos malveillants sur Chloé, les écoutait en levant les yeux au ciel, ou en soupirant, ou en secouant tristement la tête, si bien que son silence lui-même était parlant.

Harrisson qui n'avait pas pardonné à Chloé d'avoir « failli » mordre son fils, soutenait que le Dr. Dale, comme son père, était un excentrique. Mais pire que son père, il ne s'était pas contenté d'épouser une Française : il élevait chez lui comme sa propre fille un animal sauvage. Tout cela tournerait mal : il l'avait toujours dit !

Jim Ballou, le plus riche fermier du coin (et le plus grippe-sou) s'indignait, lui, de tous les sous que je dépensais pour une bête. Une chambre ! Une salle de bains ! Une nurse ! Un véto qui allait la voir tous les jours ! Et elle mangeait à la table des maîtres !

La vieille Mrs. Pickle n'aurait pu faire ce reproche à Chloé, car son propre chien, Shaggy, déjeunait en face d'elle à sa table dans une assiette, et elle lui parlait du matin au soir. En revanche, elle aurait trouvé tout à fait inconvenant de lui apprendre la langue des hommes, comme Mr. Dale avait fait avec cette singesse. Elle l'avait dit et répété, et elle le répéterait encore : puisque le Seigneur n'avait pas jugé bon de donner aux animaux l'usage de la parole, c'était faire preuve d'une impiété manifeste que d'essayer de corriger son œuvre. La punition, comme on aurait dû s'y attendre, était déjà en route. Le fils Dale aujourd'hui ! Le père, demain ! La Française, ensuite ! Tous y passeraient ! Même à Beaulieu !

Chose étrange, les ennemis de Chloé n'établissaient aucun rapprochement avec le chien de l'éleveur qui, quelques heures plus tôt, avait planté ses crocs dans le mollet du facteur. La raison en était sans doute que dans leur esprit, ce chien était une bête qui se tenait à sa place de bête. Il couchait sur un sac, mangeait dans une gamelle et il n'avait pas l'outrecuidance d'apprendre à parler.

Le frère aîné de Mrs. Pickle, pour plaire à sa sœur, ou pour servir une cause qu'il croyait bonne, alla même jusqu'à prétendre que Chloé avait tenté de violer Evelyn. Mal lui en prit ! Hunt, furieux qu'on mît ainsi sa fille en cause, le rabroua vertement en public et lui dit, entre autres choses peu aimables, « qu'il était si bête qu'il ne savait pas distinguer une femelle d'un mâle ». L'algarade fit rire et nuisit quelque peu, mais pour un temps seulement, à la cause des « chloéphobes ».

Hunt était mieux placé que quiconque pour connaître ces bavardages et il nous les rapportait par le menu, peut-être avec l'arrière-pensée de peser par là sur la décision qu'il espérait nous voir prendre au sujet de Chloé.

Après la scène du parking, il n'avait pas essayé de nous en reparler, Suzy lui ayant déclaré sans ambages que Chloé était « son bébé » et que jamais elle ne la renverrait au zoo, ne pouvant supporter l'idée qu'elle puisse vivre derrière les barreaux d'une cage jusqu'à la fin de ses jours. Mais comme Hunt remettait indirectement l'affaire sur le tapis en nous répétant les propos des chloéphobes, je finis par lui dire, peut-être un peu sèchement, de ne plus nous rebattre les oreilles avec les ragots du village : nous en étions excédés.

Nos relations avec les Hunt, de ce fait, se refroidirent. Hunt téléphonait pour prendre des nouvelles de Chloé au lieu de passer. Il nous invitait moins souvent chez lui et quand il était invité chez nous pendant le week-end, il venait avec Mary, mais sans Evelyn, ce qui désolait les enfants.

Nous n'avions pas besoin de ce froissement supplémentaire pour nous sentir, Suzy et moi, assez malheureux. Nous l'étions ensemble, mais nous l'étions aussi séparément, car si je comprenais le point de vue de Suzy, je ne le partageais pas tout à fait. Qui pis est, je n'aurais pu le lui dire sans entrer en conflit violent avec elle.

J'étais maintenant pleinement convaincu que Chloé représentait un très grand danger, non seulement pour nous, mais pour tout notre entourage. Sa force était telle que même sans le vouloir, et par inadvertance, elle nous faisait mal. Ce qu'avait dit Ariel à son propos m'avait frappé. En repoussant sa main, « par un simple mouvement d'humeur », elle avait failli lui disloquer l'épaule. Dans ses rapports avec nous, elle devait à chaque instant contrôler sa puissance et, bien entendu, pour y arriver pleinement, il aurait fallu qu'elle maîtrisât aussi ses émotions.

Les plus fréquentes et les plus violentes étaient la peur et la colère — et en même temps les moins faciles pour elle à dominer car, outre leur vigueur propre, elles se trouvaient liées par un rapport de cause à effet, la peur engendrant la colère ; et la colère, dès lors qu'elle s'y était laissée aller, étant suivie par la peur de perdre notre amour. C'est pourquoi, après un méfait, elle avait l'air si effrayé et si désemparé. Et c'est pourquoi aussi, quelque faute qu'elle eût pu commettre, il fallait toujours lui pardonner, ne serait-ce que pour interrompre ce cycle infernal qui l'entraînait de la peur à la colère et de la colère à la peur, et de la peur, de nouveau, à la colère.

Dans les semaines qui suivirent l'incident de la salle de jeux, je ne me suis jamais éloigné de Yaraville sans redouter ce qui pourrait se passer en mon absence. Quand j'avais dû passer toute une journée à la ville, c'est toujours le cœur gros d'appréhension que je m'engageais dans le chemin de terre qui menait à Yaraville. Et mes premières paroles étaient pour demander à Suzy, avant même de l'embrasser : « Et avec Chloé, comment ça s'est passé ? »

Ça ne se passait pas si mal, mais jamais assez bien pour qu'on pût oublier tout à fait la nuit de la salle de jeux. Jonathan, dûment chapitré par moi, lui avait pardonné dès le lendemain de la morsure et accepté les pleurs et les baisers de sa débordante affection. Si bien que maintenant, elle le plaignait d'avoir été mordu par elle et ne l'en aimait que plus. *Pauvre, pauvre Diable jaune,* disait-elle le soir à son coucher. Car il y avait toujours un coucher dans la nursery, sans doute parce qu'elle appréciait les rites rassurants qui l'accompagnaient. Ce qui ne l'empêchait nullement, la lumière éteinte, de prendre ses couvertures et d'aller rejoindre Roderick dans l'entrée.

En fait, elle ne désobéissait pas plus qu'avant l'incident de la salle de jeux, mais sa désobéissance nous posait davantage de problèmes. Car nous avions l'impression qu'elle était devenue un peu plus consciente de sa supériorité physique et de l'impossibilité où nous étions d'employer à son égard la moindre coercition. Elle ne se trompait pas. J'étais, pour ma part, bien convaincu que les quatre hommes de la maison — Pablo, Jonathan, Ariel et moi — ne seraient jamais venus à bout d'elle, même en unissant leurs forces. Tout ce que nous pouvions faire, c'était lui cacher la peur qu'elle nous inspirait, de nous redresser, de froncer les sourcils et de faire la grosse voix. Notre autorité n'était qu'un bluff.

La recette marchait plus ou moins bien. Quand elle ne marchait pas du tout, que faire, sinon feindre de ne pas s'apercevoir qu'elle continuait à désobéir ? C'est d'ailleurs une tactique que pratique, dans la forêt tropicale, le vieux mâle dominant qui ne réussit plus à faire rentrer dans le rang un jeune mâle un peu trop vigoureux pour lui. Le vieux mâle n'abdique pas ouvertement. Il feint seulement d'être distrait.

Le plus inquiétant, à mon avis, c'était l'hostilité que Chloé montrait de plus en plus souvent à Juana et à Random.

Juana avait le tort de la regarder de travers et de marmonner à son adresse des choses peu aimables. Je crus devoir, une fois de plus, lui en faire le reproche.

— Mais elle ne comprend pas ! dit-elle, c'est de l'espagnol !

— Elle comprend très bien le ton et l'intention. Juana, écoutez-moi. Cessez, je vous prie. Sans cela, un de ces jours, elle va vous sauter dessus.

— Alors, *mi marido* la tuera, dit Juana dramatiquement.

— Et ça vous fera une belle jambe qu'il la tue, quand elle vous aura arraché d'un coup de dent la moitié de votre joli visage.

Le « joli visage » la toucha au moins autant que la perspective des dégâts dont il pourrait être l'objet. Les injures cessèrent. Mais le mal était fait : Chloé ne l'aima pas davantage.

Random, lui, ne provoquait pas. Et ce qu'il pensait des cris et de l'agitation qui avaient troublé Yaraville, nul n'aurait pu le lire dans ses insondables yeux bleus. Depuis la guerre-éclair qui l'avait opposé à elle et qu'il avait gagnée, il gardait à l'égard de Chloé une attitude d'absolue neutralité. Mais, si profondément qu'il dormît, dès que Chloé pénétrait dans la pièce où il se trouvait, un sixième sens l'avertissait : il se réveillait. Ce réveil n'avait rien de dramatique. Par un presque imperceptible mouvement, il se ramassait davantage sur lui-même et ses paupières s'ouvraient à peine. Mais par cette fente étroite, si semblable à celle d'une meurtrière, son regard vigilant ne quittait pas son éventuel agresseur, tandis que son esprit agile passait rapidement en revue les itinéraires de fuite depuis longtemps répertoriés.

Ce qui à ses yeux rendait Chloé beaucoup plus redoutable que le chien le plus féroce, c'était, outre sa force et la vitesse de sa course, le fait qu'elle grimpait aux arbres. Le seul refuge, dans ces conditions, était le maquis de fourrés impénétrables (mais pas pour lui) qui s'étendait derrière Yaraville. Encore fallait-il qu'on lui laissât le temps de l'atteindre. Quand je demandai à Chloé pourquoi depuis l'incident de la salle de jeux, elle s'en prenait à Random qui n'y était en aucune façon impliqué, je touchai du doigt les limites de la communication que nous avions établie avec elle, car elle se contenta de répondre qu'il était : « *Sale mauvais puant W.-C.* » Je n'en tirai rien d'autre que ces insultes.

— Papa, dit Jonathan, tu vas chercher trop loin. Chloé est tout simplement jalouse.

Et ce qui m'incline à croire qu'il avait raison, ce fut une scène qui se passa dans mon bureau la matinée du 6 novembre. La journée était froide, mais ensoleillée, si bien que j'avais, à la fois, mis en marche le chauffage électrique et ouvert celle de mes fenêtres qui donne à l'Est. J'étais très occupé à écrire l'histoire de Chloé à partir des notes que j'avais prises sur elle depuis son arrivée à Yaraville et je mesurais une fois de plus le gouffre vertigineux qui sépare la documentation de la rédaction — gouffre dans lequel plus d'un chercheur s'est perdu corps et biens.

Le chauffage électrique asphyxie par sa sécheresse et l'air de novembre (il avait gelé à l'aube) piquait plus que d'ordinaire. Si bien que, ne pouvant fermer mon radiateur, ni ne voulant clore ma fenêtre, je sentis, au bout d'une heure, le froid me gagner. Ce qu'objectivement confirma le thermomètre qui marquait dix-sept degrés. Je me levai et allai chercher mon boudin dans ma chambre.

J'appelle ainsi un fort ressort aux enroulements très serrés, long de cinquante centimètres environ et terminé aux deux extrémités par des manchons de caoutchouc qui permettent de le saisir des deux mains. L'exercice (qui est assez différent, selon que vous l'empoignez paumes dessous ou paumes dessus) consiste à le ployer jusqu'à ce que vous réussissiez à faire se toucher les deux bouts. Ce boudin pèse trois kilos et sa résistance à être ainsi plié implique un effort modéré. Mais si vous répétez cet effort vingt fois paumes dessus et vingt fois paumes dessous, et ainsi de suite jusqu'à cent fois, en rythmant votre respiration, vous fortifierez assurément vos muscles pectoraux (le grand et le petit) et aussi d'autres muscles dont le nom m'échappe : ce qui est, après tout, l'effet recherché. Mais vous parviendrez aussi, effet secondaire non négligeable, à vous réchauffer. Le boudin fait de fréquents voyages entre ma chambre et mon bureau. Je l'appelle le boudin, mais Suzy, ironiquement, l'appelle ma « massue ».

Réchauffé et ayant, en outre, lutté contre l'affaissement des pectoraux dû à l'âge (qui chagrinait si fort Hemingway), je me rassis à ma table et me remis au travail. Pour peu de temps, car Random apparut sur le rebord de ma fenêtre et miaula en me regardant. J'inclinai la tête sans lui parler, ce qui voulait dire que je lui accordais l'hospitalité, mais sans lui promettre une séance de caresses. Il miaula un merci très sec et se laissa tomber souplement dans la pièce, dont il fit une fois de plus le tour en reniflant dans tous les coins. Sa circonspection était exaspérante. Car avant de sauter sur le divan (où il avait dormi plus de mille fois) il en fit le tour d'un air prudent et hésitant, le nez actif et la moustache en éveil, comme s'il se demandait si, depuis sa dernière sieste, quelqu'un n'avait pas transformé en bête féroce ce meuble innocent. S'étant peu à peu rassuré, il bondit et après avoir cherché avec soin sur toute l'étendue du matelas le meilleur endroit pour dormir (selon des critères qui m'échappaient), il s'assit dans l'attitude du sphinx et bâilla. Il se sentait doublement heureux. D'abord, d'être seul, ensuite, de l'être en compagnie de quelqu'un.

J'aime en lui ce qu'il aime en moi : la présence et le silence. Et au surplus, il ne distrait même pas ma vue, car le divan où il est couché se trouve derrière mon dos. Je me remets donc à ma table et je travaille pendant une heure environ jusqu'à ce qu'une ombre s'interpose entre le soleil et moi. Je lève la tête et je vois Chloé assise sur le rebord de ma fenêtre, me souriant de toutes ses dents.

— Mais que fais-tu là, Chloé ? dis-je sévèrement.

Non seulement mon bureau, mais ses abords lui sont strictement interdits. Pour toute réponse, elle saute à pieds joints sur le rebord de ma fenêtre (petit saut, mon bureau étant au rez-de-chaussée) et du rebord, dans ma pièce.

Je n'en crois pas mes yeux. Son audace m'effare. Bien loin, bien loin est le temps où ici même, quand elle était bébé, elle se mettait sur la tête les caisses de carton qui avaient contenu mes livres et ainsi coiffée, se promenait de long en large en riant comme une folle ! Il y a plus de cinq ans qu'à la suite de ses dévastations, j'ai dû mettre le tabou sur mon bureau.

— Chloé, dis-je, d'une voix forte, va-t'en ! Tu ne dois pas entrer ici !

La voilà interdite, sinon contrite. Elle balance entre le repentir et l'endurcissement dans la désobéissance. Elle se tortille, baisse les yeux, les relève, me regarde d'un air à la fois insolent et suppliant, pleurniche un peu. Visiblement, elle répugne à s'en aller, sans se décider toutefois à m'affronter.

Pour vaincre son hésitation et donner plus de poids à mon ordre, je me dresse — ce qui est une bonne idée, car la station debout montre mon caractère dominant — et je marche sur elle, ce qui est une faute car, en me déplaçant, je lui laisse voir Random couché derrière mon dos sur le divan.

Elle était prête à m'obéir, j'en jurerais, mais le spectacle de Random, qui, lui, occupe les lieux avec mon assentiment, change tout. Elle passe instantanément de la pleurnicherie à la fureur, piétine le parquet, découvre ses dents, son poil se hérisse et ses yeux étincellent de fureur homicide. Et comme je suis sur son chemin, elle m'écarte sans ménagement du bras (sans la table, je tombais) et saute sur le divan en hurlant.

Random n'y est plus. D'un bond prodigieux, il s'est juché sur le haut de ma bibliothèque et là, le dos rond, les crocs découverts, il crache de haut sur son ennemi. Il est brave certes, mais sa situation n'a rien d'enviable. Il ne se trouve pas hors d'atteinte et Chloé lui coupe toute retraite.

Je crie :

— Chloé, laisse ce chat tranquille !

Ordre que je lui ai donné plus de vingt fois et qui, jusqu'ici, l'a toujours arrêtée net dans ses attaques. Mais cette fois, elle ne m'écoute pas. Je doute même qu'elle m'entende. Des deux mains, elle saisit les montants de la bibliothèque et par petits coups saccadés les attire à elle. Son but est clair : elle va jeter bas la bibliothèque (sans égard pour mes livres), s'emparer du chat et le tuer.

Je ne sais que faire. M'interposer serait folie. Elle m'écarterait du bras comme elle a déjà fait, peut-être plus violemment. Et qu'arriverait-il si elle me voyait à terre ? L'attaquer avec une chaise serait à peine plus efficace. Elle me l'enlèverait sans peine des mains. Mes yeux tombent sur mon boudin que j'ai après usage placé sur le côté de mon bureau. Je m'en saisis. C'est en effet, une « massue » redoutable. Mais, outre qu'elle serait redoutable aussi pour moi, si Chloé me l'arrachait des mains, je répugne à la frapper. J'ai deux visions simultanées, et également horribles, de son crâne éclaté et de ma propre cervelle répandue sur le sol.

Je pense alors en un éclair au chimpanzé Mike et aux deux bidons choqués l'un contre l'autre pour effrayer son rival. Je gagne le fond de mon bureau et tandis que Chloé continue à ébranler dangereusement la bibliothèque (ni le scellement dans le mur ni le poids des livres ne l'empêcheront, j'en suis sûr, d'arriver à ses fins), je me mets tout d'un coup à hurler, à sauter sur place en tapant sur le parquet de toutes mes forces avec mon boudin. Je saute le plus haut possible en poussant des rugissements inhumains et dès que je retombe sur mes pieds, le parquet résonne de mes coups redoublés. Je donne aussi des coups de pied violents sur les panneaux en chêne massif qui ferment ma penderie.

C'est une imitation plutôt médiocre d'une charge de chimpanzé, mais telle quelle, elle impressionne Chloé qui tourne la tête et me considère, effarée, lâche les montants de la bibliothèque et, fascinée par le spectacle que je lui donne, tourne le dos à son ennemi, lequel, saisissant au vol cette occasion inespérée, saute de la bibliothèque sur mon bureau, de là bondit sur l'appui de ma fenêtre et disparaît.

Chloé ne le poursuit pas. Elle n'a d'yeux que pour moi. Quel obscur mais irrésistible message lui envoie du fond d'elle-même l'atavisme de son espèce pour qu'elle me voie en mâle dominant qui se prépare à charger et qu'il est grand temps de désarmer ? Du coin de l'œil, tandis que je poursuis en nage mes sauts, mes hurlements et mon tintamarre, je la vois descendre du divan, se ramasser humblement sur elle-même, adopter la posture de soumission et se diriger vers moi en crabe, la main tendue. Je la touche, bien sûr, tandis qu'elle halète pour mendier ma clémence. Je l'embrasse, je la gratte : Elle accepte mes caresses en tremblant. Elle a peur ! Et moi donc, à l'instant ! Il va me falloir passer encore un long moment auprès d'elle pour la cajoler et la rasséréner. Et quand elle sera couchée contre le flanc de Roderick, et que Yaraville, le temps de son sommeil, retrouvera le calme, qui va pouvoir me rassurer ?

***

Pas Suzy, en tout cas. Ce matin-là, elle était en course avec Juana au village et quand elle revient et que je lui conte l'affaire, elle m'accuse aussitôt de dramatiser.

— C'est un comble ! dis-je, hors de moi. Chloé a désobéi, elle m'a bousculé, elle a à moitié descellé ma bibliothèque et failli tuer Random et c'est moi qui dramatise !

— Rien ne dit qu'elle aurait tué Random, si elle lui avait mis la main dessus.

— Oh non ! Certainement pas ! Elle l'aurait caressé !

— Tu ne vas pas dire qu'elle est méchante !

— Non, mais sous l'empire de la colère et la jalousie, elle est capable de tout. Rappelle-toi, je te prie, qu'elle a cruellement mordu Jonathan et que sa dent est passée tout près d'une veine jugulaire !

— Mais aujourd'hui, elle n'a mordu personne. La vérité, c'est que tu as eu peur !

Ce coup perfide m'exaspère et je crie :

— Bien sûr, j'ai eu peur ! Et comment, j'ai eu peur ! Et si tu l'avais vue secouer cette bibliothèque, toi aussi tu aurais craint pour ta vie, et pas seulement pour celle du chat !

— Oh ! Je t'en prie, Ed, ne crie pas ! Je ne peux pas le supporter !

— Tu me traites de lâche et je n'ai même pas le droit de crier ?

Elle se jette tout d'un coup dans mes bras et éclate en sanglots, de vrais sanglots qui la secouent de la tête aux pieds. Je l'embrasse. C'est mon rôle dans cette maison : on m'attaque, on se repent et je console !

Quand enfin Suzy retrouve la parole, elle me dit à l'oreille d'une petite voix étranglée :

— Oh Ed ! tu ne vas pas te mettre contre Chloé, toi aussi !

Que répliquer, sinon que je comprends ce qu'elle ressent ? Et que je vois bien, en revanche, ce qu'elle refuse de voir : qu'une méchante fée, comme a dit si bien Ariel, a cousu notre bébé dans la peau d'un singe et que ce singe, avec les années, est devenu si fort qu'il nous terrorise, bien qu'il nous aime.

La nuit qui suit cette discussion avec Suzy, je fais et refais le même cauchemar. Je vois Chloé dans une cage du zoo. Elle est accrochée des deux mains aux barreaux et me lance un regard plein de reproches, tandis que je passe devant elle. Je m'arrête, je lui parle en ameslan et comme elle ne me répond pas et que je m'en étonne, elle me dit en bon anglais : « J'ai oublié l'ameslan. » Et tout d'un coup, ce n'est plus Chloé qui est là, dans la cage derrière les barreaux, mais Suzy. Elle me considère avec des yeux tristes et accusateurs. Je suis rempli de honte et je m'approche pour l'embrasser, mais un gardien s'interpose et m'enjoint rudement de ne pas taquiner les animaux. Je crie, indigné : « Mais ce n'est pas un animal ! » Le gardien me regarde en hochant la tête d'un air apitoyé : « Si ce n'était pas un animal, dit-il, est-ce qu'on l'aurait mis là ? »

Je me réveille, couvert de sueur. L'impression de réalité que m'a laissée ce dialogue avec le gardien est si forte que je tâte de la main à côté de moi pour m'assurer que Suzy est bien là.

Après cette journée mouvementée, plusieurs semaines se passèrent sans incident et nous commencions à croire que ma pseudo-charge, le boudin à la main, dans mon bureau, avait fait merveille et que Chloé me reconnaissait de nouveau comme le mâle dominant. Il y eut bien encore quelques actes de désobéissance, mais dont aucun ne déboucha sur des crises de colère incontrôlées. Après l'attaque qui avait failli lui coûter la vie, Random resta deux jours absent puis revint, circonspect, une patte en avant et l'autre déjà sur le recul, mais absolument pas décidé à céder un pouce de son territoire à Chloé. Il reprit, comme si de rien n'était, ses emplacements, ses habitudes, ses itinéraires. Chloé fit de même et, devenus transparents l'un à l'autre, ils s'évitaient.

Ni Suzy ni moi ne prononcions le mot « zoo » tant il nous terrifiait. La réalité affreuse qu'il recouvrait, à chaque semaine qui s'écoulait, paraissait s'éloigner de nous. Juana était absente quand l'incident dans mon bureau avait éclaté. On le lui laissa ignorer, craignant ses racontars dans le village. Une indiscrétion d'Emma à ce sujet était impensable, non parce qu'elle était muette, mais parce qu'elle aimait tant Chloé. Emma, qui avait pourtant soigné et pansé Jonathan le soir où il avait été mordu, refusait même de penser que Chloé pût faire du mal à qui que ce soit. Et enfin, comme pour nous conforter dans cette idée que la vie à Yaraville redevenait normale, les relations avec les Hunt se réchauffèrent.

Au lieu de téléphoner au nom d'un devoir abstrait pour nous demander des nouvelles de Chloé, Donald recommença à venir la voir et, de nouveau, il s'attardait, un verre à la main, bavard et chaleureux. Evelyn et nos enfants devant faire ensemble pendant les vacances une grande randonnée à l'Est, les Hunt et nous, de notre côté, nous agitâmes un projet de voyage en commun dans le Colorado dont le but ultime serait Clarke et le *Home Ranch*. Nous n'étions alors qu'à trois semaines de Noël.

Sur ces entrefaites, Pablo vint me trouver, l'air important, pour me dire que les chasseurs du village demandaient mon autorisation pour organiser une battue au sanglier dans la colline plantée de sapins qui faisait face à Yaraville. Je l'avais fait débroussailler sept ou huit ans plus tôt, afin d'ôter tout couvert à un vieux mâle dont le voisinage ne nous paraissait pas désirable. Et en effet, dès l'entrée en action du rotavator, il avait fui. Et la colline, quand Chloé était encore bébé, avait servi de but de promenade et à maintes parties de cache-cache avec elle. Mais ces parties avaient cessé avec l'arrivée de Tiger dans sa vie ; les broussailles avaient repoussé à une vitesse stupéfiante ; le vieux solitaire était revenu et l'été dernier, il avait fait de gros dégâts dans un champ d'orge qui s'étendait sur l'autre versant de la colline.

Dans ces conditions, je ne pouvais qu'accorder l'autorisation demandée, résigné d'avance à une matinée qui verrait mon travail quotidien scandé par des coups de feu et des aboiements de chiens. Pour mettre un peu de bonne grâce dans cette acceptation, j'appelai au téléphone Jim Ballou, le propriétaire du champ d'orge, et lui offris de parquer chez moi les autos. Je conviais par la même occasion les chasseurs à boire un pot de bière avec moi, avant et après la battue.

Ils vinrent à huit, dans quatre voitures, avec une douzaine de chiens (ce qui me fit aussitôt attacher Roderick à sa chaîne sur la terrasse) et à ma grande surprise, parmi ces huit, j'aperçus Tom Ballou, le frère de Jim. On l'appelait le « jeune Tom », bien qu'il eût alors quarante ans, parce qu'étant quelque peu retardé, l'absence de pensée et d'occupation lui avait gardé une physionomie juvénile peu en accord avec sa haute taille et ses larges épaules. Les salutations échangées et les pots en main, je pris Jim Ballou à part et je lui dis :

— Je vois que vous avez amené Tom avec vous.

Jim Ballou, grand et gros homme rougeaud, très sûr de lui, se mit à rire.

— Voyez-vous, Mr. Dale, j'aime encore mieux qu'il reste avec moi plutôt qu'il reste à la ferme et y foute le feu en mon absence. Avec lui, il faut tout prévoir.

— Mais vous lui avez donné un fusil. Il sait tirer ?

— Il tire très bien, c'est même une des rares choses qu'il sait faire.

Il me fit un clin d'œil.

— Mais, rassurez-vous. Il n'a jamais tiré que sur une cible et quand je l'emmène à la chasse, je ne lui donne pas de cartouches.

— Et il est heureux comme cela ?

— Il est content d'être avec les autres et de porter un fusil.

Et moi, content, je ne le suis guère. J'aurais de la compassion pour Tom Ballou s'il n'était qu'arriéré. Mais je le crois méchant. Je n'aime pas ses petits yeux noirs, durs et brillants, très enfoncés dans les orbites et surmontés de sourcils noirs épais qui se rejoignent au-dessus de son long nez en une seule ligne continue. Je n'aime pas davantage la façon dont il regarde Suzy en avançant sa lourde mâchoire carnassière et en montrant les dents, comme s'il allait se jeter sur elle pour la dévorer. Arriéré, certes, il l'est, mais aussi assez malin pour vivre aux crochets de son frère sans jamais lui donner un coup de main, alors qu'il est tout en muscles, souple et fort comme un léopard. Il faut le voir se démener à la fête du village et rafler tous les prix : « son seul travail de l'année », dit Juana.

C'est Juana justement qui distribue les pots de bière aux chasseurs sur la terrasse (ils ne veulent pas rentrer malgré le froid ; ils craindraient de salir) et elle en profite pour jeter à la ronde quelques œillades, qui font naître çà et là quelques petits sourires. Suzy s'enquiert de la santé des épouses et des enfants. De ceux-ci, à ma très grande honte, elle connaît avec précision les prénoms, les âges et les maladies. Emma survient, mais pour me dire par signes que Chloé veut rester dans la nursery, n'aimant pas les « *bâtons tuer* ». Je vois, parmi les chasseurs, deux célibataires, bien malgré eux endurcis, (les filles ne voulant plus se marier au village) regarder Emma avec avidité.

Ils ne verraient que des avantages, je crois, à épouser une muette, pourvu qu'elle soit comme Emma : belle, solide et pleine de vertus. Rêve tué dans l'œuf : Emma à l'égard des hommes est aussi avare de regards que Juana est prodigue des siens.

Les pots vidés, les chasseurs sont sur le départ. Ils proposent, pour gagner la colline, de suivre le chemin de terre par où leurs autos sont venues : énorme détour inspiré par la politesse. Comme bien ils s'y attendent, je proteste. Mais non, ils n'ont qu'à prendre par la piscine, le petit pont sur l'étang et de l'autre côté de l'étang, la sente abrupte qui mène à la colline. Nous nous quittons contents, eux d'avoir été si polis, et moi, si arrangeant.

Mais chez moi, ce n'est que l'ultime sursaut de ma sociabilité, car je n'aime ni la bière, ni la chasse, ni les aboiements, et Jim Ballou étant probablement remboursé de la perte de son orge par son Assurance, je ne vois pas non plus la nécessité d'aller tuer dans sa colline ce pauvre vieux sanglier qui, étant solitaire, ne va pas nous envahir avec sa progéniture, et a, en outre, autant de droits que nous à se trouver là. Sans compter que Roderick, tirant sur son attache comme un fou, aboie lui aussi à vous crever le tympan. Je vérifie l'ancrage de sa chaîne au mur de la cuisine et à l'autre bout, le solide mousqueton qui la relie à son collier. Juana, me voyant faire, sort sur la terrasse et remarque avec une certaine aigreur :

— J'en connais un autre qu'il faudrait aussi attacher !

— Un autre ? dis-je assez froidement, croyant qu'elle veut parler de Chloé.

— Tom Ballou.

— Tom ? Son frère dit qu'il est inoffensif.

Juana rit avec un air d'immense expérience.

— C'est ce que je ne crois pas. Vous verrez, Mr. Dale, qu'un de ces jours, fort comme il est, il finira par violer et tuer une fille.

— Espérons que non.

— Violer, passe encore, dit Juana avec un retour sur elle-même, mais tuer ! Cet homme-là, Mr. Dale, je vous le dis comme je le sens, c'est un...

Elle cherche un mot adéquat en anglais, mais n'en trouvant aucun, elle dit en espagnol :

— *Un bárbaro.*

A son ton, on peut se demander s'il s'agit bien d'un blâme. Mais pour le fond, Juana ne fait sans doute que répéter à sa façon ce qui se dit dans le village où, d'après Suzy, pas mal de gens tiennent Tom Ballou en grande suspicion.

Je gagne mon bureau et j'y travaille une petite heure, agacé, puis irrité par les aboiements des chiens de chasse et ceux de Roderick qui, inlassablement, leur répond. Je ferme mes fenêtres, mais rien n'y fait. Le vent souffle ce matin-là du sud-est et m'apporte, outre les jappements de la meute, l'appel d'un chasseur, l'envol d'un corbeau et jusqu'au craquement d'une branche cassée.

Vers 10 heures, Suzy m'appelle par le téléphone intérieur.

— Ed, vite ! vite ! Chloé est en train de détacher Roderick !

Je me lève de ma chaise, et passant par le plus court, j'ouvre ma fenêtre, j'enjambe le rebord, fais le tour de la maison et débouche en courant sur la terrasse. J'arrive trop tard. Roderick est libre. Il bondit par-dessus les marches qui mènent à la piscine, saute le petit muret qui la clôture et file droit sur la colline. Je hurle son nom, convaincu d'avance qu'il ne reviendra pas.

Chloé le regarde détaler, effarée. Peut-être s'imaginait-elle qu'en le détachant, il allait seulement cesser d'aboyer. Je lui crie :

— Chloé, espèce de folle, pourquoi tu as fait ça ?

— *Bon chien malheureux oua oua,* dit Chloé.

Suzy ramasse le bout de la chaîne.

— Regarde-moi cela ! Elle n'a pas su défaire le mousqueton, alors elle l'a brisé ! A mains nues !

Suzy poursuit :

— Et qu'est-ce que cela veut dire : bon chien malheureux oua oua ? Qu'elle en avait assez de l'entendre ou qu'elle l'a libéré parce qu'elle avait pitié de lui ?

— Quelle importance ! dis-je, exaspéré ; elle vient de gâcher la battue !

— Peut-être pas.

— Oh si ! Tous ces chiens de chasse se connaissent entre eux et ils ne connaissent pas Roderick. Ils vont le traiter en intrus, le chasser, le mordre. Cela va faire une belle pagaille ! La chasse est fichue !

Chloé s'avise à mon ton et à mon air que je suis en colère et vient me demander pardon. Je le lui accorde, bien sûr, mais abrège les bisous et les grattages. Il n'y a pas que leur chasse qui est fichue. Ma matinée de travail aussi.

— Mr. Dale, dit Juana, j'ai fait du café pour moi. Vous en voulez ?

En bonne Mexicaine, elle se fait des *cafecitos* à toute heure du jour. Encore heureux qu'elle m'en offre. Tout le monde fait ce qu'il veut ici, sauf moi, qui devrais être dans mon bureau en train d'écrire et qui suis assis dans le living-room, sur le divan en train de regarder le feu, « les nerfs en pelote », comme dit Suzy.

— S'il y en a pour moi, dit Suzy avec une ironie discrète, j'en prendrais bien aussi.

— Naturellement, Señora, dit Juana.

A ce moment-là, Emma vient nous rejoindre et à ma prière, Juana lui apporte aussi une tasse de café, mais d'assez mauvais gré, Emma n'étant qu'une employée.

Juana a la tête et le corps tournés vers sa cuisine comme si elle allait y retourner, mais en fait, elle demeure, écoutant le récit que je fais à Emma de l'évasion de Roderick. Preuve qu'elle a bien l'intention, le cas échéant, de nous faire bénéficier de sa sagesse.

Chloé a pris place elle aussi. Son attitude est un compromis entre celle de l'homme et celle du primate. Elle n'est pas accroupie à terre. Elle siège sur un fauteuil. En revanche, elle est assise, non sur son derrière, mais sur ses pieds. Elle m'écoute. Grâce à ce qu'elle sait d'anglais, et grâce aussi à l'observation de mes mimiques, elle comprend à quel point je déplore son initiative. Le remords de nouveau l'étreint, elle se met à pousser des « hou ! hou ! » pleurnicheurs et, sautant de son fauteuil, me tend à nouveau la main. Nouveau pardon, nouveau baiser de paix. Ça ne lui suffit pas. Elle fait le tour des présents et se fait pardonner par Suzy et par Emma. Mais, parvenue devant Juana, elle virevolte prestement et court se rasseoir, toujours sur ses pieds.

Je me détends. Est-ce le miracle du *cafecito*, de cette assemblée impromptue, de l'épaule de Suzy contre la mienne, ou du feu qui crépite dans la cheminée ? Même mon oisiveté cesse de me peser. Et dans mon souvenir, ce bref moment me paraît heureux, surtout peut-être parce qu'il est en si brutal contraste avec l'instant qui le suit.

Tout commence par deux coups de feu que nous entendons très nettement malgré les fenêtres fermées.

— Eh bien, tu vois, dit Suzy, tu t'es trompé ! Ils ont tué le sanglier ! Roderick n'a pas gâché la battue !

Malgré le froid, je vais ouvrir la porte-fenêtre qui donne sur la terrasse. Je distingue vaguement des formes s'agiter çà et là dans les broussailles et j'entends des exclamations dont je ne puis dire si elles expriment la jubilation ou la colère. Mais je ne peux croire qu'ils aient manqué le sanglier car, dans ce cas, ils n'auraient pas tiré que deux coups de feu. Nous aurions eu droit à toute une fusillade. Celle des gens placés sur le chemin du fuyard pour tâcher de lui couper la retraite.

Suzy me rejoint, emmitouflée. Elle m'apporte mes jumelles et une veste de laine que je passe. Les jumelles ne sont pas très grossissantes mais, au bout d'un moment qui me semble assez long, je discerne, sur le sentier qui descend vers mon étang, un groupe de chasseurs. Deux d'entre eux me paraissent porter un corps sur un brancard de branchages. Ils l'ont donc eu enfin, le solitaire ! Qui eût cru que ce vieux rusé aurait succombé si vite aux embûches ! Car ce n'est pas, loin de là, la première battue entreprise contre lui. Il faut croire qu'avec l'âge son esprit est devenu moins vif et ses courtes jambes, moins rapides.

Les chasseurs reviennent vers nous pour nous faire hommage de leur prise et boire un dernier pot. Dès qu'ils ont passé le petit pont, à l'endroit où l'étang se rétrécit, je les perds de vue, le muret de la piscine me les cachant. Je suis étonné de ne pas entendre leurs voix. Ils sont bien silencieux, pour des chasseurs heureux !

J'entre dans la maison pour dire à Juana de préparer les boîtes de bière, mais comme Chloé, me voyant ressortir, veut me suivre sur la terrasse, je la contrains à passer un anorak : elle attrape froid si facilement. Cela prend un certain temps et il me faut l'aide d'Emma, car Chloé n'y met aucune bonne volonté. N'établissant pas de relation entre le froid et l'anorak, elle ne voit pas la nécessité de se protéger contre le premier par le second. Et si d'ordinaire la pluie lui fait chercher le refuge de la maison, ce n'est pas parce qu'elle a peur de se refroidir, c'est parce qu'elle n'aime pas être mouillée.

Quand nous sortons, les chasseurs gravissent les marches qui, de la piscine, mènent à la terrasse. Et quand ils atteignent celle-ci, ils déposent le corps. Je comprends enfin leur mutisme. Ce n'est pas le vieux sanglier qu'ils ont tué : c'est Roderick.

CHAPITRE XII

— Mr. Dale, dit Jim Ballou d'une voix enrouée, nous sommes désolés, c'est un accident.

Je reste sans voix. C'est Suzy qui crie à ma place avec indignation :

— Vous avez tué notre chien !

Elle s'agenouille en larmes auprès du corps, rejointe avec un temps de retard par Emma et Juana. Seule Chloé ne bouge pas. Elle me tient par la main, elle regarde Roderick, elle ne comprend pas pourquoi il ne vient pas à elle, frétillant, la queue dressée, le regard vif.

— Un accident ? dis-je, retrouvant tout d'un coup ma voix. Mr. Ballou, c'est difficile à comprendre ! Comment confondre un berger allemand avec un sanglier ? Ce n'est ni la même taille, ni la même couleur.

— C'est Tom qui a tiré, dit Jim Ballou, l'air horriblement gêné.

— Je croyais qu'il n'avait pas de cartouches.

— Il n'en avait pas. Il a dû en prendre deux à mon insu dans ma cartouchière.

Je ne réponds pas tout de suite parce que Chloé s'arrache à mes mains et va, elle aussi, s'agenouiller auprès de Roderick après avoir écarté Juana sans ménagement. Roderick a deux plaies : une à la nuque, l'autre dans le haut du cou. Tir groupé :

celui qui l'a tué tirait bien. Chloé met un doigt dans chaque plaie et le retire ensanglanté. Elle essuie son doigt sur le pelage de son bras et, agitant les mains, mais sans regarder personne, elle dit : *bâton tuer*.

Je me tourne vers Tom.

— C'est vrai, Tom, tu as pris deux cartouches à ton frère ?

— Oui.

A la différence des autres chasseurs qui paraissent mortellement embarrassés, baissent la tête, remuent les pieds et se voudraient à mille lieues de là, Tom, lui, paraît tout à fait à l'aise. Il a posé sur le carrelage de la terrasse la crosse de son fusil, s'appuie des deux mains sur son canon et, déhanché, la tête haut levée, il sourit d'un air triomphant. Je le regarde.

— Et pourquoi tu as fait cela, Tom ?

— Pour tuer le sanglier.

J'ignore s'il connaît beaucoup de mots, mais son élocution n'est pas confuse et il parle avec assurance. Il ajoute :

— Je tire bien.

— Et pourquoi tu as tué le chien ?

— Mais par erreur, dit Jim, Tom n'est pas méchant ! Il ne ferait pas de mal à une mouche !

— Laissez-le répondre, Mr. Ballou, dis-je. Tom, pourquoi tu as tué le chien ?

Tom sourit d'une oreille à l'autre.

— Le chien vient. Jim dit : « Ce sale chien va gâcher la battue », et moi, je tue le sale chien.

Je m'avise trop tard que je n'aurais jamais dû poursuivre cet interrogatoire devant Chloé. « Tuer, sale et chien » elle comprend tous les mots dont Tom vient de se servir.

Elle se rue sur Tom, lui arrache son fusil des mains, et tâche de le briser en deux sur son genou. Elle n'arrive d'abord qu'à l'ouvrir et Tom veut lui reprendre son bien. Mais il a à peine le temps de poser la main sur la crosse que d'un revers de son bras puissant, elle le jette, je ferais mieux de dire qu'elle le projette à deux mètres de là. Il s'étale la face contre terre. Il se relève aussitôt et écumant de rage, il hurle : « Un fusil ! Je vais tuer ce sale singe ! » Et il se précipite sur Jim pour lui prendre son arme. Mais les chasseurs l'entourent et après une lutte farouche, le maîtrisent et l'entraînent vers le parking. Chloé lance après eux les deux morceaux du fusil qu'elle vient de réussir à briser. Par bonheur, elle ne les atteint pas. J'apprendrai plus tard que les chasseurs ont été obligés de lier Tom mains et pieds pour pouvoir le faire monter dans l'auto de son frère.

Il est 11 heures du matin et toute la journée Chloé va rester à côté de Roderick, refusant tout contact avec nous et toute nourriture. Comme il fait froid et que je crains pour ses bronches toujours si fragiles, j'arrive à la persuader de rentrer dans le living. Elle charge Roderick sur son dos et le déposant délicatement sur le sol du living, elle l'allonge devant le feu dans la position qu'elle l'a vu si souvent prendre pendant l'hiver, les deux pattes devant lui et le museau reposant sur les pattes. Elle s'assoit à ses côtés et l'épouille. Elle a refusé de retirer son anorak et elle doit avoir beaucoup trop chaud, car elle reste stoïque devant les bûches rougeoyantes. Elle espère peut-être que le feu va faire revenir son ami à la vie.

Par deux fois, elle soulève des deux mains la tête de Roderick et elle paraît désemparée quand, la lâchant, elle la voit retomber, inerte, sur les pattes.

Elle se rassoit à côté de lui, elle a l'air d'attendre. Elle n'a pas abandonné l'espoir qu'il se remette à vivre tout d'un coup. A tour de rôle, nous lui parlons. Dès que nous commençons à lui parler en signes, elle nous tourne le dos. Pendant tout ce temps, elle ne pleure pas et n'émet aucun son.

Vers 4 heures de l'après-midi, elle demande à boire. Je vais lui préparer un bon litre et demi d'orangeade que je verse dans une demi-douzaine de verres. Et dans chaque verre, je dilue une dose de somnifère, assez faible pour qu'elle n'en reconnaisse pas le goût : sans quoi elle le recracherait.

Elle vide coup sur coup le contenu de tous les verres et en redemande encore. Emma retourne préparer de l'orangeade dans la cuisine et Suzy et moi, pendant ce temps-là, nous lui retirons son anorak. Elle se laisse faire passivement. A aucun moment elle ne nous regarde. Nous lui parlons en ameslan, mais c'est peine perdue parce qu'elle ne nous voit pas. Quand Emma revient avec l'orangeade, elle boit de nouveau avidement.

Elle rend le verre à Emma, lève les yeux sur elle. Nous croyons qu'elle va lui dire merci car ses mains s'agitent. Nous nous approchons.

— Emma, qu'a-t-elle dit ?

— *Homme méchant.*

Comment savoir si *homme méchant* s'applique à Tom, ou à l'espèce humaine ?

Une demi-heure plus tard, elle s'endort profondément.

Aidé d'Emma, je la porte dans la nursery, non sans mal. Elle est lourde et tout en muscles. Avec mes deux mains réunies, je ne fais pas le tour de son avant-bras. Nous la déposons sur le lit et laissant le soin à Emma et à Suzy de la déshabiller, je redescends au rez-de-chaussée où j'appelle Pablo par la ligne qui me relie à la bergerie. Mon ton est pressant. Il ne met pas plus de cinq minutes à arriver et pourtant, à l'attendre, le temps me paraît très long. Je m'assieds dans le living, les yeux fixés sur la forme inerte de Roderick devant le feu. Ma gorge se serre. Sauf au premier moment, je n'ai eu d'yeux jusqu'ici que pour Chloé et de peine que pour elle. J'éprouve rétrospectivement du remords de n'avoir pas ressenti assez la perte de Roderick. Dans quelques minutes, Pablo va l'emporter et l'enterrer quelque part dans mon domaine. Chose bizarre et qui ajoute à ma honte, il me tarde que Pablo arrive. Cette chose qui est là devant le feu n'est plus Roderick, ce Roderick associé depuis douze ans à tous les instants de notre vie.

Quand Pablo emporte Roderick sur son dos, je passe dans la cuisine et demande à Juana un *cafecito.* Justement, elle est en train de s'en faire un, « pour me remettre », dit-elle.

Je bois ma tasse debout et je m'aperçois qu'en buvant la sienne, les larmes lui coulent sur ses joues.

— Juana, dis-je, vous aimiez donc tant Roderick ?

— Si, Señor, j'aime toutes les bêtes. Même Gringo, quand il est mort, je l'ai pleuré. Et pourtant, plus hargneux que Gringo...

— Alors, dis-je, comment se fait-il que vous n'aimiez pas Chloé ?

Elle me regarde. Elle ne s'attendait pas à une question aussi abrupte. Et de surprise, elle cesse de verser ses faciles larmes.

— Je ne sais pas, dit-elle. Peut-être parce que Chloé n'est pas tout à fait une bête. Peut-être aussi parce que Chloé, depuis qu'elle est là, elle nous fait tous tourner en bourrique.

Ses yeux noirs flamboient tout d'un coup et elle dit avec aigreur :

— Et tenez, Señor, un exemple : Roderick, à cette heure, il serait vivant, si Chloé n'avait pas détaché sa chaîne.

Je pose ma tasse sur la table, je tourne le dos à Juana et je sors à grands pas de la cuisine. Après un moment de réflexion, j'y retourne et je dis :

— C'est vrai, bien sûr, Juana. C'est vrai, ce que vous avez dit, mais ne le répétez pas, ni ici ni ailleurs. Et surtout pas en présence de Chloé.

⁂

Le lendemain, j'écris une lettre à Jim Ballou et lui propose de lui rembourser le fusil qui a été cassé « à la suite de l'incident qui a coûté la vie à mon chien». Proposition équitable et au regard des faits réels, façon plus qu'aimable de s'exprimer. J'envoie un double de ma lettre à Davidson, je la fais porter à son destinataire par Pablo et j'attends. Huit jours se passent et je ne reçois pas de réponse. En revanche, Mr. Davidson, après m'avoir demandé un rendez-vous, vient me voir à Yaraville.

Nous sommes en train de prendre le thé, Suzy et moi, dans le living. Je lui offre une tasse qu'à ma grande surprise il accepte. Je ne vois d'ailleurs pas pourquoi je m'étonne. La tasse de thé va certainement mieux au suave Mr. Davidson que le verre de whisky et le cigare mâchonné au coin de la bouche.

— Mais je ne vois pas Chloé, dit-il.

— Elle est dans la salle de jeux avec Emma. Elle grimpe à la corde lisse et joue au billard.

— Elle joue bien ?

— Elle triche.

— Plus exactement, dit Suzy, elle a ses règles à elle. Quand, après un coup aucune boule ne tombe, elle en met une elle-même à la main dans une poche.

Davidson rit et se tourne vers moi.

— Elle s'est consolée de la mort de Roderick ?

— C'est difficile à dire. Quand au réveil elle n'a plus vu son corps, elle l'a cherché dans toute la maison. Cette recherche a duré toute une journée et le lendemain, c'était fini.

Un silence tombe. Davidson pose sa tasse de thé sur la petite table basse en face de lui, tousse, passe la main sur son grand front et, les yeux rêveurs, regarde le feu.

— A propos de Chloé, dit-il, j'ai reçu une pétition signée par quelques personnes. Elle demande que vous soyez mis en demeure de renvoyer Chloé au zoo, vu qu'elle constitue un danger pour le voisinage.

Il me regarde.

— Naturellement, je n'attache aucune importance à cette pétition.

— Qui l'a signée ?

— Justement. A part les signatures de Jim Ballou, de son frère Tom, de Mrs. Pickle, de son frère, et de Harrisson, les autres signatures sont prudemment illisibles. Le second point, c'est la version des faits que présente la pétition : la mort du chien était un accident et c'est sans raison aucune que Chloé s'est jetée sur Tom, a brisé son fusil et l'a molesté...

— Cette version est fausse.

— En effet. J'ai interrogé les chasseurs qui ont pris part à la battue et j'ai pris, par écrit, leurs dépositions. Tom Ballou a volontairement tué Roderick, s'en est vanté devant vous et a menacé Chloé de la tuer.

— Il a fait plus que la menacer.

— Je sais. Il y a eu commencement d'exécution.

— Mr. Davidson, est-ce que je peux jeter un œil sur cette pétition ?

— En voici une photocopie.

Je regarde Davidson et je dis :

— C'est évidemment Jim Ballou qui a lancé ce brûlot contre nous. A votre avis, pourquoi fait-il cela ?

— Pour couvrir son humiliation. Il s'était vanté de réussir là où tant d'autres avaient échoué. Résultat : au lieu d'abattre le vieux solitaire, il a tué votre chien. Et son frère, le fier-à-bras du village, s'est fait ridiculiser par Chloé. Tom répète partout qu'il tuera Chloé avant la fin de l'année.

— C'est lui qu'on devrait enfermer.

— C'est ce que je pense. C'est ce que pense, sans oser le dire, une bonne moitié du village. Mais une petite moitié prendrait plutôt le parti des frères Ballou contre Chloé.

— C'est ignoble, dit Suzy avec feu.

— Depuis le début, dit Davidson en haussant les épaules, il y a eu des gens qui, par préjugé, étaient hostiles au projet Chloé. Si, au lieu de Chloé, vous aviez eu un éléphant qui ne sait pas parler, ces gens-là n'y auraient rien trouvé à redire. Dans votre cas, le soupçon de sorcellerie n'est pas loin de leurs esprits, bien qu'aucun d'eux n'ose l'articuler.

Il y a un silence et je dis :

— Mr. Davidson, qu'allez-vous faire ?

— J'ai fait une enquête, j'ai constitué un dossier et j'ai rendu compte. Je n'ai aucun pouvoir de décision.

— Qui l'a ?

— Le juge, si Jim Ballou vous faisait un procès. Mais, outre qu'il est très près de ses sous, il n'a pas d'élément pour vous faire un procès. Et il ne le fera pas.

— Et c'est pourquoi il se contente d'agiter les gens contre moi ? N'est-ce pas dangereux quand on a un frère comme le sien ?

— C'est ce que je lui ai dit, mais il maintient dur comme fer que son frère est inoffensif.

— Tuer volontairement le chien de son voisin n'est pas un geste inoffensif.

— En effet.

Suzy me regarde et regarde Davidson :

— Et nous, shérif, que pouvons-nous faire ?

— Vous défendre.

Je dis au bout d'un moment :

— Pensez-vous que je pourrais faire un procès aux frères Ballou pour avoir tué mon chien ?

— Pas après la lettre que vous avez écrite à Jim. Vous avez été beaucoup trop généreux, Dr. Dale. Vous parlez dans cette lettre de « l'incident » qui a coûté la vie à votre chien ; cette façon de s'exprimer exclut par avance de votre part toute accusation de violence volontaire.

— J'ai écrit cette lettre dans un esprit de conciliation et de bon voisinage.

— Mais Jim, lui, y a vu un signe de faiblesse. Il a décidé aussitôt de vous attaquer. Cette affaire l'a tellement mortifié.

— Je ne sais pas si j'aime beaucoup ce Monsieur, dit Suzy.

Davidson sourit, et passe la main sur son grand front. Je remarque que sa main est blanche, élégante, avec de longs doigts fuselés.

— Voilà, dit-il, je vous ai prévenus. Je ne suppose pas qu'à la suite de cette pétition, vous ayez envie de remettre Chloé au zoo ?

— Moins que jamais.

J'ai parlé avec véhémence et les yeux de Suzy ont parlé pour elle. Davidson se lève.

— Est-ce que je peux dire bonjour à Chloé ?

Nous l'emmenons dans la salle de jeux où nous trouvons Chloé en train de se balancer sur la corde lisse. Elle saute à terre aussitôt et vient à nous en courant. C'est le réflexe du chien de Pavlov. Dès qu'elle voit Davidson, elle pense « banane ». La salive apparaît sur ses lèvres, elle lui tend une main quémandeuse. Pour un peu, elle fouillerait dans sa poche. Mais nous tenons à ses bonnes manières.

— Chloé, dis bonjour.

— Laissez, laissez, dit Davidson. Je sais ce que c'est que les enfants.

— Mais ce n'est plus une enfant, dit Suzy, c'est une jeune fille.

Depuis la mort de Roderick, Chloé ne transporte plus ses pénates dans l'entrée, elle passe de nouveau ses nuits dans la nursery, la chambre d'Emma à sa gauche et la nôtre à sa droite. Se sentant plus proche de nous maintenant que son grand ami est parti, elle allonge d'autant la cérémonie du coucher. Quand, après une journée que toute autre qu'elle trouverait physiquement épuisante, elle s'immobilise pour la première fois, ne serait-ce que pour permettre au repos de l'envahir, elle tombe, juste avant son ensommeillement, dans une humeur mélancolique et réflexive que nous lisons dans ses grands yeux marron clair. Comme son esprit s'engourdit moins vite que son corps, c'est le moment où son extraordinaire motricité, en cessant, la laisse libre enfin de penser, de revenir sur son passé et de parler.

Je m'approche de son lit dès que je vois ses mains s'agiter et je m'assois à son chevet.

— *Grand ?*

— *Oui ?*

— *Où bon chien ?*

Cette question ne me prend pas au dépourvu. En fait, je l'attendais plus tôt. Et bien d'accord avec Suzy, j'avais décidé de dire à Chloé la vérité.

— *Bon chien dans trou. Terre dessus.*

— *Pourquoi ?*

— *Bon chien mourir.*

Elle ne connaît pas le signe *mourir*, et comme toujours en pareil cas, elle demande avec une nuance d'agacement, n'aimant guère travailler, surtout à cette heure indue.

— *Quoi ça ?*

Et comme toujours avant de lui expliquer ce que le signe signifie, je lui apprends à le faire. J'ai du mal, car ce n'est pas un signe simple. Une main est présentée paume dessus et se rabat paume dessous. L'autre main fait le même geste, mais en inversant la position initiale. Elle est présentée paume dessous et se rabat paume dessus. Ces deux mouvements sont simultanés. Je modèle les deux mains de Chloé dans les positions prescrites et je les guide dans leurs mouvements de haut en bas. Après cinq ou six essais, elle réussit à peu près le signe.

Après quoi, elle demande :

— *Quoi ça ?*

— *Mourir.*

— *Quoi mourir ?*

Nous y voilà ! Je ne trouve pas facile de lui donner une définition de la mort avec le peu de mots dont elle dispose. En outre, je suis étonné qu'elle n'ait pas jusqu'ici établi un lien logique entre le mot « tuer », qu'elle connaît, ne serait-ce que dans l'expression « *bâton tuer* » et la mort qui en est la conséquence. Elle a pourtant vu Pablo rapporter de la chasse des lapins ensanglantés. Mais à y réfléchir, son inconséquence, bien qu'enfantine, me paraît naturelle. La raison pour laquelle la mort de ces lapins ne l'a pas frappée, c'est qu'elle ne les a pas vus vivants.

Je dis en anglais et en ameslan.

— *Mourir ?*

— *Oui*, dit-elle. *Quoi ça ?*

— *Voir fini. Entendre fini. Parler fini. Courir fini.*

Elle n'en croit pas ses yeux. Elle répète mes signes ; je les répète après elle. Ce catalogue lugubre la consterne. Elle questionne :

— *Manger fini ?*

— *Oui.*

— *Boire fini ?*

— *Oui.*

Elle réagit avec colère.

— *Mourir sale, méchant, puant.*

Elle réfléchit après cette révolte, ferme les yeux et je la crois sur le point de s'endormir quand elle reprend :

— *Pourquoi mourir ?*

Je lève les sourcils et les mains en signe d'ignorance et d'impuissance. Moi qui sais tout, cela l'étonne. Elle réfléchit, le menton posé sur les genoux. Elle lève la tête.

— *Jolie mourir ?*

— *Tous, tous.*

Elle me regarde.

— *Chloé aussi ?*

— *Oui.*

— *Quand ?*

— *Demain longtemps.*

L'expression est utilisée dans l'ameslan de Yaraville pour désigner un avenir lointain et indéterminé. Pour un avenir plus proche, nous disons « après-demain », des expressions comme « huit jours » ou « quinze jours » ne voulant rien dire pour Chloé.

Au bout d'un moment, elle me considère avec un air d'anxieuse interrogation et dit avec hésitation, et ses mains tremblant légèrement, tandis qu'elles dessinent dans l'air cette question impie :

— *Grand mourir ?*

— *Oui.*

— *Quand ?*

— *Demain longtemps.*

Ce dialogue l'a fatiguée. Elle se couche de tout son long dans son lit, et quand Emma avec une louable obstination, lui rentre les bras sous la couverture, elle les ressort aussitôt, et les remet dessus. Elle agit ainsi au nom d'une habitude vieille de huit ans, et Emma, au nom d'un principe qui lui vient sûrement de sa mère et qu'elle n'a jamais réussi à inculquer à sa pupille.

Chloé me regarde comme si elle ne m'avait jamais vu et répète, incrédule, sa question.

— *Grand mourir ?*

— *Oui.*

Elle me regarde, la tête posée sur l'oreiller. Ses yeux se ferment, se rouvrent et de nouveau se ferment.

— *Moi triste,* dit-elle, *moi pleurer.*

Mais elle ne pleure pas. Ses mains retombent sur la couverture. Elle dort.

*
**

Cette conversation nous attrista et en même temps elle nous fit comprendre que Chloé venait de franchir une étape importante dans l'humanisation, vers laquelle nos efforts pour communiquer avec elle l'avaient entraînée.

Suzy me rappela à cette occasion une observation de Jane Goodall dans la forêt tropicale. Un bébé chimpanzé ayant cessé de vivre, la mère continua à le porter et à le bercer pendant deux jours. Elle ne l'abandonna dans la jungle que lorsqu'il commença à sentir. Cette observation et d'autres semblables ne permettent-elles pas de conclure que, si proche que le chimpanzé soit de nous par son patrimoine génétique, il ne parvient pas, toutefois, à concevoir avec clarté ce que mourir veut dire ?

— En fait, dit Suzy, ce n'est pas la parole, ni même la raison, qui distingue l'homme du primate. C'est la conscience que l'homme a, sa vie durant, que sa propre mort est le seul événement qu'il puisse prévoir avec certitude.

— Autant dire alors, comme le prétend Vercors, que le propre de l'homme, c'est la religion.

— Pourquoi ?

— Parce que c'est de toute évidence la conscience de son inéluctable mort et le désir de lui survivre qui amène l'homme à concevoir une religion.

Suzy leva les sourcils.

— Un croyant dirait : « Qui le rend digne de recevoir une religion. »

— Si l'on veut. Mais pourquoi tiens-tu toujours à ménager des croyances que tu ne partages pas ?

— Parce que ma mère les partageait, dit Suzy avec un léger embarras. J'évite de dire des choses qui l'auraient contrariée de son vivant.

Je la regardai. Je lui souris. Je trouvai ce scrupule à la fois absurde et touchant.

En raison des événements qui surgirent moins d'une semaine après notre entretien avec Chloé, il est difficile de dire si la révélation qu'elle eut alors de l'idée de la mort modifia son comportement. Elle était dans la journée si terriblement turbulente qu'elle trouvait peu de temps pour penser et même le soir à son coucher, elle ne se sentait toujours pas disposée à nous parler. Elle préférait taquiner Emma ou Suzy ou se faire cajoler par elles. Mais, qu'elle pensât souvent à son ami mort, j'en suis certain, car elle se livra, au moins une fois, sur la terrasse à une mise en scène des plus étonnantes. Le mousqueton qui fixait la chaîne de Roderick au mur de la cuisine étant rouillé et ne fonctionnant plus, j'avais demandé à Pablo de le cisailler. Fidèle à ses habitudes de procrastination il n'en fit rien et pour ma part, j'avais omis de le lui rappeler. Et un matin, je vis Chloé s'approcher de la chaîne, enrouler l'extrémité libre autour de son cou et, tirant sur elle comme si elle voulait s'en dégager, aboyer comme Roderick l'avait fait le jour de la battue, le visage tourné vers la colline où vivait le sanglier. Après quoi, elle se dégagea de la chaîne et vint s'asseoir à l'endroit exact où les chasseurs avaient déposé le corps sans vie de Roderick et elle resta là un bon moment, repliée sur elle-même, ses longs bras entourant ses genoux et les yeux fixés dans le vide.

Noël approchait et, bien à contrecœur, nous avions dû abandonner nos projets de vacances dans le Colorado, jugeant d'autant moins souhaitable de laisser Emma se débrouiller seule avec Chloé à Yaraville que les frères Ballou, à la suite de la fin de non-recevoir que nous avions opposée à leur stupide pétition, continuaient à agiter contre nous l'opinion des villageois. D'après ce que j'avais ouï dire, Jim s'était rendu à la ville pour consulter un avocat. Il en était revenu doublement dégoûté. Pour une consultation de vingt minutes, il avait payé des honoraires exorbitants et il avait appris que ses chances de gagner un procès contre nous étaient nulles, en raison du fait que je lui avais offert de rembourser le fusil cassé, que son frère avait été bousculé et non mordu et que l'animal en question ne sortait pas du domaine de son maître : on ne pouvait donc pas plaider qu'il constituait un danger public.

D'après ce que me disait Davidson, Jim Ballou, même encouragé par son avocat, n'aurait probablement pas engagé un procès contre moi : il était trop près de ses sous. Mais donner cent dollars à un avocat pour s'entendre dire qu'il avait tort le mit hors de ses gonds. En racontant sa déconvenue à qui voulait l'entendre, il proclamait bien haut qu'il n'y avait plus de justice dans ce pays et que, dans ces conditions, il se ferait justice lui-même. Et Davidson lui reprochant de tenir ce genre de propos en public, Jim Ballou lui battit froid, sans se fâcher cependant tout à fait avec lui.

Là-dessus, Tom Ballou, un beau matin, s'avisa de patrouiller dans le village, la crosse d'un fusil appuyée contre la hanche, le canon dirigé vers le ciel et le doigt sur la détente. Comme les gens s'étonnaient de cette parade guerrière, il leur dit que si ce sale singe osait montrer sa sale gueule dans nos murs, il saurait lui régler son compte. On prévint aussitôt Davidson qui se dirigea vers Tom, le visage riant, le prit aimablement par le bras, l'amena chez lui, lui offrit un pot de bière et une cigarette et saisissant le fusil que Tom, pour boire, avait appuyé contre le mur, l'ouvrit. Il n'était pas chargé.

Davidson raccompagna Tom chez son frère et prenant Jim à part, lui conseilla de mettre sous clé ses fusils et ses cartouches. « Merci, shérif, dit Jim, mais je sais ce que j'ai à faire. Tom est un peu retardé, c'est vrai, mais il ne ferait pas de mal à une mouche. »

— Ni à un chien, dit Davidson, s'il mettait la main sur des cartouches ? Et croyez-vous que vous avez été bien avisé de lui apprendre à tirer ?

A cela Jim ne répondit pas. Il se contenta de hausser les épaules, de tourner le dos à Davidson et de s'en aller.

Le comportement de Tom devenait, par ailleurs, si étrange, qu'il commençait à inquiéter jusqu'aux amis des Ballou. Il se mit, sur le coup de midi, à aller voir l'un ou l'autre, à demander à boire et à proposer au maître de maison de faire un bras de fer avec lui. Personne n'acceptait, sa supériorité dans ce domaine étant reconnue. Pis même, il lui arrivait de prendre son vélo, de faire dix kilomètres aller-retour pour aller visiter les Levesky dans leur ranch. Levesky, qui venait de perdre sa femme, vivait là avec ses deux garçons, robustes gaillards et sa fille Ruth, âgée de vingt ans. Tom proposait invariablement un bras de fer aux trois hommes et tous les trois, l'un après l'autre, déclinaient son invitation. Tom buvait alors sa bière d'un air boudeur en regardant Ruth. Il la considérait avec une insistance si déplacée qu'au bout d'un moment elle quittait la pièce. Les trois Levesky gardaient alors un silence de plomb et Tom, après avoir bu sa bière, s'en allait.

D'après Davidson, la supériorité physique de Tom était la seule chose qui donnait un sens à sa vie depuis que sa mère était morte. Et c'est parce que maintenant il en doutait, ayant été jeté à terre si facilement par Chloé, qu'il était devenu si agressif avec les hommes et si peu retenu avec les femmes, du moins quant au regard. Mais les commères du village jasaient beaucoup là-dessus et Juana n'était plus la seule à prédire qu'il passerait un jour aux actes. Une bonne âme finit par en toucher un mot à Jim Ballou, mais il répliqua en riant que « dans ce domaine, Tom était si innocent qu'il ne saurait pas s'y prendre, même si on l'aidait ».

Dès qu'on touchait à son frère, il n'y avait d'ailleurs rien à tirer de Jim que des stéréotypes du genre : « Il est inoffensif, il est doux comme un agneau, il ne ferait pas de mal à une mouche. »

Mais les ménagères que Tom suivait dans le drugstore tandis qu'elles faisaient leurs courses (sans jamais pourtant leur parler ni les toucher, ni s'approcher d'elles de plus d'un mètre) ne partageaient pas cette opinion. Et cela les gênait beaucoup, quand elles se retournaient, de voir derrière elles, les bras ballants, ce grand escogriffe, peu rassurant avec son menton prognathe, ses lèvres cramoisies et toujours humides, et sous les sourcils charbonneux se rejoignant au-dessus du nez, ses petits yeux noirs brillants attachés sur elles. Et quand elles ne se retournaient pas, c'était encore plus insupportable de le sentir derrière leur dos.

Levesky, qui avait finalement fermé à Tom la porte de son ranch et qui n'envoyait plus Ruth aux emplettes qu'escortée d'un de ses fils, essaya bien de lancer une pétition pour demander à Jim Ballou d'éloigner son frère. Mais si la pétition fut approuvée par beaucoup, personne ne consentit à la signer.

Comme Chloé « et ceux de Yaraville » revenaient dans les propos les plus belliqueux de Tom, Davidson finit par nous conseiller de clôturer, sinon le domaine de Yaraville, au moins un certain espace autour de la demeure. Mais comme cet enclos devait nécessairement comprendre la piscine devant la terrasse, le jardin d'agrément et le parking derrière la maison, il ne serait pas inférieur à un demi-hectare. Je fis faire un devis par un entrepreneur et bien que la somme demandée fût assez élevée, sous la pression de Suzy, et de Davidson, je l'acceptai. Je me sentais néanmoins fort chagrin de m'enfermer derrière des grillages, ce que ni mon grand-père ni mon père n'avaient consenti à faire. L'entrepreneur promit de commencer les travaux après Noël.

Le 21 décembre — comment ne me souviendrais-je pas de cette date ? —, Chloé fit un gros caprice au moment de son coucher. Elle était déjà au lit et, semblait-il, disposée à procéder à ce méthodique engourdissement qui précédait chez elle le sommeil, quand elle se releva tout d'un coup et, retrouvant tout son dynamisme, décida d'aller faire un billard (dans son langage gestuel : *jouer boule boule*) dans la salle de jeux. J'étais occupé dans mon bureau à relire le travail de la journée quand Suzy vint me prévenir que, passant outre à ses défenses, et bousculant quelque peu Emma au passage, Chloé était allée s'enfermer dans la salle de jeux, d'où provenait un grand tapage de boules heurtées les unes contre les autres.

Je m'armai de ce que Suzy appelait ma « massue » et allai tambouriner à la porte de la salle de jeux qu'elle avait fermée à clé de l'intérieur et, d'une voix forte et ferme, je donnai l'ordre à

Chloé d'ouvrir et de regagner sa nursery. Cet ordre resta sans effet, Chloé se jugeant derrière sa porte hors d'atteinte d'une charge exécutée par le mâle dominant, qu'il brandît ou non une massue. Et je commençai à me demander combien de temps j'allais rester dans ce couloir à attendre son bon vouloir quand je m'avisai d'un subterfuge.

Je priai, à voix basse, Suzy de me donner ma petite lampe électrique et d'aller disjoncter le compteur. Puis je dis à Chloé, à travers la porte (je dus crier pour couvrir le bruit des boules entrechoquées), que, si elle n'ouvrait pas, *Grand* allait fermer la lumière. Bien qu'elle eût une profonde horreur du noir, ne pouvant s'endormir sans veilleuse, Chloé ne s'émut pas de cette menace, sachant parfaitement, depuis longtemps, abaisser et relever les commutateurs de toutes les pièces de la maison. Et elle ne s'inquiéta pas davantage quand la nuit se fit dans la salle de jeux. Elle marcha vers le commutateur situé à côté de la porte, le releva et poussa un aboiement de surprise et de colère quand rien ne se produisit. L'ayant abaissé de nouveau, relevé, abaissé encore, et ainsi de suite, sans le moindre succès, elle fut saisie de panique et se mit à pleurer, à crier et à taper des deux mains contre la porte. Jusque-là, je m'étais tu, mais quand je vis que ses coups devenaient de plus en plus violents et menaçaient de briser les panneaux de chêne, j'allumai ma lampe électrique, je la plaçai devant la serrure et je lui criai de tourner la clé. Elle obéit aussitôt.

Dès qu'elle fut dans le couloir, elle s'accroupit avec de petits gémissements et me tendit la main. Je ne me contentai pas de la toucher. Je la pris, l'emmenai dans la nursery et demandai à Emma d'aller dire à Suzy de nous redonner la lumière. Quand elle revint, je regardai ma montre. L'incident avait duré trente-cinq minutes, j'étais en nage et hors de mes gonds.

Je pris bonne note de fermer à l'avenir de l'extérieur la porte de la salle de jeux avant de procéder au coucher de Chloé.

J'avais bien envie de lui battre froid et de ne lui donner que de chiches baisers. Mais, dans le domaine des sentiments, Chloé avait un instinct extraordinaire pour discerner les moindres nuances et si elle s'apercevait de ma froideur, elle ne ferait pas une bonne nuit, et nous non plus, par conséquent.

Je l'embrassai donc, à coup sûr plus chaleureusement que je n'en avais envie, car je maudissais pêle-mêle en mon for ses caprices, ses colères, ses désobéissances, les menaces que sa force physique faisait peser sur nous et les infinis soucis qu'elle nous valait. Sans compter qu'à cause d'elle, on ne pouvait même plus partir en vacances et qu'on restait comme prisonniers à Yaraville derrière des murs, en attendant de l'être derrière notre clôture. Comme l'avait si bien dit Donald, (et avec si peu de tact) « faute de mettre Chloé derrière des barreaux, vous vous mettez vous-mêmes derrière un grillage ! ».

Pendant que Suzy occupait la salle de bains, je me déshabillai et cherchai ensuite la « massue » dont je m'étais débarrassé pour coucher Chloé. A travers la porte, je demandai à Suzy où elle était. « A sa place ! » cria-t-elle. Réponse à laquelle j'aurais dû être habitué après douze ans de mariage, mais qui me tira, néanmoins, un petit grognement. Lequel se répéta, quand je constatai que Suzy avait raison. La massue était debout entre ma table de nuit et le montant du lit et c'était sûrement moi qui l'avais rangée là à l'instant.

Je fis mes exercices d'autant plus consciencieusement que j'étais plus énervé et j'avais encore à tordre la massue dix fois pour en joindre les deux extrémités, quand Suzy sortit de la salle de bains. Elle se jeta sur son lit et m'enveloppa d'un regard plein de tendre ironie.

— Australopithèque, dit-elle, lâche ta massue ! C'est ton tour. Et dépêche-toi, je te prie, j'ai sommeil.

Je fis « oui » de la tête, vins au bout des dix fois, et rangeant l'instrument « à sa place », j'allai me doucher. Quand j'eus fini, je me recoiffai, comme toujours, avec soin avant de me mettre au lit : une fois de plus, cette habitude absurde amusa beaucoup Suzy qui, étendue et soulevée sur son coude, m'observait, la porte de la salle de bains étant restée ouverte. Toutefois, elle n'en fit pas la remarque. Je la rejoignis, elle posa la tête sur mon épaule et continua à se taire. Peut-être avait-elle tout simplement sommeil. Mais je croirais plutôt qu'elle connaissait, comme disait si bien Oscar Wilde, « le moment psychologique précis où il ne faut rien dire ». En tout cas, son silence ne tarda pas à m'adoucir et je commençai à avoir honte d'avoir à l'instant pensé tant de mal de notre pauvre Chloé.

Après tout, était-ce sa faute si sa mère avait été arrachée à son milieu naturel, et elle-même arrachée à son espèce pour être élevée selon des coutumes et des règles étrangères à son atavisme ? Contrainte, par-dessus le marché, de faire, avec nous, par nous et pour nous, un petit bout de chemin vers la condition humaine, mais sans véritable possibilité de l'atteindre jamais ? Et quand on y pensait, était-ce la faute de Tom Ballou si une petite fêlure de son cerveau l'avait placé, lui aussi, entre le primate et l'homme, sans qu'il sût au juste pourquoi il ne valait pas tout à fait les autres ? Comme il aurait été infiniment plus heureux, ce pauvre Tom, s'il avait vu le jour dans la forêt tropicale, vivant dans une oisiveté athlétique, sautant de branche en branche, passant de fruit à fruit, et devenu, grâce à sa force, un mâle dominant, toujours bien accueilli, au moment de leurs périodes roses, par les femelles de son groupe !

Comme si elle avait deviné mes pensées, Suzy rompit le silence :

— Ça va mieux ?

— Ça n'a jamais été très mal.

— Tu n'es plus en colère contre Chloé ?

— Non.

— Ni contre moi, parce que je veux la garder ici ?

— Encore moins contre toi.

— Tu es contrarié par cette histoire de grillage ?

— Il est, hélas, nécessaire.

— Mais il va coûter cher.

— Plaie d'argent n'est pas mortelle. Rien n'est, d'ailleurs, mortel, à part la mort elle-même.

— Donc, le moral est bon ?

— Aussi bon qu'il peut l'être dans la présente conjoncture.

— Qu'appelles-tu la conjoncture? La pétition, les menaces, la persécution des frères Ballou?

— Pas seulement. Le plus affligeant pour moi, c'est que Chloé ne veuille plus rien faire. On a maintenu les leçons quotidiennes. Mais tu le sais comme moi : c'est une pure fiction. Elle ne fournit pas une minute de vrai travail. Elle ne veut plus, ou ne peut plus concentrer son attention. Le dernier signe qu'elle ait appris c'est, au coucher, le signe qui veut dire *mourir*. Depuis, plus rien. J'ai la pénible impression que le projet Chloé est mort, lui aussi.

— Mais non, Ed! La paresse, ou la mauvaise volonté, de Chloé n'est sans doute qu'une phase de son développement. Une phase qui correspond au passage de la puberté à l'âge adulte.

Argument qui ne me convainquit pas : il y avait belle lurette que Chloé avait atteint l'âge adulte! Mais Suzy avait si visiblement sommeil que je ne voulus pas en débattre et me contentai de dire :

— Tu as peut-être raison.

Elle non plus ne tenait pas à discuter. Elle poussa un gros soupir de soulagement et dit :

— Alors, un bisou et je dors.

— Deux, je ne suis pas chiche.

Elle ne l'était pas non plus, mais s'arrêta avant de s'engager plus avant et me tourna le dos, lequel, en signe de paix et de bon vouloir, je grattai en long et en large. Je massai aussi sa nuque et enfin, je caressai son bras et sa hanche, mais légèrement et sans cette petite tension qui trahit une finalité. Son souffle devint régulier et je compris qu'elle se réfugiait en elle-même et s'endormait.

J'eus beaucoup plus de mal à en faire autant. Et pas plus tôt avais-je perdu conscience que je devins la proie d'un rêve que j'avais déjà fait, mais cette fois je le vécus dans une version assez différente et, qui pis est, il se répéta sans fin, cette itération me donnant l'impression horriblement fatigante de tourner en rond comme un esclave lié au moulin dont il fait mouvoir la meule, en marchant sans cesse, sans jamais avancer.

Suzy et moi conduisons Chloé à la ville pour la rendre à la cage où il y a onze ans, elle est née. Une fois arrivés à la porte du zoo et la voiture garée à côté d'un grand chêne, Suzy me dit en pleurant : « Vas-y seul, je t'attends dans l'auto. » Je pars, traînant derrière moi Chloé, pour une fois docile, (on voit bien qu'il s'agit d'un rêve !) mais pleurant et gémissant elle aussi. Au zoo, on la met dans une cage à l'intérieur du bâtiment et deux gardiens aussitôt entreprennent de la déshabiller. Je leur demande d'un air choqué : « Mais pourquoi faites-vous cela ? » Et l'un d'eux me dit, après m'avoir toisé : « C'est chauffé ici. Et pensez-vous qu'une bête ait besoin de vêtements ? » Chloé me regarde avec des yeux tristes et me dit en ameslan : *Pourquoi Grand enfermer Chloé ?* Je ne réponds pas et je m'en vais, les yeux à terre, bourrelé de honte et de remords.

A la porte du zoo, le grand chêne est là, mais ma voiture a disparu. Volée ? Suzy partie sans moi ? Ou kidnappée avec mon auto comme Chloé l'a été par Denecke ? J'éprouve une sensation terrible de perte et de veuvage qui m'apparaît comme une punition. Je ne sais que faire. Prévenir la police ? Mais si Suzy revient sur ces entrefaites avec ma voiture ?

Je suis désemparé. Je m'appuie contre le grand chêne. Et sur l'écorce de son tronc, presque à hauteur de ma tête, je vois une note fixée par une épingle à cheveux. « Adieu. Je rejoins Chloé. Suzy. »

Qu'est-ce que cela veut dire « rejoindre » ? Qu'elle va vivre avec Chloé derrière les barreaux ?

Chose bizarre, ce n'est pas l'absurdité du projet qui me frappe, mais le fait que Suzy me quitte à jamais. Je retourne en courant jusqu'à la cage où j'ai laissé Chloé. Elle n'y est plus. Et Suzy pas davantage. Je demande à un gardien : « Mais où est le chimpanzé que je vous ai amené ? » Il me dit : « Quel chimpanzé ? Tout ce que nous avons ici, c'est un gorille. » L'animal qu'il a désigné et dont je ne vois que le dos, se tourne lentement vers moi. C'est Tom Ballou. « Mais Tom, dis-je, qu'est-ce que vous faites ici ? — Vous devriez le savoir, dit-il, vous m'y avez fait mettre. — Mais pas du tout », dis-je d'un air indigné, tout en sachant très bien que je mens.

Et d'ailleurs, lui aussi, il ment. Il me regarde avec ses petits yeux noirs rusés comme s'il tramait quelque chose contre moi. Il reprend : « Mais je ne vous en veux pas. Je suis très bien ici. Et ils m'ont dit qu'ils vont me donner une compagne. » Il rit d'une façon obscène, avançant son menton prognathe et la salive coulant aux commissures de ses lèvres cramoisies. « Faisons la paix, reprend-il, je vais vous dire où est Suzy. Mais serrons-nous d'abord la main. » Et à travers les barreaux il me tend ses doigts velus. Je sens que c'est un piège et pourtant, malgré moi, irrésistiblement, j'y tombe. Je mets ma main dans la sienne. En un clin d'œil, il l'emprisonne, la serre comme un étau et la tire à lui avec une violence inouïe. Je lui oppose une résistance désespérée, mais je sens que je cède du terrain peu à peu. Mon épaule à la fin bute contre les barreaux. Je hurle de douleur. Je sens que Tom va réussir à m'arracher le bras. Déjà je sens craquer les os de mon épaule et mes muscles se déchirer.

Je fais ce rêve non pas une fois mais, comme j'ai dit, plusieurs fois. Et il s'arrête invariablement au moment le plus atroce : mon épaule va se disloquer et mon bras droit rester dans la main de mon ennemi.

Je me réveille enfin, mouillé de sueur, le cœur battant, les oreilles bourdonnantes, la gorge sèche et il me faut un assez long moment pour comprendre que mes membres sont au complet. J'allume ma petite lampe de chevet. Son abat-jour est opaque, afin que Suzy ne soit pas réveillée quand je me donne un peu de lumière pour saisir le verre d'eau à côté du téléphone.

Même à cette faible lueur, mes yeux mettent un certain temps à accommoder. Je suis soulevé sur le coude droit — ce coude dont je serais privé si mon rêve était vrai — et tenant le verre dans la main gauche, je bois et tandis que je bois, dans la demi-obscurité de la chambre j'aperçois, à trois pas de moi, deux jambes habillées d'un jean et des pieds chaussés de baskets.

Je n'en crois pas mes yeux. Si je ne sentais pas le verre dans ma main et l'eau froide couler dans ma gorge, je croirais qu'un autre rêve a pris possession de moi. Je repose le verre et tends la main sur l'abat-jour de la petite lampe, je le bascule en arrière, à peu près certain que ma vision va se dissiper tant elle est absurde. Elle ne se dissipe pas. Elle se précise. Les jambes appartiennent à Tom Ballou. Il est armé d'un fusil. Le canon est pointé sur nous.

Même alors, j'hésite à croire vraie cette vision. Et d'autant plus qu'elle reste immobile et silencieuse. J'allume le plafonnier central et je demande d'une voix forte :

— Tom, que veux-tu ?

Suzy se réveille, pousse un cri, se reprend aussitôt et tournée vers moi, me dit, beaucoup plus stupéfaite que véritablement terrorisée :

— Mais qu'est-ce qu'il fait là ? Par où est-il entré ?

— Par le toit, Mrs. Dale, dit Tom poliment.

— Impossible, dis-je, j'ai fermé moi-même les portes basculantes.

Et en même temps je pense : Mais c'est Chloé quand elle faisait la folle au billard ! C'est elle qui a dû les ouvrir !

Tom se tait. Il n'a pas l'air spécialement menaçant, ni même de se rappeler pourquoi il est là. J'hésite à lui reposer ma première question. Je crains que, tout d'un coup, il ne se souvienne de ce qu'il est venu faire chez moi. J'essaye une diversion.

— Comment es-tu venu ?

— En vélo.

— Tu dois avoir soif. Tu veux boire ?

— Non.

— Pourquoi le fusil ? dit Suzy.

Tom ne répond pas. Je donne à Suzy un petit coup de genou sous le drap pour lui faire comprendre le danger d'une telle question. Mais, soit qu'elle ne saisisse pas le message, soit qu'elle en juge autrement, elle poursuit :

— Pourquoi le fusil ?

— C'est le fusil de Jim, dit Tom.

— Il est chargé ? dit Suzy.

— Non, dit Tom.

Ma main droite se glisse entre le lit et la lampe de chevet et cherche à tâtons la massue. Je me tiens prêt à bondir sur Tom et à frapper. Mais c'est une solution désespérée. Je ne surestime pas mes chances. Il est fort et rapide et s'il me frappe d'un coup de crosse, il ne me frappera pas qu'une fois.

Tom regarde Suzy. Il a eu l'air piqué quand elle lui a demandé si son arme était chargée. Et, de timide qu'il était jusque-là, il devient tout d'un coup vantard et agressif.

— J'ai deux cartouches, dit-il avec arrogance.

Il les prend dans les poches de son blouson élimé et nous les montre. Puis il ouvre son arme et, posément, l'une après l'autre, il les glisse dans les canons jumeaux. Il referme le fusil d'un coup sec et, triomphalement, place la crosse sur sa hanche, le canon dirigé vers le haut et le doigt sur la détente. Il est prêt à tirer et je parierais qu'être prêt à tirer lui donne envie de le faire.

Je ne lâche pas ma massue, mais, pour le moment du moins, mes chances sont maintenant réduites à rien. Tom est à trois mètres de moi et je n'aurais pas parcouru un mètre qu'il me ferait éclater la cervelle.

— Tom, dis-je, veux-tu que j'appelle Jim pour qu'il vienne te chercher ?

— Non.

Il a parlé avec colère et sans me regarder. Il n'a d'yeux que pour Suzy et je n'aime guère la façon dont il la considère.

— Tom, dis-je en élevant la voix, que veux-tu ?

Il secoue la tête comme si une mouche l'agaçait et dit d'une voix confuse et sans détourner son regard de Suzy.

— Tuer Chloé.

— Comment, Tom ! dis-je avec feu, ça ne t'a pas suffi de tirer sur mon chien ? Tu veux aussi supprimer Chloé ?

Il a l'air impressionné par ma véhémence et dit d'un air plutôt penaud et sur un ton d'excuse, comme un petit garçon grondé par son père :

— Faut bien. J'ai dit que je le ferai.

Même alors, il ne quitte pas Suzy des yeux.

— Mais Tom, dis-je, on n'est pas obligé de faire tout ce qu'on dit.

Il hausse les épaules, secoue la tête et ouvre à demi la bouche sans parler. Sa lourde mâchoire a l'air de pendre, comme si elle était désarticulée. Visiblement, il ne sait plus où il en est. Depuis qu'il a vu Suzy dévêtue, ses yeux restent collés sur elle.

Un long moment s'écoule et il dit d'un ton poli :

— Enlevez votre chemise, s'il vous plaît, Mrs. Dale.

La demande contraste si fort avec le ton sur laquelle elle est faite qu'elle serait comique si Tom n'avait pas un fusil chargé entre ses mains. Mais Suzy ne prend pas les choses à la légère. Elle se fâche.

— Tom, dit-elle, tu devrais rougir de me faire une demande pareille ! Que penserait ta mère, si elle te voyait ?

Cette question, qui me paraît de pure rhétorique, a un effet inattendu : elle déclenche chez Tom une colère démente.

— Ma mère est morte ! dit-il.

Il bégaye dans sa fureur.

— Et per...per...per...personne ne doit parler d'elle !

Et brusquement, il épaule et tire. L'applique en verre de Venise au-dessus de ma tête vole en éclats. J'ai cru un moment que ma tête allait éclater. Et je pense, affolé : La détonation va réveiller Chloé. Elle va accourir ici et se jeter dans la gueule du loup.

— Avertissement ! dit Tom en grinçant des dents. Et maintenant, la chemise, Mrs. Dale !

Cette fois-ci, Suzy se tait. Elle a compris que sa violence a eu sur Tom un effet désastreux. Elle se tait, mais bien sûr, elle n'obtempère pas.

— Tom, dis-je désespérément en essayant de ramener un peu de raison dans cette folie, si tu me tues, tu n'auras plus de cartouches et Chloé te tuera.

— J'ai encore ça, dit Tom et il tape sur sa hanche gauche.

Ça, c'est, pendu à sa ceinture, un grand couteau de chasse dans un étui. Faut-il qu'il redoute la force de Chloé pour partir à sa recherche armé jusqu'aux dents ! Voilà ce qu'il y a dans ce grand corps : un petit garçon apeuré qui fait le bravache. Et c'est cette peur, justement, qui me paraît redoutable.

Je n'ai pas le temps de répliquer. Alors que j'attendais Chloé, c'est Emma qui entre en coup de vent dans la chambre. Elle voit Tom debout devant nous, son fusil dans les mains et avec une folle intrépidité, se jette sur lui et tente de lui arracher son arme. Le coup part, personne n'est atteint, le grand miroir à pied éclate en morceaux, je vois Emma rouler à terre et Tom lever la crosse de son fusil pour la frapper. J'ai la certitude qu'il a envie de la tuer.

— Tom !

Il suspend son geste. Il me regarde. Je me suis levé. Je suis debout, à côté du lit, la massue à la main. Ses petits yeux noirs se mettent à briller. Et il avance très lentement sur moi en tenant son arme par le canon. Je recule peu à peu. A cet instant, je ne donne pas cher de ma peau.

Ce qui se passe ensuite est si rapide que j'en vois le résultat, non la cause. Et le résultat, c'est le fusil que je vois voler à travers la pièce et Chloé et Tom à terre dans une mêlée confuse. J'ai l'oreille vrillée par des grondements rauques et inhumains, mêlés aux cris aigus de Suzy et d'Emma. Je mets ma main devant ma bouche et je m'aperçois que je crie, moi aussi. Je tourne autour des combattants, la massue à la main, mais ce serait folie d'essayer d'intervenir. C'est un tourbillon de jambes et de bras.

Le combat d'ailleurs ne dure que quelques secondes, j'en prends conscience dès qu'il est fini. La mêlée se dénoue et les deux combattants se séparent, on dirait de leur plein gré. Il n'en est rien. Tom gît sur le dos. Elle lui a ouvert la gorge d'un coup de dent. Et Chloé est couchée sur le ventre, le couteau de chasse qu'il a eu le temps de dégainer, enfoncé jusqu'au manche sous son omoplate gauche. Je les regarde, hébété. A cet instant, ce qui domine en moi, ce n'est même pas la douleur d'avoir perdu Chloé, mais l'absurdité de ce dénouement. Je la plains, et maintenant que Tom est mort, je peux le plaindre aussi.

Tant je suis gorgé d'horreur, je n'ai pas la force de m'approcher d'eux. Et Suzy, à ce que je vois, pas davantage. Elle aide Emma à se relever et la conduit jusqu'au lit où je vais m'étendre aussi, l'odeur de ce carnage me tournant la tête. Nous voilà tous les trois réfugiés sur ce lit comme s'il était une île immaculée dans une mer de sang.

Au bout d'un moment, je me soulève, saisis la carafe sur la table de chevet, je remplis mon verre, je le passe à Suzy qui boit et fait boire Emma. Celle-ci, par-dessus le bord du cristal, me regarde d'un seul œil, l'autre reste fermé, la paupière est meurtrie et gonflée, la pommette est à vif. Ses mains s'agitent, « *merci* », dit-elle.

Elle me remercie ! Elle qui a sauté sur Tom à mains nues pour le désarmer ! Combien typique ! Elle voit ce que j'ai fait pour elle. Elle oublie ce qu'elle a fait pour nous ! Je vois dans une sorte de brume Suzy se lever et s'agenouiller auprès de Chloé.

— Suzy ?

Elle ne répond pas. Contre toute raison, un espoir se glisse en moi.

— Suzy, est-ce qu'elle est... ?

Je ne reconnais pas ma voix, tant elle est faible et sans timbre.

— Oui, dit-elle dans un souffle.

J'arrive à mon tour à me lever. Je gagne la salle de bains, je bois de nouveau et me passe de l'eau sur le visage. Quand je reviens dans la chambre, Suzy et Emma sont étendues sur le lit. Suzy sanglote, la tête dans ses mains et Emma, au-dessus d'elle, essaye de la consoler en faisant des signes que Suzy ne peut pas voir. Je m'assois à gauche de Suzy et je décroche le téléphone.

Je suis surpris par la lenteur de mes gestes. On dirait que je joue une scène de film au ralenti. J'appelle Davidson, Hunt et le Dr. Lewis. Je me demande si je ne vais pas appeler Jim Ballou, mais à la réflexion, je préfère laisser ce soin à Davidson.

Je suggère à Suzy de s'habiller et d'aller faire du café pour nous et pour ceux que nous attendons. J'espère qu'étant habillée et occupée, elle va se reprendre en main. Je m'habille aussi. Je descends au rez-de-chaussée et je déverrouille la porte d'entrée, je sors sur la terrasse et respire profondément. L'air n'est pas très froid et il y a une belle lune. Je me promène de long en large, j'éprouve une sournoise envie de pleurer, mais malgré un ou deux sanglots qui me restent dans la gorge, je n'y parviens pas.

Le rideau de la cuisine se relève avec un bruit grinçant. La porte-fenêtre s'éclaire et je vois Emma et Suzy préparer le café et les tasses. Je ressens le désir de me rapprocher d'elles et en même temps, je ne voudrais pas parler, ni qu'elles me parlent. Je tourne et vire derrière leur dos et au bout d'un moment, le désir d'être seul l'emporte. Je ressors sur la terrasse et je reprends mon mouvement de va-et-vient.

Je me répète sans fin « le projet Chloé est fini » et je n'arrive pas à m'en persuader. Huit ans de travail et d'amour côte à côte avec Suzy. D'amour pour elle, pour cet harassant travail et pour Chloé.

Je sais bien ce que d'aucuns vont dire : « Sentimentalement les Dale ont beaucoup trop *investi* dans leur chimpanzée. » Je déteste ce verbe financier quand on l'applique aux émotions. Qu'on place de l'argent et qu'on le perde, soit ! Mais peut-on perdre l'amour donné et reçu, même quand l'objet de cet échange a disparu de la terre ?

Suzy sort sur la terrasse, passe son bras sous le mien. Et comme si je ne savais plus marcher, et qu'elle avait à guider mes pas, elle m'entraîne dans la salle à manger. Emma a allumé un grand feu dans la cheminée. Et des tasses qu'elle remplit de café nous vient un parfum aussi chaud, familier et réconfortant que la fumée qui s'en échappe. Nous buvons avec gratitude, nous nous regardons sans un mot, étonnés de nous trouver là, au milieu de la nuit, auprès d'un feu allumé et la fenêtre ouverte. Nous n'arrivons pas à croire à ce qui s'est passé là-haut dans notre chambre, au-dessus de nos têtes : ces deux coups de feu, ces deux cadavres côte à côte, ces deux sangs qui se mêlent. Comme on aimerait revenir en arrière et arrêter l'enchaînement cruel des faits au moment où il a dérapé vers une conclusion fatale : par exemple, au moment où Chloé, le jour de la battue, a détaché Roderick de sa chaîne.

Certes, Jim Ballou est grandement coupable d'avoir sous-estimé le déséquilibre de Tom, de lui avoir appris à tirer, de n'avoir pas mis sous clé, comme le shérif le lui avait demandé, fusils et cartouches. Mais à peine moins grande m'apparaît la responsabilité des villageois qui, par un stupide préjugé anti-simiesque, ont fait campagne contre Chloé et demandé son exclusion en la représentant comme un animal malfaisant, courant ainsi le risque de susciter parmi eux ce personnage typique de notre folklore : le justicier.

Au bout d'un moment, Suzy pose sa tasse sur la table et, se dirigeant vers Emma et l'embrassant sur sa joue intacte, elle dit à voix basse :

— Merci, tu nous as sauvés.

Les mains d'Emma s'agitent, rapides et pour moi confuses et je devine plus que je ne saisis ce qu'elle dit : sans Mr. Dale, Tom m'aurait achevée à coups de crosse.

C'est vrai. Mais sans elle, sans sa courte lutte avec lui qui a fait partir la deuxième balle dans le miroir, je l'aurais reçue dans la tête. Et sans Chloé qui a pris le relais, nous y passions tous. Massacre total ! place nette ! pas de quartier pour Yaraville ! Rambo va toujours jusqu'au bout ! Qui de nous ignore que ce flambeau de notre civilisation est en toute occasion animé par une résolution inflexible ?

Nous attendons Hunt, Lewis, Davidson. Lewis constatera la mort de Tom Ballou et pansera la joue tuméfiée d'Emma. Hunt me soufflera, hors de portée d'oreille de Suzy : « Tu vois, j'avais raison ; il aurait fallu rendre Chloé au zoo après la bagarre dans la salle de jeux. » Et après les premières constatations, Davidson me donnera un bon conseil : « Cette fois, Mr. Dale, il faudra faire un procès à Jim Ballou. Sans cela, c'est lui qui vous le fera. Et celui-là, avec le genre de justice que nous avons, vous ne serez même pas sûr de le gagner. »

Dans le courant de la matinée, quand je verrai Mary, elle me prendra à part et me dira : « Ed, vous devriez emmener Suzy en voyage — un long voyage, cela lui fera du bien. Elle a été très secouée. »

Oui, ils ont raison. J'entamerai ce sacré procès, puisqu'il le faut. J'embarquerai Suzy pour un long voyage. Je ferai coïncider notre retour avec les vacances des « enfants » et je les emmènerai tous ; je dis bien « tous », Emma et Evelyn comprises, dans les Montagnes Rocheuses. Quand je reviendrai à Yaraville, « plus sage et plus triste », je finirai mon livre sur Chloé. Mais il faut d'abord que je reprenne mon souffle et que je tâche de retrouver un peu de mon amour pour l'homme, ce primate parvenu.

Cet ouvrage a été composé
par l'Imprimerie BUSSIÈRE
et imprimé sur presse CAMERON
dans les ateliers de la S.E.P.C.
à Saint-Amand-Montrond (Cher)
en avril 1989

N° d'édition : 50. N° d'impression : 7626-459.
Dépôt légal : mai 1989.
Imprimé en France